KB131251

비밀은 전치사에 있다

비밀은 전치사에 있다

지은이 심재경
펴낸이 임상진
펴낸곳 (주)넥서스

초판 14쇄 발행 2010년 9월 30일
2판 14쇄 발행 2021년 3월 30일

3판 1쇄 발행 2021년 9월 15일
3판 6쇄 발행 2024년 6월 10일

출판신고 1992년 4월 3일 제311-2002-2호
주소 10880 경기도 파주시 지목로 5
전화 (02)330-5500 팩스 (02)330-5555

ISBN 979-11-6683-130-0 13740

www.nexusbook.com

영어식 사고로 유창하게 말하는

비밀은 전치사에 있다

심재경 지음

The complete guide to PREPOSITIONS

넥서스

차 례

전치사 기본개념 이미지로 휘어잡기

off

쓰임별 전치사 이미지로 정리하기

● 시작하는 글

전치사를 알아야 영어가 산다!

심슨, 요즘 영어공부가 힘들고 잘 안 된다고 했지? 내가 그 이유를 알려줄 테니 아래 질문에 한번 대답해 봐!

1. I think of you와 I think about you의 차이는 뭘까?
2. 8시까지 일을 끝내야 한다고 할 때 전치사 until을 써야 할까, by를 써야 할까?
3. pull over는 왜 '차를 세우다'라는 뜻일까?
4. under와 below, beneath의 차이는 뭘까?
5. I came here on bus일까, by bus일까, 아니면 with bus일까?
6. look forward to는 왜 '앞으로 ~할 것을 기대하다'란 뜻일까?
7. 서류를 작성하는 것은 fill in일까, fill out일까?
8. turn down은 왜 '거절하다'라는 뜻이 될까?
9. 어떤 장소에는 at을 쓰고 어떤 장소에는 in을 쓸까?
10. '제시간에'는 in time일까, on time일까?

음… 대부분 잘 모르겠는데, 솔직히 이런 표현들은 지금까지 무작정 외우기만 했지 깊이 생각해 보지는 못했어. 왜 그런 뜻인지 궁금했던 적도 있었지만 마땅히 물어볼 사람도 없었고 제대로 가르쳐 주는 책도 없었던 것 같아.

여러 해 동안 한국에서 많은 학생들을 가르치면서 놀랐던 것은 대부분의 한국 학생들이 문법이다, 독해다, 회화다 하며 열심히 영어를 공부하면서도 정작 전치사에 대해서는 별로 중요하게 생각하지 않는다는 점이었어. 전치사에 대해 기본적인 것도 공부하지 않고 어렵고 헷갈린다고만 하더라고. 전치사를 제대로 알지 못하니 영어 문법이나 독해, 회화가 어려울 수밖에 없는 거야. 영어를 정말 잘하는 사람은 전치사의 중요성을 제대로 알고 있지!

그래? 전치사가 진짜 그렇게 중요한 거야?

전치사가 영어의 반이라고 하는 사람이 있을 정도로 전치사는 무척이나 중요해. 영어공부에 골머리를 앓던 사람들 중에 전치사를 알고 나니 비로소 영어가 보인다고 하는 경우가 많다고! 전치사 그 자체뿐 아니라 전치사와 동사 등이 만나 이루는 구동사 역시 실제 대화에서 엄청나게 많이 쓰이지. 확인해 보고 싶으면 당장 할리우드 영화 한 편만 빌려서 봐 봐.

전치사란 영어로 prepositions로 말 그대로 명사와 명사 상당어구 앞에서 미리(pre-) 그 위치(position)를 설명해 주지. 각 전치사들은 모두 고유의 위치나 움직임에 대한 기본 이미지가 있어. 이 이미지가 수많은 구동사와 숙어 표현으로까지 확장되는 거지. 전치사는 또한 문장에서 단어와 다른 단어를 이어주는 역할을 하고, 때로는 부사, 혹은 접속사 기능을 하며 문장을 구성해. 이렇게 중요한 역할을 하는 전치사를 대충 알고 넘어가면서 영어공부를 한다는 것은 그야말로 어불성설이 아닐까?

이러한 전치사 표현을 그냥 무작정 외우는 사람들이 많은데 그런 사람들을 볼 때마다 얼마나 안타까운지 모르겠어. 왜 그런 뜻을 가지게 되었는지 기본 이미지를 생각하면 쉽게 그 뜻을 이해할 수 있고 또 기억할 수 있는데 말야.

정말 그동안 전치사를 너무 과소평가 했구나!

자, 내가 예를 들어볼게. Don't put off for tomorrow what you can do today.(오늘 할 수 있는 일을 내일로 미루지 말아라.)에서 put off가 왜 '미루다'라는 뜻을 갖게 될까?
다음 만화에서처럼 '놓다'라는 뜻의 동사 put과 전치사 off의 이미지를 조금만 생각해 보면 왜 '일을 미루다'라는 뜻이 되는지 쉽게 유추할 수 있고 기억할 수 있어! off는 원래 있던 자리에서 바깥으로 멀리 떨어져 나가는

이미지를 갖고 있지. 따라서 차에서 내린다고 할 때에도 off를 쓸 수 있고, 어디로 떠난다고 말할 때에도 off를 쓸 수 있어. 이렇게 기본개념을 파악하고 있으면 영어는 훨씬 쉬워지는 거야.

정말 그렇네!

한국에서 길을 걷다 보면 상점에 '40% off'라고 써 붙인 걸 흔히 볼 수 있는데 여기서도 off를 쓴 건 원래 가격에서 40% 금액이 떨어져 나가기 때문이야. 한국 학생들은 이렇게 쉬운 기본 의미도 제대로 알지 못하면서 off가 들어간 다른 표현들, 즉 get off, drop off, wipe off, call off 등을 무작정 외우더라고.

put off를 '연기하다, 미루다'로 무조건 외운다면 잘 외워지지도 않을 뿐더러 put과 off로 이루어진 다른 표현들을 모두 따로 외워야만 해. 그러니 그 수많은 전치사와 구동사를 기계적으로 암기하는 식의 어리석은 학습은 이제 그만해야 하지 않을까?

그렇구나. 이런 식으로 이미지를 통해 전치사의 기본 개념과 뉘앙스를 머릿속에 잘 넣어둔다면 그동안 어렵기만 했던 전치사가 정말 쉽고 재미있어질 것 같아!

그래, 맞아! 이런 취지에서 이 책은 굳이 외우려고 애쓰지 않고도 전치사를 쉽고 재미있게 익힐 수 있도록 각 전치사별로 기본 개념 이미지에서 다양한 예문 이미지에 이르기까지 600여 컷이 넘는 그림을 담았어.

전치사의 기본 개념 이미지를 머릿속에 담아두고 여러 가지 기본 뜻과 해당 전치사가 만들어내는 다양한 구동사들을 그림을 통해 공부하다 보면 까다롭기만 했던 전치사가 한층 쉬워질 거야.

이 책의 구성을 간단하게 설명하자면 다음과 같아. part I에서는 35개의 주요 전치사를 추려 각 전치사의 기본 뜻과 예문들을 그림과 함께 구성, 보다 쉽고 효과적으로 전치사를 학습할 수 있도록 정리했고 더불어 구동사를 비롯한 관련 표현들까지 알기 쉽게 다루었어.

part II에서는 기능에 따라 전치사를 분류, part I에서 학습한 내용을 다시 한번 정리하며 실전 회화 상황에 보다 구체적으로 대비할 수 있도록 했지.

이 책은 지금껏 나온 어떤 전치사 책보다도 쉽고 재미있게 전치사를 익힐 수 있도록 만들어진 책이야. 한 번만 읽어도 그동안 어렵게만 생각되었던 전치사와 구동사를 쉽게 익힐 수 있고 그간 보이지 않았던 영어의 여러 가지 흥미로운 면들을 확인할 수 있을 거야. 그러는 동안 영어 공부가 재미있어질 뿐만 아니라 실력도 한 단계 업그레이드 될 거라 확신해!

자, 그럼 페이지를 넘겨 본격적인 전치사 공부를 시작해 볼까?

PART 1

전치사 기본개념 이미지로 휘어잡기

01 가운데를 중심으로 주변을 포함하는 About

about을 이미지로 표현하면 다음과 같습니다.

왼쪽 그림처럼 A가 있다고 하면 about A는 오른쪽 그림과 같이 가운데를 중심으로 주변으로 퍼져나가는 겁니다. 이런 기본 개념을 바탕으로 '~에 대하여', '~의 주위에서', '대략'의 뜻으로 확장됩니다.

Check Point

❶ ~에 대하여, ~에 관한

❷ ~ 주위의

❸ 약, 대략

1 about ~에 대하여, ~에 관한

about의 기본적인 의미는 '~에 대해', '~에 관한'입니다.

Tell me **about** your boyfriend.
네 남자 친구**에 대해** 나에게 이야기해 봐.

그림에서처럼 about your boyfriend는 남자 친구 본인을 중심으로 그와 그 주변의 것까지, 즉 남자 친구에 대해 이런저런 이야기를 해 보라는 말이 됩니다.

She often talks **about** her husband.
그 여자는 자주 남편**에 대해** 이야기하지.

This book is **about** prepositions.
이 책은 전치사**에 관한** 책이야.

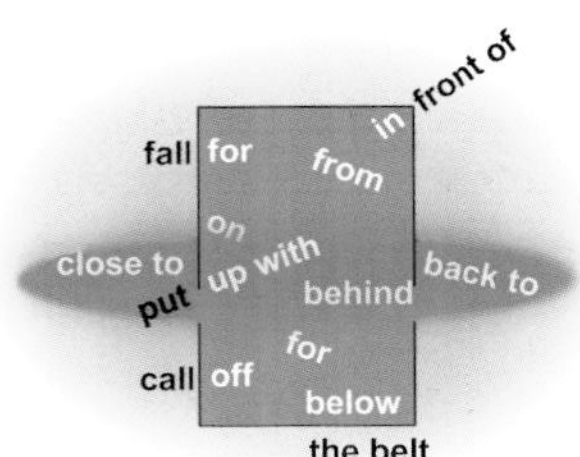

This book is about prepositions

오른쪽 그림 가운데 있는 사각형 안에는 전치사들이 있고 이를 중심으로 둘러싼 원에는 전치사를 중심으로 전치사가 쓰인 동사구나 기타 관련 표현들이 위치하고 있겠지요. 맞습니다. 이 책은 그런 전치사에 관한 책입니다.

One good thing I can say **about** Ray is that he knows friendship.
레이**에 대해** 내가 말할 수 있는 장점 한 가지는 그 친구가 우정이 무엇인지를 안다는 거지.

You can ask Shimson. He knows everything **about** computers.
심슨 씨에게 물어봐. 그 사람은 컴퓨터**에 관해서라면** 모르는 게 없으니까.

Think **about** what I've told you. There's nothing to lose.
내가 말한 것**에 대해** 생각해 봐요. 손해 볼 것 없잖아요.

Let's talk **about** the picture.
그 그림**에 대해** 얘기해 보죠.

Tell her **about** your exciting experience in New York.
뉴욕에서의 흥미로운 경험들**에 대해** 그녀에게 이야기해 봐.

There's something **about** Mary. She's special.
메리**에겐** 뭔가 특별한 것이 있어. 그녀는 특별하지.

You need to do something **about** that PC virus before it's too late.
너무 늦기 전에 그 PC 바이러스**에 대해** 무언가 조치를 취해야 해.

2 about ~주위의

about은 종종 around(~ 주변의)와 비슷한 의미로도 쓰입니다. 그러나 about과 around 사이에는 미묘한 의미 차이가 있으니 아래 그림으로 확인해 보세요.

about tree

around tree

about A라고 하면 A를 중심으로 주변을 포함해서 A에 관한 모든 것을 말하며, around A라고 하면 A에 관한 것이기도 하지만 A 자체보다는 그 둘레 주변의 것에 focus가 맞춰져 있다고 보면 됩니다.

She spent much of her time wandering **about** the apartment.
그 여자는 오랜 시간을 아파트 **주변을** 배회하며 보냈어.

Don't go outside for a while because there's a lot of flu **about**.
한동안 바깥에 나가지 말아요. 감기가 **유행이거든요**.

③ about 약, 대략

이렇게 about이 around와 유사한 뜻으로 쓰이다 보니 around와 마찬가지로 '대략(approximately, roughly)'이라는 의미로도 쓰입니다.

I usually finish work at **about** 3:00 on Saturdays.
난 토요일엔 보통 3시**쯤**에 일이 끝나.

The average basketball player in China is **about** 2 meters tall.
중국 농구 선수들의 평균 키는 **약** 2미터입니다.

회화에 꼭 쓰이는 about 필수표현

bring about
야기하다, 초래하다

bring은 '가져오다', '데려오다'라는 의미에서 '어떤 상황에 이르게 하다'라는 뜻이 있고 about은 around처럼 화자의 '주위에'라는 뜻이므로 '야기하다', '초래하다'

Financial problems are **brought about** by having many children.
아이를 많이 출산함으로써 경제적인 문제들이 **야기되었습니다.**

come about
일어나다, 발생하다

어떤 일들이 화자의 주위로(about = around) 오니까(come) '일어나다', '발생하다'

How did your credit card problem **come about**?
어떻게 신용카드 문제가 **일어난** 거야?

That is how the communication problems **came about**.
그렇게 해서 커뮤니케이션 문제가 **일어난** 거지.

get about
많은 사람들을 만나며 돌아다니다

여기저기(about)를 가는(get) 거니까 '많은 사람들을 만나며 돌아다니다'

He stopped staying at home and began to **get about** the world.
그는 집 안에서만 지내는 것을 관두고 (바깥) 세상을 **돌아다니기** 시작했어.

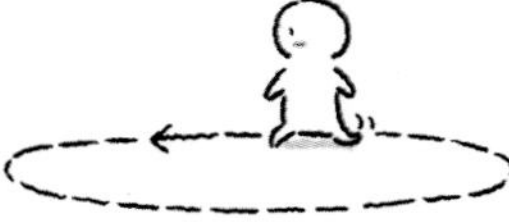

find out about
~에 대해 알아내다

찬찬한 노력을 기울여 '~에 대해 알아내다'

That's cool! Ray! How did you **find out about** this web site?
멋진데! 레이! 이 웹 사이트에 대해 어떻게 **알아냈어**?

When did you **find out about** the relationship between Ray and Mercy?
레이와 머시의 관계에 대해 언제 **알게 된** 거야?

How[What] about ~?
~(~하는 것은/~은) 어때?

누구에게 의견을 제안할 때 쓰는 표현으로 '(~하는 것은/~은) 어때?'

What about beer and pizza at my place tonight?
오늘 밤 우리 집에서 맥주하고 피자 먹**는 거 어때**?

How about a video at my place tonight? I've got a hot one.
오늘 밤 우리 집에서 비디오 보**는 거 어때**? 나한테 끝내주는 게 하나 있거든.

What about going to a movie this Saturday?
이번 주 토요일에 영화 보러 가**는 거 어때**?

be about to ~
곧 ~하려 하다

to do something(~을 하다)을 중심으로 그 주위에(about) 있으면서 중심으로 향하고 있으므로(to는 지향점) '곧 ~하려하다'라는 뜻

I **was about to** order a pizza when the show came on TV.
TV에서 그 쇼를 할 때 난 피자를 시키**려던 참이었어**.

The concert **is about to** start, so you need to hurry up!
콘서트가 시작하**려고 하니** 빨리 서둘러야 해요!

I **was about to** go to sleep when someone called me last night.
어젯밤에 **막** 잠들**려고 하는데** 누군가가 전화를 했어.

I **was** just **about to** ask you the same thing. Is that true?
나도 막 같은 것을 여쭈어 보**려던 참이었어요**. 그게 사실인가요?

저 위에 있는

02 Above

above는 기본적으로 일정한 기준점으로부터 '위에', '위로'의 의미를 나타냅니다. 하지만 우리가 '위에'라고 말할 때 일반적으로 떠올리는 전치사 on과는 아래 그림에서처럼 엄연한 개념 차이가 있으니 명확히 구분하여 익혀 두어야 합니다.

above　　　　on

즉, on은 표면에 접해 있는 상태에서의 위를 말하는 것인데 반해 above는 표면에서 떨어진 상태에서의 위쪽을 뜻하죠.

Check Point

1. ~ 위에, 위로
2. ~보다 높은, 많은
3. ~보다 우월한, ~을 초월한

1 above ~ 위에, 위로

above는 어떤 사물이 기준점으로부터 일정 공간 떨어져 위쪽에 위치해 있는 것을 나타냅니다.

The sun is **above** the house.
해가 그 집 **위로** 떠 있다.

The birds were flying high **above** the trees.
새들이 그 나무들 **위로** 높이 날고 있었어.

Let's hang the painting **above** the sofa.
소파 **위쪽에** 그림을 걸자.

You'll enter the restaurant soon! That's because your name is **above** mine on the wait list.
넌 곧 식당 안으로 들어갈 수 있을 거야!
대기자 명단에 네 이름이 내 이름 **위에** 있거든.

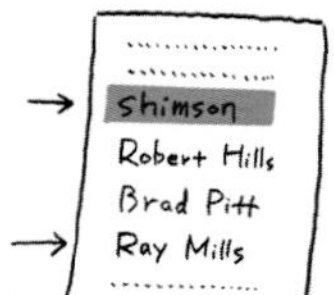

In summer, the sun is almost directly **above** us at noon time.
여름 정오에 태양은 거의 우리 바로 **위에** 있지.

2 above ~보다 높은, 많은

양이나 수를 나타내는 수치가 일정한 기준치보다 '높다'고 말할 때 역시 above를 씁니다.

His blood pressure is **above** normal.
그는 **고**혈압이야.

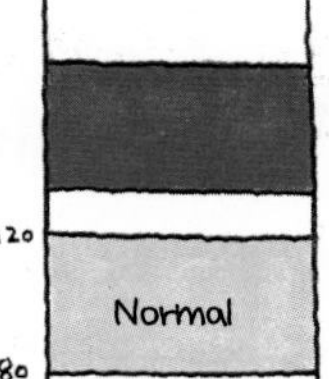

blood pressure가 above normal에 있단 말은 정상수치(normal)의 위에 있다는 것이므로 '비정상적으로 높다'는 뜻이죠.

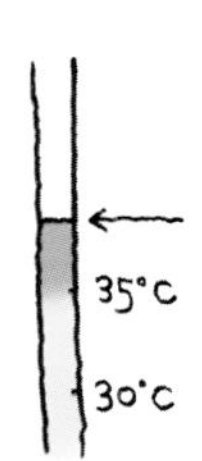

The temperature has risen **above** 35 degrees a few times this summer.
이번 여름에 기온이 35도**를 넘은** 적이 몇 번 있었습니다.

This year's rainfall has been **above** normal.
올해 강우량은 평년치를 **넘어섰습니다**.

You can't ride this train.
Only children **above** the age of 12 can get on!
넌 이 기차 탈 수 없어. 12살이 **넘은** 어린이들만 승차할 수 있거든!

3 above ~보다 우월한, ~을 초월한

순위(rank), 가치(value), 단계(level), 사회적 신분(social position) 등이 비교의 대상보다 '우월하다'는 뜻을 나타내기도 합니다.

Don't you think I'm **above** you?
내가 너**보다 한수 위**라고 생각하지 않니?

In the military, a general is always **above** a colonel.
군대에서 장군은 항상 대령**보다 높다**.

She married **above** herself to a very wealthy man.
그 여자는 자신**보다 상류층인** 아주 부유한 남자와 결혼했어.

위 예문에서는 '사회적인 신분 계층상 자신보다 높은 쪽에 속하는(above) 남자'라는 뜻으로 전치사 above가 쓰인 것입니다.

일정한 범위에서 '벗어나 있다'는 의미로도 쓰입니다.

I know he's an honest man. He's **above** suspicion.
난 그 남자가 정직한 사람이란 걸 알고 있어. 그 사람 의심**할 여지가 없지**.

위에서 above suspicion은 의심의 범위를 넘어
그 밖에 있다, 즉 '의심할 여지가 없다'는 말이 됩니다.

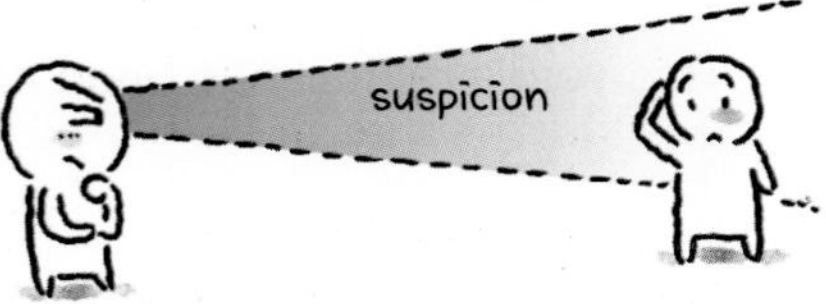

회화에 꼭 쓰이는 above 필수표현

keep one's head above water
어려운 상황을 견디어 내다

물에 빠진 상황에서 죽지 않기 위해 머리를 물 위로(above) 내밀고 있는 것이므로 '어려운 상황을 견디어 내다', 특히 재정적으로 어려운 상황에서 간신히 꾸려 나간다는 의미로 많이 쓰입니다.

In order to **keep our head above water**, we must cut costs even further.
이 상황을 버텨 내기 위해서는 비용을 훨씬 더 많이 줄여야 합니다.

My business is in trouble, but I am just about **keeping my head above water.**
제 사업이 어려움에 빠졌어요. 하지만 **간신히 꾸려나가고** 있습니다.

Above all
무엇보다도

all의 위에 있으니 모든 것을 통틀어 가장 중요한 것을 가리킴, '무엇보다도(= most importantly)'

Above all, I'd like to thank my family.
무엇보다도 먼저 제 가족에게 감사드리고 싶어요.

Above all, chairs and beds should be comfortable.
무엇보다도 의자와 침대는 편해야 합니다.

above the law
법이 적용되지 않는

법 위에 있는 것이므로 '법이 적용되지 않는'

Power-driven people sometimes consider themselves to be **above the law**.
힘 있는 사람들은 때때로 그들 자신이 **법 위에 있다고** 생각하지.

Even though you are a United States citizen, you are not **above the law** in Korea.
당신이 미국 시민일지라도 한국에서 **법망을 피할 수 있는** 것은 아닙니다.

In a democratic country, no one is **above the law**.
민주주의 국가에서는 그 누구도 **법망을 피할** 수 없어.

03

가로지르는

Across

across의 기본 이미지는 맞은편을 향해 '가로질러 이동하는' 것입니다. 때로는 반대편(opposite side)을 뜻하기도 하고, 그림에서처럼 가로지르려면 대상의 전체를 지나가야 하므로 '전체의'라는 뜻도 됩니다.

across

Check Point

❶ ~을 가로질러

❷ ~을 마주보는

❸ ~의 전역에 걸쳐, 도처의

1 across ~을 가로질러

한 지점에서 반대편에 있는 다른 한 지점으로 가로질러 가는 것을 나타낼 때 전치사 across를 씁니다.

I walked **across** the road.
난 길을 **가로질러** 걸어갔어.

He's a good swimmer. He swam **across** the Han River two times.
그 사람 수영 잘하지. 두 번이나 수영으로 한강을 **건넜어**.

Ray lives **across** the street.
레이는 도로 **건너편에** 살고 있어.

2 across ~을 마주보는

그림에서처럼 한쪽에서 맞은편의 다른 한쪽을 마주 보고 있는 상태를 나타내기도 합니다.

When my name was called, he looked **across** at me.
누가 내 이름을 불렀을 때 그가 나를 **맞은편에서** 쳐다보고 있었어.

Pull up a chair and sit down **across** from Ray.
의자를 끌어와서 레이하고 **마주 보고** 앉으세요.

3 across ~의 전역에 걸쳐, 도처의

across는 가로지르는 대상의 전체를 가리키기도 합니다.

People **across** the world are using the Internet these days.
요즘은 **전** 세계 사람들이 인터넷을 사용하고 있습니다.

across the world

across the nation

Studying English has become a top priority **across** the nation.
영어 학습은 **전**국적으로 최고의 명제가 되었습니다.

회화에 꼭 쓰이는 across 필수표현

come[run] across
❶ 우연히 마주치다 ❷ 인식되다

❶ 반듯한 것을 가로지르는 across는 '우연성'을 내포하기도 하여 come[run] across는 '우연히 마주치다', '발견하다'

Yesterday, I **came across** a buddy of mine, and he is very prosperous.
어제 **우연히** 친구 녀석을 한 명 **만났는데** 아주 잘나가고 있더라고.

She **came across** some old photographs in a drawer.
그 여자는 서랍 속에서 오래된 사진 한 장을 **우연히 발견했습니다**.

I **ran across** a letter you wrote to me when we were children.
어릴 적에 네가 나한테 준 편지를 **우연히 발견했어**.

Please, believe me. It just **came across** my mind.
제발 날 좀 믿어 줘. 그건 그냥 **우연히 생각난** 거라고.

❷ 가로질러 다가오는 이미지에서 확장되어 '인식되다'

She **comes across** really well on television.
그 여자는 TV에서 정말 좋은 **이미지야**.

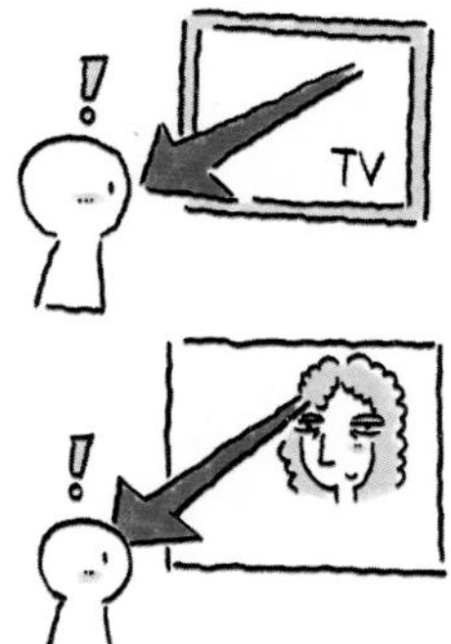

She **came across** as a very nasty girl.
그 여자는 아주 행실이 안 좋기로 **알려져 있었지**.

across the board
전반적으로, 일률적으로

'전반적으로', '일률적으로', 여기서 board는 '전체 시스템'을 의미

The Korean manufacturing industry needs more investments **across the board.**

한국의 제조업은 **전반적으로** 좀 더 많은 투자가 필요하지요.

The U.S. government is restructuring it's administrative system **across the board.**

미국 정부는 행정체제 **전반에 걸쳐** 개편을 추진하고 있습니다.

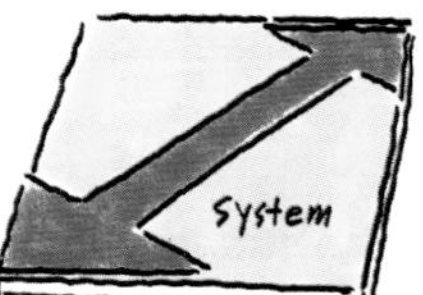

Exercise 01 about/above/across로 말해보기

A 다음 빈칸에 알맞은 말을 보기 에서 골라 넣으세요.

1 네 여행에 대해 우리에게 이야기해 보렴.
Tell us ______ your trip.

2 기온이 평균치를 상회하고 있습니다.
Temperatures have been ______ average.

3 네 음주 문제에 대해 뭔가 조치를 취해야 할 거야.
You should do something ______ your drinking problem.

4 건너뛰기엔 개울 폭이 너무 넓어.
The stream was too wide to jump ______ .

5 미소가 그의 얼굴 전체에 퍼졌습니다.
A smile spread ______ his face.

6 우리는 서로 마주 보고 앉았어.
We sat ______ each other.

7 휠체어에 앉아 지냈지만 그녀는 끊임없이 돌아다니는 걸 멈추지 않았습니다.
Being in a wheelchair hasn't stopped her from getting ______ .

8 유능한 탐정이 조사를 하면 어떤 용의자도 혐의에서 벗어날 수 없지.
When good detectives investigate, no suspect is ______ suspicion.

9 우리가 준비한 깜짝 생일 파티에 대해 어떻게 알아냈니?
How did you find out ______ the surprise birthday party we organized?

10 열 살이 넘지 않은 아이는 절대 코끼리 등에 태우지 않습니다.
I never let children ride the elephant unless they are ______ the age of ten.

보기 about | above | across

B 알맞은 전치사를 활용하여 다음 영어 문장을 완성하세요.

1 막 당신에게 전화하려던 참이었어요.
I ______ just ______ ______ call you.

2 그는 테이블 맞은편에 있는 나를 쳐다보았습니다.
He ______ straight ______ the table at me.

3 무엇보다도 이 책의 편집을 도와준 제 친구에게 감사합니다.
______ ______ , I thank my good friends who helped edit this book.

4 비가 오려는 것 같아.
I think ______ ______ ______ rain.

5 너 도대체 무슨 소리를 하는 거야?
What are you ______ ______ ?

6 내가 제일 좋아하는 쇼가 이제 막 시작하려고 해.
My favorite show ______ ______ ______ start.

7 어제 창고에서 우연히 오래된 책들을 몇 권 발견했어요.
I ______ ______ some old books in the garage yesterday.

8 영화 보러 가는 게 어때? 재미있을 거야.
______ ______ ______ to a movie? It's going to be interesting.

9 어떤 부자들은 그들이 법 위에 있다고 생각하죠.
Some wealthy people think they are ______ ______ ______ .

10 너무 폭이 넓어서 이 강은 수영으로 가로질러 갈 수가 없어.
It's too wide. We ______ swim ______ this river.

뒤에 오는 After

after는 어떤 것의 뒤에 위치해 있거나 혹은 그 뒤에서 진행되는 모습을 나타냅니다. 시간상 뒤에 있는 것이라면 '~후에'라는 의미를 나타내고 가치나 순위상 뒤에 있다면 '상대적으로 낮다(low)'는 의미가 되지요. 또 동일한 시간을 나타내는 어휘와 함께 쓰이면 그 시간이 계속됨을 가리킵니다.

after

Check Point

❶ ~후에

❷ ~ 다음의

❸ ~을 뒤따르는

❹ 시간의 반복

1 after ~후에

after의 가장 일반적인 쓰임으로, 특히 시간을 나타내는 표현들과 함께 사용되어 어떤 시점의 다음을 나타냅니다.

After breakfast, let's take a walk.
아침 식사 **후에** 산책하러 가자.

After an hour, I went home.
한 시간 **후에** 나는 집으로 갔어.

Let's meet the day **after** tomorrow.
모레(내일 **이후의** 날에) 만납시다.

아래 그림에서 화살표는 시간의 흐름을 말해 줍니다. 시간이 흘러 내일(tomorrow)이 오늘(today)이 되는 것이지요. 따라서 the day after tomorrow는 내일 뒤에 오는 날, 즉 '모레'를 가리키죠.

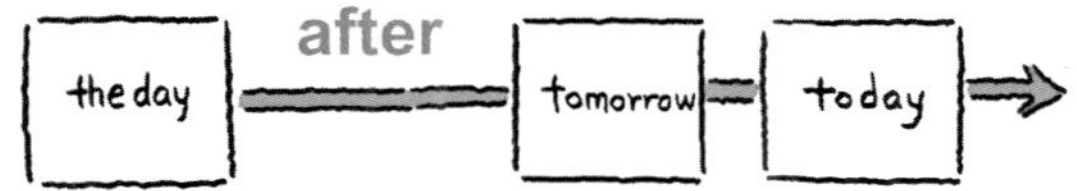

You shouldn't go swimming right **after** a big meal.
식사를 많이 한 **후** 바로 수영을 해서는 안 됩니다.

Don't forget to turn the oven off **after** 10 minutes.
10분 **후에** 오븐 끄는 것을 잊지 마세요.

Wait for just 10 minutes. The drama will begin **after** the news.
10분만 기다려요. 그 드라마는 뉴스 **다음에** 시작할 겁니다.

We had a late dinner **after** the movie.
우리는 영화를 본 **뒤** 늦은 저녁을 먹었습니다.

After you!
먼저 가세요!

Do you want to use this copy machine? / **After** you.
당신 이 복사기 쓰실려고 하는 건가요? / **먼저** 쓰세요. (전 당신 **다음에** 쓰겠습니다.)

Ray left **after** I came in.
레이는 내가 들어온 **후에** 떠났어.

You can watch TV **after** you finish your homework.
네 숙제를 끝내고 **나면** 텔레비전을 봐도 돼.

2 after ~ 다음의

명단이나 목록 등의 순위상 먼저 것보다 뒤에 있는 경우를 가리킬 때 씁니다.

K comes **after** J in the alphabet.
K는 J **다음에** 옵니다.

Korea is the third largest baseball market **after** the U.S.A and Japan.
한국은 미국과 일본**에 이어** 3번째로 큰 야구 시장입니다.

Ray is my best friend, **after** you of course.
레이는 내 제일 친한 친구지. 물론 자네 **다음으로** 말야.

Whose name is **after** mine on the waiting list?
대기자 명단에 제 **다음으로** 누구의 이름이 있죠?

After Beatles, Bon Jovi is my favorite band.
본조비는 비틀즈 **다음으로** 내가 제일 좋아하는 밴드야.

3 after ~을 뒤따르는

위치상 앞서 있는 대상의 뒤(behind)를 따르는 경우에 씁니다.

I told my younger brother to stay there but he followed **after** me.
남동생에게 거기 있으라고 이야기했지만 동생은 내 **뒤를** 따라왔습니다.

We are going **after** Jeremy. He kidnapped her son!
우린 제레미를 **뒤쫓고** 있어요. 그가 그녀의 아들을 납치했거든요!

4 after 시간의 반복

시간을 나타내는 어휘가 A after A 형식으로 쓰이면 A 다음에도 또 A가 오는 것이므로 상황이 계속 반복됨을 뜻합니다.

They used to make love **night after night**.
그들은 **밤이면 밤마다** 사랑을 나누곤 했습니다.

His health is getting worse **year after year**.
그의 건강은 **해가 갈수록** 나빠졌습니다.

Time after time I tell myself that I'm the happiest man in the world.
전 **몇 번이고** 제 자신에게 내가 세상에서 가장 행복한 사람이라고 말했죠.

I'm sick and tired of working overtime **day after day**.
전 **날이면 날마다** 하는 야근에 이제 질렸어요.

He played computer games **hour after hour**.
그는 **몇 시간씩** 컴퓨터 게임을 했습니다.

잠깐! after가 쓰인 시간 표현들

after dark
해가 진 뒤에(어두워진 뒤에)

after breakfast
아침 식사 후에

after school
방과 후에

the day after tomorrow
모레

day after day
매일

hour after hour
매시간

회화에 꼭 쓰이는 after 필수표현

go after
~을 뒤따라가다

무언가의 다음에 가는 것이니 '~을 뒤따라가다'

You'd better **go after** her and tell her you're sorry.
따라가서 그 여자에게 미안하다고 말하는 게 좋을걸.

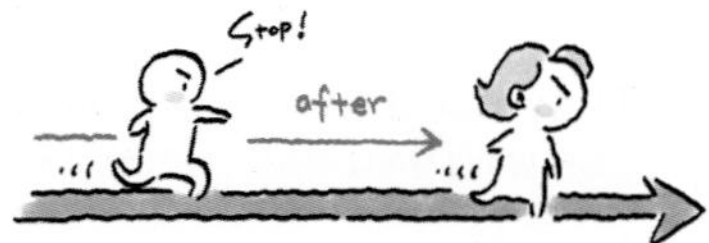

run after
~ 뒤를 쫓다

어떤 대상의 다음에 달려가는 것이므로 '~ 뒤를 쫓다'

I **ran after** the thief, but I didn't catch him.
도둑을 **뒤쫓아 갔지만** 잡지는 못했어.

The black cat **ran after** the mouse.
검은 고양이가 생쥐를 **뒤쫓았어.**

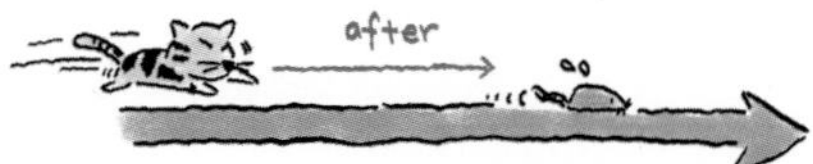

look after
보살피다

~의 뒤를 쫓아다니면서 '보살피다'

It's hard work **looking after** three children all day.
하루 종일 세 명의 아이들을 **돌보는** 것은 힘든 일이야.

take after
닮다

앞서 있는 대상의 모양을 뒤따라 취하니(take) '닮다'라는 뜻

Unfortunately Liz **takes after** her father.
불행히도 리즈는 아버지**를 닮았어**.

Demi **takes after** her mother.
데미는 엄마**를 닮았어**.

name after
~의 이름을 따서 짓다

어떤 이의 이름을 뒤따르므로 '~의 이름을 따서 짓다'

They **named** the baby **after** his grandfather.
그 사람들은 아기의 이름으로 할아버지 이름**을 따서 지었지**.

after all
결국

모든 일이 끝난 후이므로 '결국'

After all, I could meet her after 5 hours have passed.
결국은 5시간이 지난 후에야 그녀를 만날 수 있었습니다.

His thesis for stem cells turned out to be false **after all**.
결국 그의 줄기세포에 관한 논문은 거짓으로 판명되었습니다.

I knew he would not come **after all**.
나는 **결국** 그가 오지 않을 걸 알고 있었습니다.

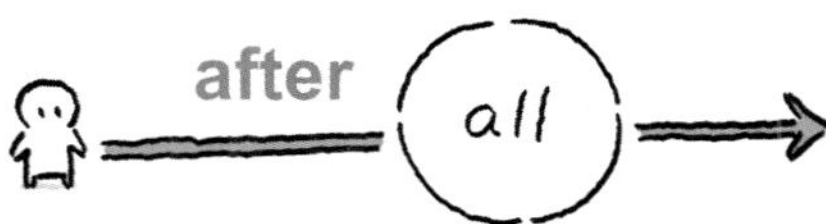

05

맞서는

Against

against는 한쪽으로 작용하는 힘이나 방향에 대해 반대로 작용하는 것을 의미합니다. 결국 무엇에 맞서고 있는 것이니 '반대', '대립' 등의 의미를 갖게 되는 것이죠. 이 기본 개념을 머릿속에 확실히 그려 둡시다.

against

Check Point

❶ ~에 기대어, ~을 향해

❷ ~에 반대하는

❸ ~와 맞서 싸우는

❹ ~에 맞서서, 대항하여

❺ ~로부터 보호하는, 막아 주는

❻ ~에 대해

against ~에 기대어, ~을 향해

두 개의 힘이 반대 방향으로 작용하여 맞서고 있는 상태를 말합니다.

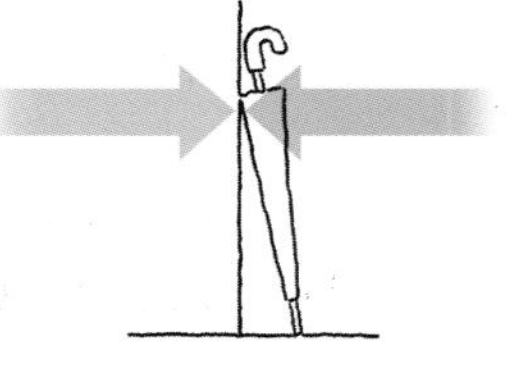

I stood my umbrella **against** the doorjamb.
난 우산을 문기둥**에 (기대어)** 세웠습니다.

우산이 문 구석에 기대어 세울 수 있는 것은 반대 방향에서 똑같은 힘이 작용하고 있기 때문이죠. 이런 의미로 전치사 against를 씁니다.

Ray was leaning **against** the wall.
레이는 벽**에** 기대고 서 있었어.

I fell heavily **against** the bookshelves.
책장**에** 세게 부딪혔어요.

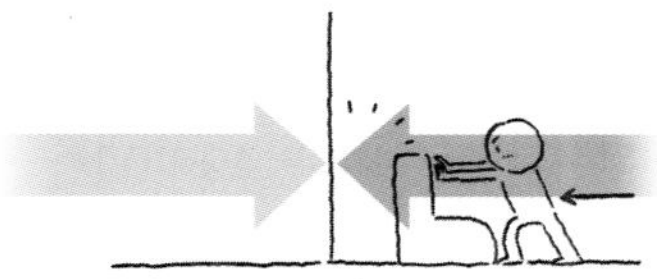

Push the chair there, **against** the wall.
의자를 저기 벽 **쪽에** 붙여 주세요.

The rain beat **against** the windows.
비가 창문**에** 내리쳤어.

비가 내리치는 순간 창문에서도 마찬가지로 힘이 반대 방향으로 작용하고 있다고 보는 것입니다.

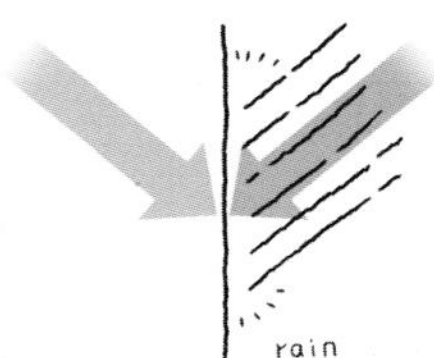

2 against ~에 반대하는

어떠한 의견이나 생각에 반대로 맞서고 있는 상태, 즉 '반대하다'의 뜻이 됩니다. 찬성을 나타내는 for와 상반되는 개념이죠.

Are you for or **against** my proposal? I really would like to know.
내 제안에 찬성인가요, 아니면 **반대**인가요? 정말 알고 싶어요.

She sold the building even though it was **against** his wishes.
그 여자는 그가 원하는 일**이 아니었음**에도 불구하고 빌딩을 팔았습니다.

Liz was **against** buying a brand-new car.
리즈는 새 차를 사는 것**에 반대**했습니다.

3 against ~와 맞서 싸우는

시합이나 경기 등에서 팀끼리 겨룰 경우에도 '맞서다'의 의미로 전치사 against를 쓰지요.

He scored one goal and one assist in the match **against** France.
그는 프랑스와의 경기에서 1골 1어시스트를 기록했습니다.

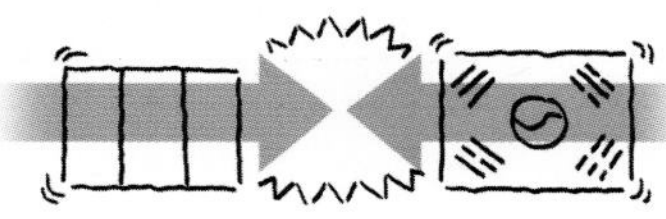

4 against ~에 맞서서, 대항하여

주체의 행위에 맞서는 어려움이나 장애물 등을 나타내기도 합니다.

Her age is **against** her. However she still looks nice.
그 여자는 나이가 **걸림돌**이지. 하지만 아직도 멋져 보인단 말야.

5 against ~로부터 보호하는, 막아 주는

어려움 등에 맞서서 그로부터 무언가를 보호해 준다는 뉘앙스를 갖고 있습니다.

This winter coat will protect you **against** the cold of this winter.
이 겨울 코트라면 이번 겨울 추위**를 막아 줄** 수 있을 거야.

Take these pills as a precaution **against** bird flu.
조류 독감**을 예방하는** 차원에서 이 알약을 드세요.

6 against ~에 대해

against에는 '비교', '대조'의 의미가 있어 상대적으로, 혹은 대조적으로 작용하는 대상을 표현할 때 쓰이기도 합니다.

What's the rate of exchange **against** the dollar?
달러**에 대한** 환율이 얼마죠?

달러의 값어치가 올라가면 상대적으로 원화는 가치가 내려가는 작용을 하니까 against 관계에 있는 것이죠.

회화에 꼭 쓰이는 against 필수표현

come up against
(어려움 등)에 맞서다, 직면하다

If you **come up against** difficulties, let me know and I'll help out.
어려움**에 직면하면** 나한테 말해. 내가 도와줄게.

against all the odds
그것에 맞서서, 역경을 딛고

확률적으로 해내기 힘든 상황 속에서도 '그것에 맞서서, 역경을 딛고'

He played **against all the odds.**
그 남자는 (이길) **가능성이 없는 승부에 도전**을 했지.

Against all the odds, he reached the summit of Mt. Everest.
그는 **역경을 무릅쓰고** 에베레스트 정상에 올랐습니다.

잠깐! <어게인스트(Against All Odds, 1984)>란 영화를 아시나요?

Take a look at me now, cause I'll be standing here.
나를 한 번만 바라봐요. 난 여기에 있을 테니까.

And you coming back to me is **against all odds**
and that's what I've got to face.
당신이 내게 돌아오는 건 너무나도 힘든 일이고, 그것은 내가 **맞닥뜨려야** 할 일이죠.

국내에 개봉했던 영화 <어게인스트-Against all odds>의 주제가 필콜린스의 "Take a look at me now"의 가사 중 일부랍니다~

against someone's wishes
누군가의 뜻을 거스르고

Liz got married to Shimson **against** her parents' **wishes** last year.
리즈는 작년에 그녀의 부모님**의 뜻을 거스르고** 심슨과 결혼했습니다.

against the rules
규정, 규칙에 거슬러서

Except for the goalkeeper, it is **against the rules** for the players to use their hands in soccer.
축구 경기에서 골키퍼를 제외하고 손을 쓰는 것은 **규칙에 어긋나는** 겁니다.

against the law
법에 어긋나는, 법을 어기는

It's **against the law** to sell Lotto tickets to people under 18 in Korea.
한국에서 18세 이하에게 로또를 판매하는 것은 **법을 어기는** 일입니다.

Taking drugs is illegal.
In other words, **against the law**.
마약을 복용하는 건 불법이야. 다시 말해, **법을 어기는** 짓이지.

against the clock
일정한 시각까지 일을 마칠 수 있도록, 되도록 빨리

I'm sorry. I can't help you because I'll be working **against the clock** to finish my project.
미안해요. 당신을 도와드릴 수 없군요. 제 프로젝트를 **되도록 빨리** 마쳐야 해서요.

06

저 앞의

Ahead

ahead는 기본적으로 무언가의 '앞쪽에' 있다는 것을 나타냅니다. 대상의 '바로 앞에 있는'을 말하는 in front of에 반해 ahead는 그림에서처럼 '앞으로 향해 있는', 즉 보다 광범위한 부분을 의미하며 진행성 또한 포함하지요.

in front of

ahead

Look **ahead**! Can you see a bottle in front of you?
앞을 보세요! 당신 앞에 있는 병이 보여요?

Let her go **ahead** of you. She seems to be busy.
그 여자 **먼저** 가게 해 줘요. 바빠 보이는데.

Go **ahead** of me.
먼저 가세요.

Turn right at the second corner, and you'll find it right **ahead** of you.
두 번째 모퉁이에서 오른쪽으로 도세요.
그러면 당신 바로 **앞쪽에** 보일 겁니다.

Look straight **ahead** and don't turn around for a while.
앞을 똑바로 봐요. 그리고 잠시 동안 돌아서지 말아요.

Surprisingly, Ray arrived a few minutes **ahead** of me.
놀랍게도 레이는 저보다 몇 분 **앞서** 도착했습니다.

Ray has potential and talent. I think there's a bright future **ahead** of him.
레이는 잠재력과 재능을 가졌지. 그의 **앞길엔** 밝은 미래가 있지.

There will be a gas station just a few kilometers **ahead**.
저기 몇 킬로 **앞에** 주유소가 있을 겁니다.

The car **ahead** of us stopped suddenly.
우리 **앞의** 차가 갑자기 멈춰 섰습니다.

회화에 꼭 쓰이는 ahead 필수표현

go ahead
계속 진행하다

어떤 계획된 일이나 움직임이 있는 행동을 '계속 진행하다'

May I have the business section? / Sure! **Go ahead** because I'm finished with it anyway. 경제 섹션 좀 봐도 될까요? / 물론이죠! 전 다 봤으니까 **보세요**.

Although her parents wanted to wait a few more months, Mercy **went ahead** with the wedding plans anyway.
그녀의 부모님은 몇 달 더 기다리기를 원했지만 머시는 결혼 계획을 어쨌든 **진행시켰습니다**.

get ahead
앞서가다, 성공하다, 출세하다

앞서서 움직인다는 뜻으로 일이나 학업 등에서 '앞서가다', '성공하다', '출세하다'

Getting ahead is the only way I can accomplish my dream earlier.
출세하는 것만이 내 꿈을 보다 일찍 **실현하는** 유일한 방법이야.

Jody and Ernest are always competing to **get ahead** of each other at work. 조디와 어니스트는 직장에서 늘 서로 **앞서려고** 경쟁합니다.

Patricia **got ahead** by staying positive at work.
패트리샤는 늘 긍정적인 자세로 직장에서 **성공했습니다**.

ahead of time[schedule]
예상이나 계획, 스케줄보다 미리, 빨리

The bus to Seoul had left five minutes **ahead of time**.
서울행 버스는 5분 **빨리** 떠났습니다.

My boss often arrives for work **ahead of time**.
제 상사는 종종 회사에 **일찍** 도착합니다.

07

따라가는 Along

along은 선 위를 따라가거나 앞서 가는 것의 형태 및 동작 등을 그대로 따라 하는 것입니다. 따라서 사람을 따라 움직일 수도 있고, 의견이나 생각 등을 따라 함께한다는 의미가 되기도 하며 건강이나 공부, 정책 등이 과정, 일정 등을 따라간다는 의미를 나타내기도 하지요.

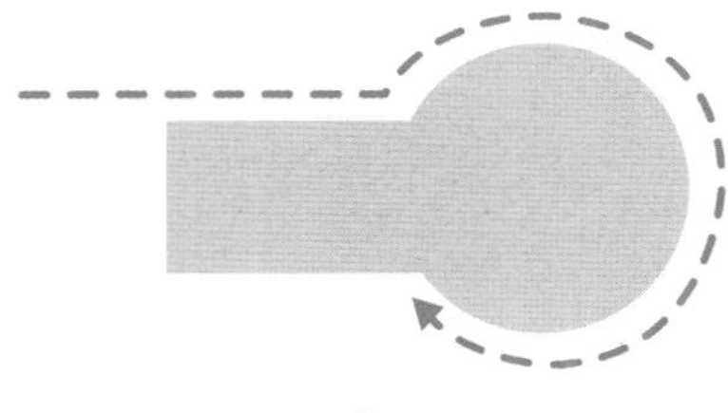

along

They walked slowly **along** the road.
그 사람들은 길**을 따라** 천천히 걸었어.

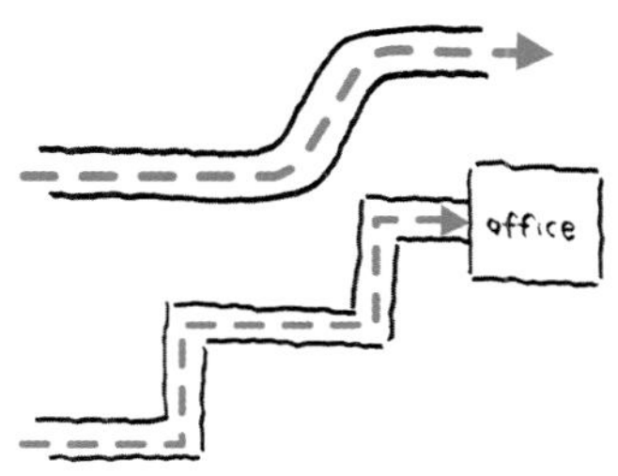

You'll find his office just **along** the corridor.
이 복도**를 따라**가기만 하면 그 사람 사무실이 나올 거예요.

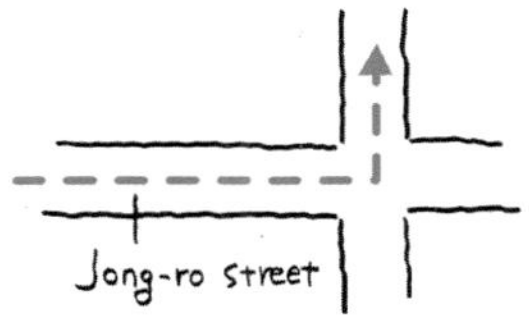

Go **along** Jong-ro Street and turn left. You can't miss it.
종로 거리**를 따라**가다가 왼쪽으로 돌아. 그럼 바로 찾을 수 있을 거야.

Look at that row of new apartments **along** the Han River.
한강**을 따라** 줄지어 서 있는 새 아파트들을 봐.

회화에 꼭 쓰이는 along 필수표현

come[tag] along
❶ 따라오다 ❷ 진행되다

❶ '따라오다', '함께 가다'

We're going to the cinema. Do you want to **come along**?
우리 영화관 가는 길이야. 너 **따라올래**?

I've never seen a baseball game in a baseball stadium. Do you mind if I **come along**?
난 야구장에서 야구경기를 본 적이 없어. 내가 **따라가도** 될까?

Would you **come along** with me?
나랑 **함께 가지** 않을래?

Come on, **tag along** with me!
어서, 나랑 **같이 가자**!

I was wondering if you could **tag along**.
당신이 **함께 갈** 수 있는지 궁금했어요.

❷ (건강이나 공부, 정책 등이) 과정을 따라 '진행되다'

How are your Korean studies **coming along** these days?
요즘 한국어 공부 잘 **되어가니**?

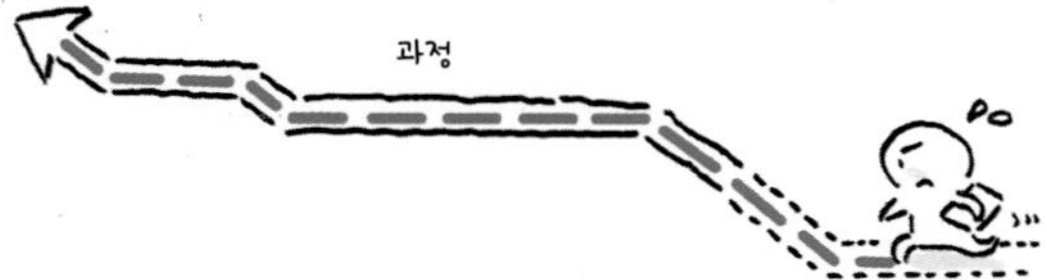

How's the government's economic recovery program **coming along**?
정부의 경제회복 계획이 어떻게 **되어 가나요**?

get along (with)
~와 잘 어울리다, 사이좋게 지내다

서로 따라가는 것이므로 '~와 잘 어울리다', '사이좋게 지내다'

Richard and his sister don't **get along** very well because they are opposites.
리처드와 여동생은 **사이가** 그리 **좋지** 않아. 성격들이 정반대거든.

I **get along** well **with** most of my colleagues.
난 동료들 대부분과 **잘 지내고** 있어.

She doesn't **get along with** her sister.
그녀는 언니와 **사이가 좋지** 않아.

go along (with)
❶ 함께하다 ❷ 동행하다

❶ 의견이나 생각 등에 따라가 '함께하다'

I can't **go along with** such a silly idea.
전 그런 어리석은 생각에 **함께할** 수 없어요.

I will **go along with** Ray's suggestion.
전 레이의 제안에 **함께하겠어요.**

I want you to **go along with** my suggestion.
난 자네가 내 제안에 **따랐으면** 좋겠어.

❷ 사람을 따라가 '동행하다'

My girlfriend is going to Canada next month and I think I might just **go along** too.
내 여자 친구가 다음 달에 캐나다에 가는데 나도 **따라갈**까 봐.

after/against/ahead/along으로 말해보기

A 다음 문맥에 맞게 보기 에서 골라 넣으세요.

1 스페인 어 공부는 어떻게 되어 가고 있어?
How is your Spanish language learning coming ______ ?

2 이 보험은 재산 피해나 절도에 대해 보상해 줍니다.
This insurance protects ______ property damage and theft.

3 최근 유로 환율이 얼마죠?.
What's the latest exchange rate ______ the Euro?

4 그의 범죄 기록은 직업을 구하려 할 때 불리하게 작용됐습니다.
His criminal record works ______ him when he tries to get a job.

5 그는 그 프로젝트를 당신이 진행할 수 있을 거라고 했어.
He said you can go ______ with the project.

6 원하시면 당신 아이들이 우리보다 앞서 걸어도 됩니다.
Your kids can walk ______ of us if you like.

7 당신이 한국에서 열심히 일한다면 성공할 수 있어요.
If you work hard in Korea, you can get ______ .

8 종로 대로를 따라 운전해 가다 보면 교보빌딩에 다다를 겁니다.
If you drive ______ Jong-ro Street, you will reach the Kyobo building.

9 난 네가 내 제안을 반대하지 않길 바라.
I hope you won't be ______ my proposal.

10 그는 다른 사람들과 어울리지 못했습니다.
He could not get ______ with others.

보기 against | ahead | along

B 알맞은 전치사를 활용하여 다음 문장을 완성하세요.

1 그 유리 창문에 기대지 마세요.
Please don't ______ ______ that glass window.

2 그 사람들 중 몇 명과는 정말 잘 지내지 못하고 있어.
I really don't ______ ______ ______ some of them.

3 내일 모레까지는 여기 있을 거야.
I'll be here until ______ ______ ______ tomorrow.

4 너에게 반대할 뜻은 전혀 없어.
I have nothing ______ ______ .

5 점심을 먹는 동안에 네가 가게를 봐 줬으면 해.
I need you to ______ ______ the store while I go for lunch.

6 그 여자는 정말로 아버지를 닮았어.
She really ______ ______ her father.

7 우리 개가 이웃 고양이를 쫓아갔어.
Our dog ______ ______ the neighbor's cat.

8 나 테크노마트에 쇼핑하러 갈 건데 같이 갈래?
I'm going to shop at Techno Mart if you want to ______ ______ ?

9 경쟁심 많은 부모들은 그들의 아이들이 다른 아이보다 앞서 가기를 원하죠.
Competitive parents want their children to ______ ______ of other kids.

10 음식은 모두 무료이니 가서 드세요.
The food is all free, so ______ ______ and eat it.

Around

around는 round(원)에서 비롯된 말로 그 뜻이 확장되어 '둥근', '회전하는'의 의미를 내포하게 되었지요. 특히 around는 이 round의 '둘레', '주변'을 뜻합니다. 전치사로써 around의 기본 이미지는 오른쪽 그림처럼 가운데를 중심으로 해서 그 '주변을 빙 도는' 모습입니다.

around

Check Point

❶ ~ 둘레에, 주위에

❷ (~의 주위를) 도는

❸ ~의 주변 곳곳에

❹ 대략, 약

1 around ~ 둘레에, 주위에

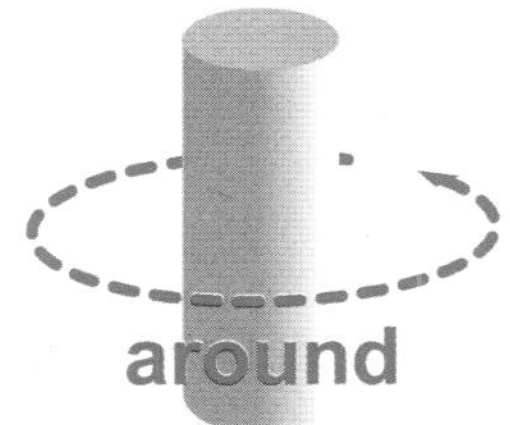

가운데 있는 것을 중심으로 주위를 둘러싸는 surrounding의 의미입니다. 주로 around 다음에 오는 명사의 주위를 둘러싸게 되는 것이죠.

He put a belt **around** his waist.
그 남자는 허리**(주위)에** 벨트를 맸습니다.

위 예문에서 벨트가 허리를 중심으로 그 둘레를 둘러싸는 것이므로 전치사 around를 썼습니다.

I put my arms **around** him and gave him a hug.
내가 두 팔로 그 사람을 **감싸** 안아 주었어.

The soccer players gathered **around** the coach to listen to his advice.
축구 선수들은 코치 **주변에** 모여 그의 의견을 들었습니다.

An Olympic Gold Medal was placed **around** his neck.
올림픽 금메달이 그의 목**에** 걸렸습니다.

2 around (~의 주위를) 도는

원의 형태를 지닌 움직임(circling movement)이나 동그랗게 빙글빙글 도는 동작을 의미합니다.

The Earth goes **around** the sun.
지구는 태양 **주위를** 돕니다.

The wind makes the windmill's sails spin **around**.
바람이 풍차의 날개를 **회전**시키지.

The horses were racing **around** the track.
말들이 트랙**을 돌며** 경주하고 있었어.

3 around ~의 주변 곳곳에

특정 대상의 주변에 있는 여러 가지 사물들을 가리키거나 그 주변의 장소 이곳저곳을 가리킵니다.

Arrange the chairs **around** the table.
테이블 **주변에 있는** 의자 좀 정리해.

Everyone crowded **around** the little dog.
모두들 작은 강아지 **주변에** 모여 있었습니다.

The games were watched by millions of people **around** the world.
전 세계 수백만 명의 사람들이 그 경기를 시청했습니다.

My brother always leaves his clothes lying **around**.
우리 형은 언제나 옷을 **여기저기에** 늘어놓고 다녀.

Love is actually all **around**. 사랑은 실제로 **온** 세상에 있지요.

We've been running all **around** trying to find you.
우리는 널 찾으려고 **여기저기** 온갖 곳을 뛰어다녔어.

4 around 대략, 약

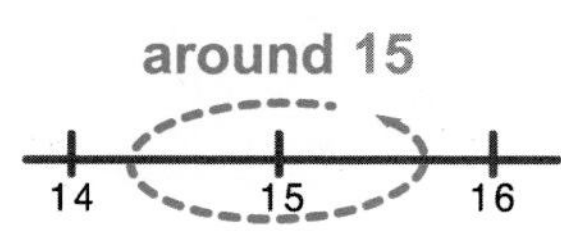

around는 그림에서처럼 시간이나 양 등을 표현하는 숫자 앞에 쓰여 대략(roughly, approximately)의 의미를 나타냅니다. around 15이라고 하면 정확히 15가 아니라 15 전후로 거의 근접한 수를 의미하지요.

He is **around** 200 centimeters tall. 그는 키가 **대략** 2미터야.

We got back **around** 11. 우리는 11시**쯤에** 돌아왔어.

There must have been **around** 500 people there.
그곳엔 **약** 500명은 있었던 게 틀림없어.

The cost would be somewhere **around** 100,000 won.
비용은 10만 원**쯤** 될 거야.

회화에 꼭 쓰이는 around 필수표현

turn around
❶ 돌아서다 ❷ 호전되다

❶ '돌아서다'

Can you **turn around** and face the people behind you?
돌아서서 뒤에 있는 사람들을 마주보시겠어요?

❷ 나쁜 방향으로 향하고 있던 흐름이 반대 방향으로 바뀌다, 즉 '호전되다'

Many people hope that the economy will **turn around** soon.
많은 사람들이 경제가 곧 **호전되기를** 바라고 있습니다.

come around
❶ 되돌아오다 ❷ 다시 돌아오다 ❸ 돌아서다 ❹ 집을 방문하다

❶ 기념일 등이 '되돌아오다'

Before we knew it, Christmas had **come around** again.
(우리가 깨닫기도 전에) 어느덧 크리스마스가 다시 **돌아왔어**.

❷ 잃어버렸던 의식이 '다시 돌아오다'

When I **came around**, I was lying in the back seat of a car.
내가 **의식을 다시 차렸을** 때는 차 뒷좌석에 누워 있었어요.

❸ 원래의 의견, 결정 등에서 '돌아서다'

I expect he'll **come around** eventually.
그 사람 결국 **생각을 바꿀** 거야.

❹ '집을 방문하다'

Why don't you **come around** after work?
일 끝난 후에 **이쪽으로 오지** 그래?

stick around
어떤 장소의 주변을 떠나지 않고 기다리다

around(주변)에서 떨어지지 않고 붙어 있는(stick) 것이니 '어떤 장소의 주변을 떠나지 않고 기다리다'

When I say '**stick around!**' I mean stay where I can find you.
내가 '**근처에 있어!**'라고 할 때는 내가 널 찾을 수 있는 곳에 있으란 말이야.

Stick around a while and see what develops.
조금 **기다렸다가** 어떻게 변하는지 지켜보세요.

stay around
~에 머물러 있다

사람 곁이나 어떤 장소를 떠나지 않고 그 주위에 머무르다, 즉 '~에 머물러 있다'

How long do you think Ray will **stay around** this time?
레이가 이번에는 얼마나 **머무를** 것 같아요?

look around
주위를 둘러보다

around를 보는 거니까 '주위를 둘러보다'

Do you want to **look around** the house?
집을 좀 **둘러보시겠어요**?

I'm just **looking around**.
그냥 **둘러보는** 거예요.

get around
여기저기를 돌아다니며 많은 사람을 만나다

At the age of 85, Ray still **gets around** quite well.
레이는 85세이지만 아직도 **정정하게 잘 다닙니다**.

I know the subway very well. I can **get around** the city easily.
난 지하철을 잘 아니까 시내를 쉽게 **돌아다닐** 수 있어요.

run around
여기저기 바쁘게 돌아다니다, 이리저리 뛰어다니다

I've been **running around** all day.
난 하루종일 **이곳저곳을 뛰어다녔어**.

A boy was **running around**.
한 아이가 **여기저기 뛰어 돌아다니고** 있었어.

walk around

❶ 산책하다 ❷ 특이한 모습으로 돌아다니다

❶ 주변의 이곳저곳을 '도보로 걷다, 산책하다'

I'll try to bike or **walk around** as much as I can.
내가 할 수 있는 한 많이 자전거를 타거나 **산책을 하도록** 할 거야.

❷ 사람들 앞에서 바보 같은 옷을 입거나 특이한 모습을 하고 돌아다니다

I can't **walk around** with my hair like this.
머리를 이렇게 **바보같이 해 가지고 돌아다닐** 수는 없어요!

You're not **walking around** in that hat?
저 모자를 쓰고 **돌아다닐** 건 아니지?

shop around

여기저기 상점들을 둘러보다

I'm **shopping around** for a new coat.
난 새 코트를 사려고 **여기저기 둘러봤어요.**

kick around

❶ 토의하다 ❷ 학대하다 ❸ 어딘가에 있을 것이다

❶ 여러 명이 모여 공을 차듯 의견을 교환한다는 뜻에서 '~을 토의하다, 상의하다'

Let's **kick** it **around** before we decide.
결정하기 전에 **상의하자.**

❷ 정성스레 다루지 않고 발로 뻥뻥 차는 것이므로 '거칠게 다루다', '학대하다'

She'd had enough of being **kicked around** by her boss.
그녀는 사장으로부터 너무 심하게 **혹사당했어**.

❸ 장소를 정확히 알고 있진 않지만 '어딘가에 있을 것이다', 가서 찾다 보면 어딘가에서 발에 차일 거라는 의미

There's a box of chocolates **kicking around** somewhere.
초콜릿 상자가 거기 **어딘가에 있을** 거야.

mess around
빈둥거리며 지내다

아주 엉망으로 돌아다니는 것이므로 '빈둥거리며 지내다'

Will you stop **messing around** and get on with some work?
그만 좀 **빈둥거리고** 일 좀 제대로 하지 않을래?

hang around
어슬렁거리며 배회하다

'어슬렁거리며 배회하다', hang(걸다)은 공중에 건들건들 불안하게 떠 있는 이미지

Mary always **hung around** with boys.
메리는 항상 사내들**과 어울렸습니다**.

I **hung around** outside, waiting for the others.
나는 사람들을 기다리며 밖에서 **서성거렸어요**.

beat around the bush
핵심을 말하지 않고 빙빙 돌려 말하다

잡으려는 중요한 것은 잡지 못하고 엉뚱한 bush(나무 덤불) 주변만 때린다는 의미에서 '핵심을 말하지 않고 빙빙 돌려 말하다'

Stop **beating around the bush** and tell me the truth.
빙빙 돌려 말하는 거 그만하고 사실을 말해 봐.

just around the corner
❶ 아주 가까이 있는 ❷ 머지 않아

❶ 코너만 돌면 있을 정도로 '아주 가까이 있는'

The kids go to school **just around the corner**.
아이들은 **근처에 있는** 학교에 갑니다.

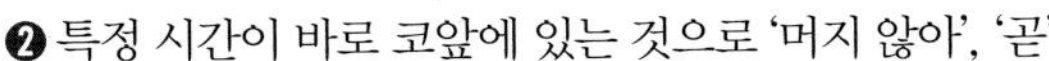

❷ 특정 시간이 바로 코앞에 있는 것으로 '머지 않아', '곧'

It feels like spring is **just around the corner**.
봄이 **얼마 남지 않은** 것 같군요.

Believe me. My pay day is **just around the corner**.
날 믿어. 월급날이 **바로 코앞에 있다니까.**

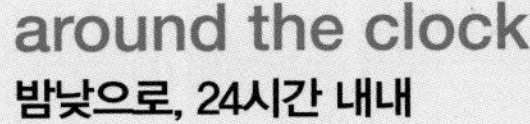

around the clock
밤낮으로, 24시간 내내

시계가 360도를 도는 것이므로 '밤낮으로', '24시간 내내'

We bring you the latest news **around the clock**.
우리는 **24시간 내내** 최신 뉴스를 전해 드립니다.

09 대신하는 As

as가 전치사로 쓰일 때는 '~처럼', 즉 like의 의미를 갖습니다. 아래 그림처럼 원래의 주체는 조금 뒤에 물러나 있고 대신 다른 이미지를 앞에 내세우는 것이죠.

as

as는 전치사뿐 아니라 부사나 접속사로도 쓰입니다. as가 두 절(clauses)을 연결하는 접속사 역할을 할 땐 그 두 절이 거의 같은 시간에 일어났음을 나타내어 '~하는 동안에', '~할 때'의 의미가 됩니다. 또 as는 형용사나 부사나 much, many 등의 앞에서 부사로 쓰이기도 합니다.

Check Point

1. **~처럼(= like)**
2. **~로서(자격, 기능 등)**
3. **~하는 동안에, ~하는 대로 ~다시피, ~ 때문에, ~함에도**
4. **~만큼**

1 as ~처럼(= like)

특정 대상의 주변에 있는 여러 가지 사물들을 가리키거나 그 주변의 장소 이곳저곳을 가리킵니다.

They were all dressed **as** politicians.
그들은 모두 정치인들**처럼** 옷을 입었습니다.

2 as ~로서(자격, 기능 등)

as는 원래의 주체의 어떤 자격이나, 지위, 신분을 내세울 때 씁니다.

I don't love him. I just respect him **as** a doctor.
난 그를 사랑하는 게 아니에요. 다만 의사**로서** 존경하는 것뿐이라고요.

Treat me **as** a friend.
날 친구**로** 대해 주세요.

누군가가 나를 as a friend로 대한다는 것은 나(me)라는 자격 대신 친구(a friend)라는 자격을 내세우는 겁니다.

You can use newspapers **as** a blanket.
신문을 담요**로** 쓰면 됩니다.

I got a job **as** an interior designer!
나 인테리어 디자이너**로** 취직했어요!

3 as ~하는 동안에, ~하는 대로 ~다시피, ~ 때문에, ~함에도

as가 두 절을 잇는 접속사로 쓰일 때는 문장의 맥락에 따라 '~하는 동안에', '~하는 대로', '~ 때문에', '~ 다시피', '~하긴 하지만' 등의 의미로 쓰이지만 기본적으로 두 절이 같은 시간대에 일어났음을 의미합니다. 때로는 그 두 절이 비교가 되어 인과관계를 나타내기도 합니다.

I saw Steve **as** I was on my way to the building.
그 빌딩으로 가는 **길에** 스티브를 보았습니다.

Sean Connery gets more attractive **as** he gets older.
숀 코넬리는 나이가 들어갈**수록** 더 매력적이에요.

Stellar got divorced, **as** her mother had done years before.
스텔라는 그녀 어머니가 수년 전에 그랬던 것**처럼** 이혼을 했습니다.

As it was getting late, I took her home.
어두워졌기 **때문에** 그녀를 집에 데려다 주었어요.

Angry **as** he was, he couldn't help smiling.
그는 화가 났음**에도** 웃지 않을 수 없었습니다.

4 as ~만큼

as가 부사로 쓰일 때는 주로 '비교대상만큼 ~하다'는 의미로 많이 쓰입니다.

You're as tall **as** your father.
넌 네 아버지**만큼**이나 키가 크구나.

You're as pretty **as** your mother.
넌 네 어머니**처럼** 예쁘구나.

I can't swim as fast **as** him.
전 그**만큼** 빨리 수영을 할 수가 없어요.

It's not as good **as** it used to be.
예전**만큼** 좋지는 않습니다.

My son will be as tall **as** me(=I am).
제 아들은 저**만큼** 키가 클 겁니다.

Her skin is as soft **as** a baby's.
그녀의 피부는 아이**처럼** 부드럽습니다.

회화에 꼭 쓰이는 as 필수표현

as A as B

B만큼 A하다

형용사나 부사의 정도를 강조하기 위해 그 앞에 as를 넣고 비교하는 대상을 그 뒤에 as와 함께 써서 'B만큼 A하다'는 뜻으로 쓰이는 용법으로 회화에서도 정말 많이 쓰입니다.

I am **as** happy **as** you are.
난 당신**만큼** 행복해요.

My girlfriend is **as** pretty **as** Kim Taehee.
제 여자 친구는 김태희**만큼** 예뻐요.

You can have **as** much **as** you want.
원하시는 **만큼** 마시세요.

He was **as** white **as** a sheet.
그는 백지장**처럼** 하얗게 되었습니다.

as good as

거의 ~한 것이나 다름없는

good에는 '양이 어느 정도 되는'의 의미가 있으므로 '거의 ~한 것이나 다름없는'

The report is **as good as** finished—I just need to print it out.
리포트는 끝낸 **것이나 다름없어요**. 프린트만 하면 돼요.

He is **as good as** bankrupt.
그는 파산한 **거나 다름없습니다**.

as soon as ~

~ 하자마자, 곧

Let me know **as soon as** you know the result.
결과를 듣**는 대로** 내게 알려줘요.

I've burst into tears **as soon as** I saw my mother.
전 제 어머니를 **보자마자** 울음을 터뜨렸습니다.

As soon as I saw him, I knew there was something wrong.
전 그를 **보자마자** 뭔가 잘못되었다는 걸 알았습니다.

as soon as possible
가능한 빨리 (줄여서 ASAP라고 쓰기도 합니다.)

Could you ask Steve to call me back **as soon as possible**?
스티브에게 **가능한 빨리** 전화해 달라고 전해 주시겠어요?

I'll be there **as soon as possible**.
가능한 빨리 갈게요.

Get out of there **as soon as possible**.
거기서 **가능한 빨리** 나가라.

as far as I'm concerned /as far as I know
내가 아는 한, 내 생각에는

As far as I am concerned, she just wants your money.
내가 아는 한 그녀는 네 돈만 원하는 거야.

As far as I'm concerned, the issue is over and done with.
내가 아는 한 그 이슈는 이제 끝났어요.

As far as I'm concerned, I want you to understand the expression properly, because I want you to speak perfect English.
내 생각으론 당신이 그 표현을 이해했으면 좋겠어요. 왜냐하면 당신이 영어 회화를 완벽하게 했으면 하거든요.

She isn't coming today, **as far as I know**.
내가 알기론 그녀는 오늘 오지 않을 겁니다.

콕 찍은 At

10

at은 '콕 찍는' 것입니다. in이 비교적 넓은 지역(in Seoul)과 긴 시간(in December)을 가리킨다면 at은 좀 더 구체적인 장소(at home)를 콕 찍는 것이며, 시간을 콕 찍으면 at the moment나 at first sight처럼 특정한 순간을 가리킵니다.

'처음'과 '중간', 그리고 '끝'을 표현할 때 처음과 끝은 콕 찍어 말할 수 있는 특정한 순간이므로 at the beginning of, at the end처럼 at을 쓰고, 그 사이의 훨씬 넓은 범위의 '중간'을 말할 땐 in the middle처럼 in을 씁니다.

Check Point

1. ~에(장소, 지점)
2. ~에(시각)
3. ~에게, ~을 겨냥해
4. ~에(숫자, 수치)
5. ~에(분야)
6. ~에 처한, ~ 상태인
7. 이메일 주소에도 '@'

1 at ~에(장소, 지점)

at은 구체적인 장소를 콕 찍어 이야기합니다.

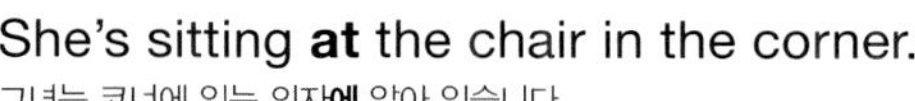

She's sitting **at** the chair in the corner.
그녀는 코너에 있는 의자**에** 앉아 있습니다.

They arrived late **at** the In-cheon airport.
그들은 인천공항**에** 늦게 도착했습니다.

She's **at** Ray's(= at Ray's house).
그녀는 레이네 집**에** 있어요.

I met her **at** the Samsung hospital.
난 그녀를 삼성 병원**에서** 만났어요.

My brother is a student **at** Emory University in Atlanta.
제 동생은 애틀랜타 에모리 대학**의** 학생입니다.

How many people were there **at** the concert?
콘서트**에** 사람들이 얼마나 왔나요?

She was standing **at** the top of the stairs.
그녀는 계단의 맨 위**에** 서 있었습니다.

I'll give you my number **at** work/home/]the office.
제 직장/집/사무실**의** 전화번호를 드릴게요.

2 at ~에(시각)

특정한 순간이나 시각을 콕 찍어 이야기합니다.

There's a meeting **at** 3:30 this afternoon.
오늘 오후 세시 반**에** 회의가 있습니다.

I need to talk to you. Are you free **at** lunchtime?
당신에게 할 말이 있어요. 점심 시간**에** 시간 있으세요?

I'm busy **at** the moment—
can you call back later?
제가 지금(이 순간**에**)은 바빠서 그러는데 나중에 전화해 줄 수 있어요?

I had to work overtime, so I went home **at** midnight.
전 야근을 해야 해서 자정**에** 집에 갔습니다.

잠깐! at과 함께 쓰여 특정한 시간을 나타내는 표현들

at first 처음에	at last 마지막으로, 마침내
at first sight 처음 본 순간	at the beginning 시작할 때
at night 밤에	at the end 결국, 마지막에
at once 동시에, 당장에	at the moment 지금 이 순간
at present 지금	at a time 한번에

3 at ~에게, ~을 겨냥해

다른 많은 것들이 주변에 있을 때 어떤 대상을 콕 찍어 '방향'을 가리키기도 합니다. 즉, 구체적인 방향, 목표 등을 나타내죠.

He aimed **at** the target,
but missed.
그는 목표**를 겨냥**했지만 놓쳐 버렸어.

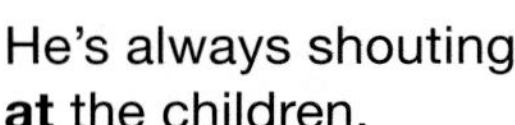

He's always shouting
at the children.
그는 항상 아이들**에게** 소리를 지릅니다.

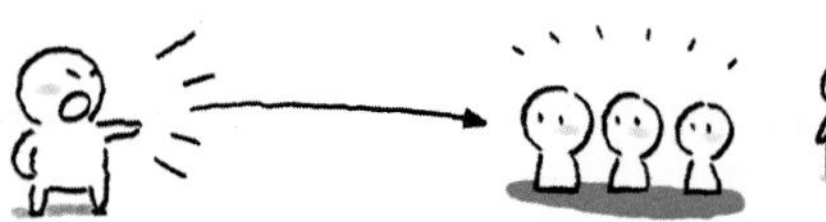

Why are you looking **at** me? Don't stare at me!
왜 그렇게 나를 쳐다봐요? 그렇게 뚫어지게 보지 마세요!

He pointed a gun **at** her. She was too scared and couldn't move at all!
그는 그녀**에게** 총을 겨누었습니다. 그녀는 너무 겁나서 꼼짝할 수가 없었죠!

4 at ~에(숫자, 수치)

요금, 평가, 임금, 속도, 나이, 거리, 수량 등을 콕 찍어 나타낼 때도 at을 씁니다.

In theory, women can still have children **at** the age of 50.
이론적으로 여자는 50살**에도** 여전히 아이를 가질 수 있습니다.

I'm not going to buy these boots **at** 100,000 won.
10만 원**에** 이 부츠를 사진 않을 거예요.

She got married **at** 25.
그녀는 25살**에** 결혼했습니다.

He was driving **at** 130 km per hour.
그는 시속 130km**로** 운전하고 있었습니다.

5 at ~에(분야)

세상에 있는 많은 일 중에 어떤 분야, 종목 등에서 콕 찍어 '어떤 하나의 것을 잘한다 혹은 잘 못한다'고 할 때에도 at을 씁니다.

I was never very good **at** baseball.
나는 야구**에는** 영 젬병이야.

She's hopeless **at** trying to lose weight!
그 여자는 살 빼는 **데는** 가망이 없어!

6 at ~에 처한, ~ 상태인

어떤 특별한 상황에 있음을 콕 찍어 설명할 때도 at을 씁니다.

The Republic of Iraq is now **at** war.
이라크는 지금 전쟁**에 처해** 있습니다.

Australia has been **at** peace for 100 years.
호주는 지난 100년 동안 평화**롭게** 지내왔습니다.

7 at 이메일 주소에도 '@'

이메일 주소를 사용할 때에도 콕 찍어 어느 도메인에 속해 있음을 밝힙니다.

What's your email address?
It's Shimson **at** empal dot com.
당신 이메일 주소가 무엇입니까? shimson@empal.com입니다.

If you have something to ask about this book, you can reach me through my email—shimson@empal.com
이 책에 대해 물어볼 것이 있으면 제 이메일 shimson@empal.com으로 연락 주시면 됩니다.

회화에 꼭 쓰이는 at 필수표현

jump at
❶ ~에게 덤벼들다 ❷ 기회를 적극적으로 붙잡다

❶ 사람을 콕 찍어 jump하는 건 공격하기 위해 덤벼드는 경우이므로 '~에게 덤벼들다'

The Jin-do dog **jumped at** the stranger.
진돗개가 낯선 사람**에게 덤벼들었습니다**.

❷ 기회 등에 jump하는 것은 '기회를 적극적으로 붙잡다'

Ray **jumped at** the opportunity to write a book in Korea.
레이는 한국에서 책을 쓸 **기회를 붙잡았습니다**.

laugh at someone
~을 비웃다

누군가를 콕 찍어 그 사람만을 향해 웃는 것으로 '~을 비웃다'

I think he **laughed at** me when I didn't understand.
내가 이해하지 못하자 그가 날 **비웃은** 것 같아.

look at
❶ 훑어보다 ❷ 조사하다 ❸ 본보기를 들 때 ❹ 특별한 관점에서 생각할 때

❶ '재빨리 훑어보다'

Ray was **looking at** a women's magazine while he waited in the clinic.
레이는 병원에서 기다리는 동안에 여성잡지**를 훑어보고** 있었습니다.

❷ 뭐가 잘못되었는지 알아내기 위해 '조사하다(= examine)'

Liz wanted the doctor to **look at** her son.
리즈는 의사가 그녀의 아들**을 봐 주길** 원했습니다.

❸ 본보기를 들며 이야기할 때

Smoking is really bad for your health. **Look at** your uncle Sam! He's dying of lung cancer.
흡연은 정말 건강에 나쁘단다. 네 삼촌 샘**을 봐**! 폐암으로 죽어가고 있잖아!

❹ 특별한 관점에서 무언가를 생각할 때

However you **look at** this situation, it isn't so bad.
당신이 어떻게 이 상황**을 보고 있는지** 몰라도 그렇게 나쁘진 않아요.

pick at
조금만 먹다, 깨작거리다

배가 고프지 않거나 음식이 맘에 들지 않아 새가 모이를 쪼듯(pick) '조금만 먹다', '깨작거리다'

I was so nervous I could only **pick at** my lunch.
너무 긴장해서 점심을 그냥 **깨작거리기만** 했어.

snatch at
와락 잡아채다

I saw a pickpocket **snatch at** her bag.
소매치기가 가방**을 낚아채는** 것을 보았습니다.

부정어 + at all
전혀

부정문에서 '모든 면에서'라고 강조하는 말이므로 '전혀'

He's had **no** food **at al**l.
그에게는 음식이 **전혀** 없었습니다.

You could've been **anyone at all**.
당신은 (나와) **전혀** 상관없는 사람이 될 수도 있었어.

all at once
갑자기(= suddenly)

All at once, there was a loud bang outside and the dogs started barking.
갑자기 밖에서 쿵 소리가 났고 개가 짖기 시작했습니다.

at first
처음에, 처음 순간에

At first, I thought he was an honest and trustworthy man but I later realized that he was a liar.
처음에 전 그가 정직하고 믿을 만한 사람이라고 생각했습니다. 그러나 나중엔 그가 거짓말쟁이라는 것을 깨달았죠.

at last
마침내, 마지막 순간에

At last she accepted his proposal of marriage.
마침내 그녀는 그의 청혼을 받아들였습니다.

at the beginning
처음에, 처음 시작하는 순간에

At the beginning of every year, many people make a new year's resolution to quit smoking.
매년 **초에** 많은 사람들이 금연하기로 새해 결심을 합니다.

at the end
끝에, 마지막 순간에, 마침내

At the end of the movie I was crying.
영화 **마지막에** 전 울었습니다.

at the moment
지금 이 순간

He's not here **at the moment**.
그는 **지금** 여기 안 계십니다.

at a distance
어떤 거리를 두고, 좀 떨어져

I saw her **at a distance** and she looked beautiful.
전 그녀를 **멀리서** 봤습니다. 그녀는 아름다워 보였어요.

She's not pretty but sometimes **at a distance** she looks like Hyo-ri.
그녀는 예쁘진 않지만 **멀리서** 보면 가끔씩 효리 같아 보여요.

at least
적어도, 최소한

least는 little의 최상급으로 가장 작은 것에 있는 상황이므로 '적어도', '최소한'

We should have been finished with our project by the end of last month **at least**.
우리는 프로젝트를 **적어도** 지난달 말에는 끝냈어야 했어.

잠깐! arrive in과 arrive at의 차이

arrive in은 나라, 도시 등의 비교적 넓은 범위의 곳을 가리킬 때 씁니다.

He **arrived in** Atlanta on December 12th.
그는 애틀랜타에 12월 12일에 도착했습니다.

We **arrived in** London at six in the morning.
우리는 새벽 6시에 런던에 도착했습니다.

arrive at은 어떤 건물이나 장소를 콕 찍어 이야기할 때 씁니다.

Shimson **arrived at** In-cheon airport on May 4th.
심슨은 5월 4일에 인천 공항에 도착했습니다.

When Ray **arrived at** Coex, it suddenly began to rain.
레이가 코엑스에 도착했을 때 갑자기 비가 내리기 시작했습니다.

around/as/at으로 말해보기

다음 문맥에 맞게 보기 에서 골라 넣으세요.

1 널 찾으려고 온 쇼핑몰을 다 뒤졌어.
I've been looking all ______ the mall looking for you.

2 강아지가 도망가 버려서 마음이 아팠어.
We were sick ______ heart when our dog ran away.

3 레이는 작문을 가르치는 데 뛰어납니다.
Ray is excellent ______ teaching writing.

4 오늘 저녁 8시쯤에는 집에 있어야 해.
I should be home tonight ______ eight o'clock.

5 그들은 항상 나를 가족처럼 대해 주었지.
They always treated me ______ family.

6 이 나무 상자를 의자로 썼어요.
I used this wooden box ______ a chair.

7 그녀는 팔로 나를 감싸고 따뜻하게 안아 주었어.
She put her arms ______ me and gave me a warm hug.

8 난 조디네 집에 있어.
I'm ______ Jody's place.

9 그는 항상 아내를 향해 소리를 지르죠.
He's always shouting ______ his wife.

10 제발 집 곳곳에 장난감을 늘어놓지 좀 마.
Please don't leave all your toys lying ______ the house.

보기 around	as	at

B 알맞은 전치사를 활용하여 다음 영어 문장을 완성하세요.

1 어제부터 아무것도 먹지 못했어요.
I haven't eaten anything ______ ______ since yesterday.

2 난 할로윈에 여자 해적처럼 옷을 차려 입었어.
I ______ ______ ______ a woman pirate for Halloween.

3 여기 우리 집 새 전화번호예요.
Here's my new number ______ ______ .

4 가격은 1kg에 약 9달러입니다.
The price ______ ______ $9 per kilogram.

5 그 올림픽 주자는 트랙 주위를 돌았습니다.
The Olympian runners ______ ______ the track.

6 난 그녀를 친구로서 좋아하는 거예요.
I like her ______ ______ ______ .

7 직장에서 전 항상 한 번에 너무 많은 것들을 해내야만 해요.
When I'm ______ ______ I always have to do too many things
______ ______ ______ .

8 레이는 열심히 일한 만큼 열심히 놉니다.
Ray plays ______ ______ ______ he works.

9 우리는 밤 늦게까지 집에 가지 않았습니다.
We didn't get home until late ______ ______ .

10 캐나다는 2차 세계 대전 이래로 평화로운 상태입니다.
Canada has been ______ ______ since W.W.II.

~로부터 멀리 떨어진

11

Away

away의 기본적인 이미지는 기준점에서 멀리 떨어져 가는 것입니다. 그런데 away는 정확히 따지면 전치사가 아닙니다. 전치사는 문장에서 '전치사+명사' 구조를 이루어 명사 앞에서 그 명사의 위치를 알려주는 품사인데 away는 전치사가 아닌 부사이기 때문에 away 다음에 명사가 오지 않으며 주로 부사로 '동사 + away'의 형식으로 많이 쓰입니다.

away

Check Point

❶ **대상으로부터 떨어져 다른 곳으로**

❷ **시간적 · 공간적으로 떨어져, 떨어진 곳에**

❸ **무엇이 차츰 다 사라지는**

❹ **계속 하고 있는**

1 **away** 대상으로부터 떨어져 다른 곳으로

대상으로부터 멀리 떨어져 나가는 상황을 가리킵니다.

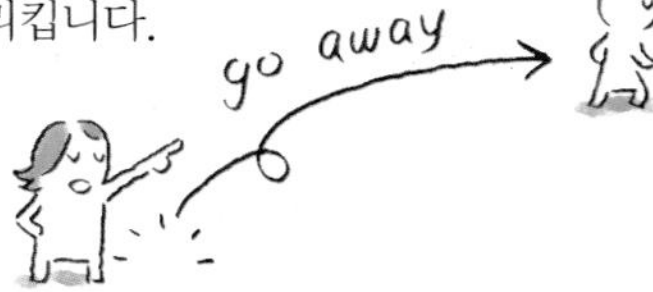

Just go **away** and leave me alone!
그냥 좀 가고 나 좀 혼자 **내버려** 둬!

사람 곁을 떠나가는 경우에도 빗대어 쓸 수 있습니다.

Please, don't go **away.**
제발 **떠나**가지 말아요.

날아간다는 표현에도 쓸 수 있습니다.

I will fly **away**!
나는 날아**갈** 거야!

2 **away** 시간적 · 공간적으로 떨어져, 떨어진 곳에

어떤 기준점에서 멀리 떨어져있는 상황을 의미합니다.

Stay **away** from her!
그녀에게서 **떨어져**!

Stay away라고 하면 다가가지 말고 떨어져 있는 그 상태 그대로 있으라는 의미입니다.

They're miles **away** from us.
그들은 우리로부터 멀리 **떨어져** 있어요.

May I talk to Jenny? I'm sorry, she's **away**.
제니와 통화할 수 있을까요? 죄송합니다만 **자리에 안 계십니다**.

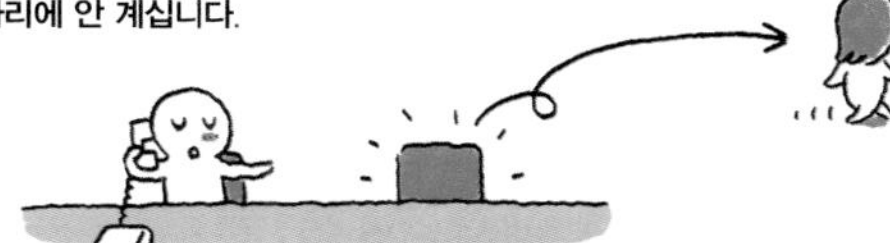

학교나 직장 등 있어야 할 자리에서 멀리 떨어져 있다는 것은 '학교 · 직장에 나오지 않다', '결석하다', '휴가 가다'라는 의미가 됩니다.

There were almost ten children **away** yesterday.
어제는 아이들이 거의 10명이나 **결석했어요.**

Jennifer was **away** from work for a week.
그녀는 (직장에서) 일주일 동안 **자리를 비웠습니다.**

시간이 얼만큼 떨어져 있다는 것은 미래에 어떤 일이 일어나기까지 '시간이 얼마만큼 남아 있다'는 의미도 됩니다.

The TOEIC exam is only a month **away** and he hasn't even started to prepare.
그 토익시험이 겨우 한 달 **남았는데** 그는 아직 시작도 못했어요.

right away는 떨어져(away) 있으나 멀리 떨어져 있는 것이 아니라 바로(right)이므로 '당장', '즉시'란 의미가 됩니다.

Get him right **away**!
그를 **당장** 데려와!

Steve married her right **away**.
스티브는 그녀와 **바로** 결혼했습니다.

3 away 무엇이 차츰 다 사라지는

분명했던 것이 점차 희미해지고 사라지는 경우 그래서 마침내 없어지는 경우를 나타냅니다.

All the snow had melted **away**.
모든 눈이 녹아 **사라져 버렸습니다.**

We danced the night **away**. (=until the night was over)
그들은 밤새도록(밤이 **다 사라질** 때까지) 춤을 추었습니다.

The music faded **away**.
음악 소리가 **희미해졌습니다**.

4 **away** 계속 하고 있는

동사 뒤에 쓰여 무엇을 맹렬하게 또는 계속됨을 의미합니다.

He was still writing **away** when the exam finished.
그는 시험이 끝났을 때도 여전히 답을 **쓰고 있었습니다**.

We were soon chatting **away** like old friends.
우리는 곧 오래 사귄 친구들처럼 **이야기를 나누었죠**.

회화에 꼭 쓰이는 away 필수표현

go away
❶ 가다, 떠나다, 사라지다 ❷ 여행길에 나서다

❶ 어떤 장소나 사람으로부터 '떨어지다', '가 버리다', '사라지다'

If you **go away**, you will be breaking my heart in two.
당신이 날 **떠난다면** 내 마음을 둘로 갈라놓을 거예요.

❷ 어디 놀러 갈 땐 보통 집이나 직장에서 멀리 떨어지게(away) 되므로 '놀러가다', '떠나다'

We usually **go away** for the summer.
우리는 보통 여름에 어디 **가요**.

My husband **goes away** on business a lot.
제 남편은 출장을 많이 **떠납니다**.

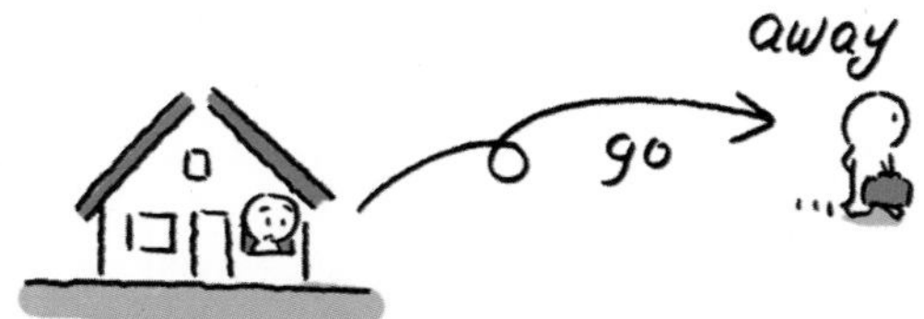

get away
❶ 탈출하다 ❷ 쉬기 위해 떠나다

❶ 어떤 장소나 사람이 '~을 떠나다', '도망가다', '탈출하다'

I really hate Steve. I'd go anywhere to **get away** from him.
난 스티브가 진짜 싫어. 난 그에게서 **벗어날** 수 있다면 그 어디라도 좋아.

❷ 쉬거나 휴가를 가기 위해 '떠나다'

I just need to **get away** for a few days.
나 며칠 동안 좀 **쉬어야겠어요**.

I've decided to go to Jejudo to **get away** from it all.
전 모든 것을 **떠나** 제주도에 가서 잠시 **쉬기로** 결정했습니다.

get away with ~
❶ 잘 해내다 ❷ 모면하다

❶ '~을 잘 해내다', '성공해내다'

Do you think we could **get away with** just one coat of paint on that wall?
우리 저 벽에 페인트 한 번만 칠해도 **될까**?

❷ 문제나 벌을 받을 만한 상황을 '모면하다', '벗어나다'

Do not think you can **get away with** it.
얼렁뚱땅 넘어갈 생각하지 말아요.

throw away
❶ 내다 버리다 ❷ 쓸모없게 만들다

❶ 더 이상 필요 없는 물건을 쓰레기통에 던져 '버리다'

When are you going to **throw away** those old toys?
언제 이 오래된 장난감들을 **버릴** 거니?

I'd better **throw** my old computer **away** now.
이제 내 오래된 컴퓨터 **버리는** 게 낫겠어.

❷ 기회나 능력 등을 (쓰지 않고) '버리다', '쓸모없게 만들다'

Don't **throw away** this chance!
이번 기회를 그냥 **날리지** 말아요!

Steve **threw away** his chance of promotion by being late almost every day.
스티브는 거의 매일 지각함으로써 진급의 기회를 **날려 버렸습니다.**

give away
❶ 공짜로 나누어 주다 ❷ 누설하다

❶ '공짜로 나누어 주다'

The shop is **giving away** a sample of the new fragrance to every customer.
그 가게는 모든 고객에서 새로 나온 향수의 샘플을 **나누어 주고** 있어요.

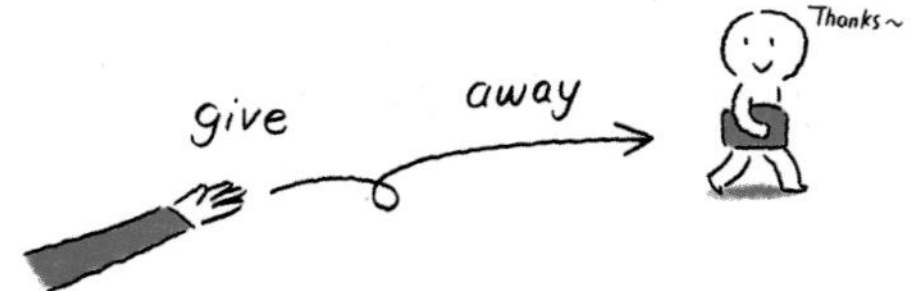

❷ 비밀 등을 '누설하다'

His birthday party was meant to be a surprise, but the children **gave** it **away.**
그의 생일 파티는 깜짝 파티가 되어야 했는데 아이들이 다 **말해 버렸어요.**

run away
❶ 도망가다 ❷ 회피하다

❶ '도망가다'

Ray and Jenny are planning to **run away** together to get married.
레이와 제니는 결혼하기 위해 같이 **도망가기로** 계획을 세우고 있어요.

Steve **ran away** from home when he was only 15.
스티브는 겨우 15살이었을 때 집에서 **나왔습니다**.

❷ 어떤 문제로부터 '도망가다', '회피하다'

You can't just **run away** from this situation.
당신은 이 상황을 **회피할** 수만은 없어.

You can't **run away** from your responsibility.
네 책임을 **회피할** 수는 없을 거야.

pass away
지나가다, 돌아가시다, 운명하다

Her father **passed away** 2 years ago.
그녀의 아버지는 2년 전에 **돌아가셨습니다**.

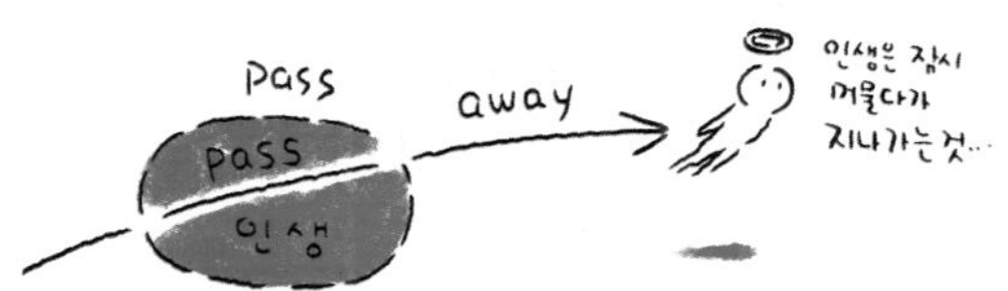

stay away
~에 가까이 가지 않다, 멀리 떨어져 있다

I want you to **stay away** from my daughter.
난 자네가 내 딸에게 **접근하지 않기를** 바라네.

walk away (from ~)
❶ 빠져나가다 ❷ ~에게서 떠나다

❶ 어려운 상황에서 '빠져나가다'

You can't just **walk away from** the problem.
당신, 그 문제에서 그렇게 **빠져나갈** 순 없어요!

❷ '~에게서 떠나다'

He **walked away from** me without saying a word.
그는 한 마디 말도 없이 내게서 **떠났습니다**.

put away
치우다, 갖다 놓다

물건 등을 쓰고 나서 원래 자리로 '치우다', 정해진 장소나 제자리에 '갖다 놓다'

Put the tools **away** if you're finished with them.
도구들을 다 썼으면 **치워 놓으세요**.

Put your toys **away** now.
네 장난감 이제 **치워라**.

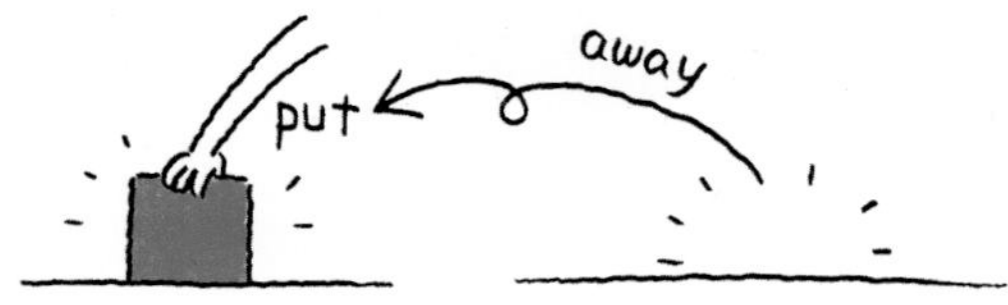

break away
떨어져 나가다, 달아나다, 도망치다, 관계를 끊고 헤어지다

자신을 붙잡고 있는 사람으로부터 (그러한 상태를 break하고) '떠나다', '도망가다'

He grabbed her, but she managed to **break away**.
그는 그녀를 붙잡았지만 그녀는 **달아나려고** 애썼습니다.

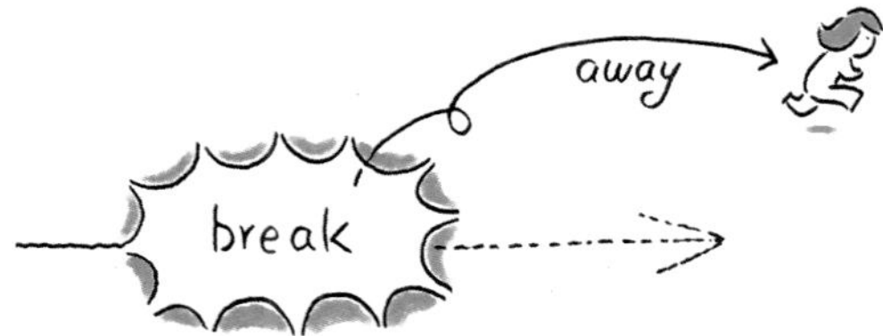

blow away
❶ 상대를 압도하다 ❷ 죽이다 ❸ 깜짝 놀래켜서 즐겁게 하다

❶ (특히 스포츠 경기 등에서) 완벽하게 '상대방을 압도하다'

Manchester United **blew** Chelsea **away** in the second half of the game.
맨체스터 유나이티드는 첼시를 후반전에 완벽하게 이겼습니다.

❷ 총 등을 쏴서 '날려 버리다', '죽이다'

They threatened to **blow** us **away**.
그들은 우리를 **날려 버리겠다고** 협박했습니다.

❸ '압도하다', '깜짝 놀라게 하여 즐거움을 주다'

Their performance **blew** me **away**.
그들의 공연은 완전히 날 **압도했어요**.

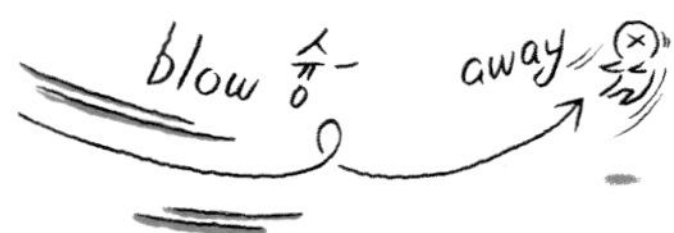

The ending of the movie will **blow** you **away**.
영화의 결말은 널 깜짝 **놀라게 할 거야**.

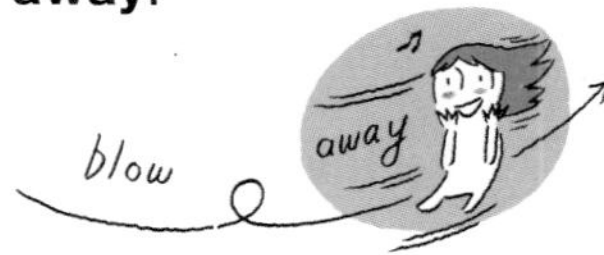

keep away
~에 가까이 가지 않다, 가까이 못가게 하다, 멀찍이 떨어지다

Keep away from the dog.
그 개한테 **가까이 가지 마세요.**

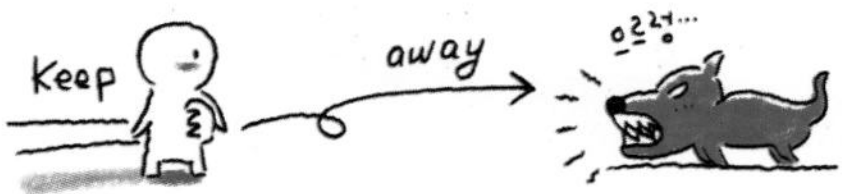

You have to **keep away** from bad friends.
당신, 나쁜 친구들을 **멀리해요.**

melt away
❶ 녹아서 사라지다, 천천히 없어지다 ❷ 격한 감정 등이 사그러들다

❶ '천천히 없어지다', '사라지다'

As the police sirens were heard, the crowd started to **melt away**.
경찰 사이렌 소리가 들리자 군중들이 **사라지기** 시작했습니다.

❷ 화나거나 격한 감정이 '천천히 줄어들거나 사라지다'

His anger **melted away** when he saw her face.
그의 분노는 그녀의 얼굴을 보자 **사라져 버렸습니다.**

take away
❶ 치워 버리다 ❷ 빼앗아 버리다 ❸ 없애 주다 ❹ 가지고 가다 ❺ 빼다

❶ '치워 버리다', '제거하다'

Take this chair **away**—we don't need it.
이 의자 가져다 **치워라**, 이제 필요 없으니까.

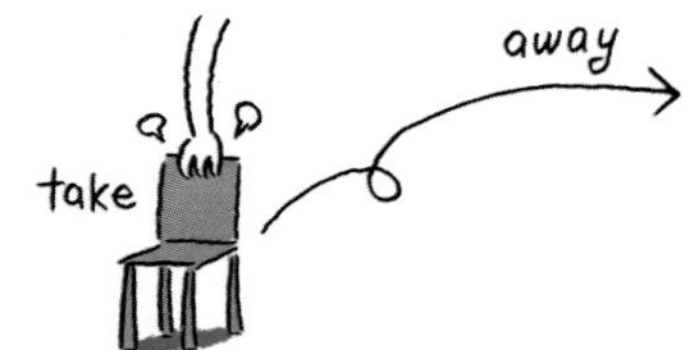

❷ '빼앗아 버리다'

E-marts are **taking** business **away** from small local shops.
이마트는 모든 지역 가게들의 사업권을 **빼앗고** 있습니다.

❸ (감정 · 통증 등을) '없애 주다'

I wish I could **take away** your pain.
내가 당신의 고통을 **덜어 줄** 수 있으면 좋으련만.

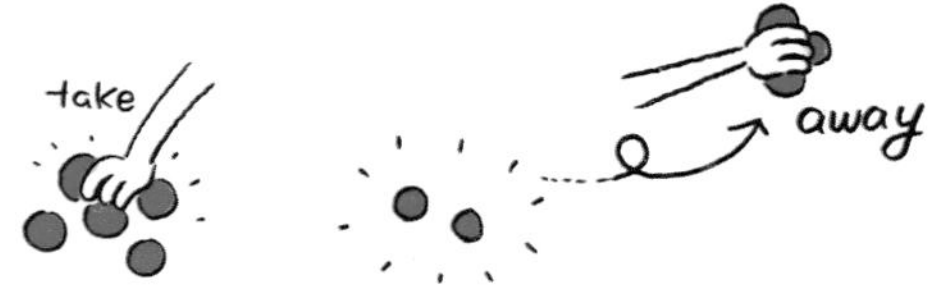

I was given some pills to **take away** the pain.
나는 그 통증을 **없애 주는** 알약을 좀 받았습니다.

❹ 음식을 식당에서 받아(take) 가져가다(away), '(패스트푸드점 등에서 산 음식을 거기서 먹지 않고) 가지고 가다'

Two cheese sandwiches to **take away**, please.
치즈 샌드위치 두 개 **포장해** 주세요.

❺ '빼다'

Five **take away** two is three.
5에서 2를 **빼면** 3입니다.

If you **take** 4 **away** from 10 you get 6.
10에서 4를 **빼면** 6이 남지요.

take sb's breath away
아주 아름답거나 놀라운 (숨을 빼앗아 가 숨 쉴 수 없을 정도로)

Yesterday, Jennifer looked so beautiful. She **took** my breath **away**.

어제 제니퍼는 너무 아름다워서 **숨이 멎을** 정도였어요.

12

~앞에 있는

Before

after의 반대되는 뜻을 가진 before는 '앞, 전방'을 의미하는 'fore' 앞에 'be'가 붙어서 '앞(fore)에 있음(be)'을 나타냅니다. 시간, 장소, 일, 순서 등에 폭넓게 쓰이는데 before는 문법적으로 전치사로써뿐만 아니라 부사, 접속사로도 쓰입니다.

Check Point

1. ~전에, ~하기 전에
2. 순서상 먼저, 앞에 있는
3. 누구 앞에서, 면전에서
4. ~ 앞에
5. 누구 앞에 직면해 있는, 다가올
6. ~하기 전에
7. 전에, 과거에

1 before ~전에, ~하기 전에

시간상으로 앞선 시점을 나타냅니다.

before breakfast
아침 식사 **전에**

before sunset
해가 지기 **전에**

before departure
출발 **전에**

the day **before** yesterday
그제

the week **before** last
지**지난**주

Cinderella remembered to leave **before** midnight.
신데렐라는 자정 **전에** 떠나야 하는 걸 떠올렸습니다.

We have to be there **before** dark.
우리는 어두워지기 **전에** 거기 도착해야 해요.

You should always wash your hands **before** meals.
밥 먹기 **전에** 항상 손을 깨끗이 씻어야 해요.

My grandfather is always up **before** dawn.
제 할아버지는 항상 날이 새기 **전에** 일어나십니다.

Before leaving he said goodbye to each of them.
떠나기 **전에** 그는 모두에게 작별인사를 했습니다.

Steve arrived **before** me and Ray arrived after me.
스티브는 나보다 **먼저** 도착했고 레이는 나보다 늦게 도착했습니다.

2 before 순서상 먼저, 앞에 있는

순서상 어떤 것이 앞서 있음을 나타냅니다.

Look! My name is **before** her on the list.
봐요! 명단에서 제 이름이 그녀보다 **먼저**예요.

The letter 'H' comes **before** 'I' in the English alphabet.
영어 알파벳에서 글자 H는 I **앞에** 옵니다.

You must use 'an' **before** words beginning with a vowel.
모음으로 시작되는 단어 **앞에는** 반드시 an을 써야 합니다.

앞서 있음은 '우선시하다', '중요시하다'라는 의미도 됩니다.

Most Korean moms put their children's needs **before** their own.
대부분의 한국 엄마들은 아이들의 요구를 그들 자신의 것보다 **우선시합니다**.

My father always puts his work **before** me.
저희 아버지께서는 항상 저보다 일을 **우선시하세요**.

3 before 누구 앞에서, 면전에서

누가 보고 듣는 앞, 면전임을 나타냅니다.

I was completely naked **before** them.
전 그들 **앞에서** 완전히 벌거벗었습니다.

The woman said that she saw him at the restaurant **before** witnesses.
그 여자는 레스토랑에서 그를 보았다고 증인들 **앞에서** 말했습니다.

He was dumped **before** us.
그는 우리 **앞에서** 채였습니다.

Korea soccer team had the advantage of playing **before** the 'Red Devil'.
한국 축구팀은 '붉은 악마'들이 **지켜보는 가운데** 경기를 하는 이점을 누렸습니다.

James was one of those students who liked singing and dancing **before** the whole class.
제임스는 반의 모든 학생을 **앞에** 두고 노래하고 춤추는 것을 좋아하는 그런 아이들 중 한 명이었어요.

4 before ~ 앞에

다소 formal한 느낌이 있지만 위치상 앞에 있다고 할 때 before를 쓰기도 합니다.

They knelt **before** the king.
그들은 왕 **앞에서** 무릎을 꿇었습니다.

Before you, there is a list of the points we have to discuss.
여러분들 **앞에** 우리가 토의해야 할 안건들의 목록이 있습니다.

5 before 누구 앞에 직면해 있는, 다가올

우리말로도 미래의 일을 '앞에 놓여 있다'고 비유해서 말할 수 있는 것처럼 영어에서도 마찬가지로 앞에 다가올, 직면해 있는 일을 다소 formal하지만 비유적으로 표현해서 말할 수 있습니다.

We have the whole weekend **before** us—what shall we do?
주말이 우리 **앞에** 있네요. 뭘 할까요?

The problems **before** us are not just one and they're very serious and complex.
우리 **앞에** 놓인 문제는 하나가 아니고 아주 심각하고 복잡합니다.

The task **before** us is a daunting one.
우리 **앞에** 놓인 과제는 벅찬 것입니다.

6 before ~하기 전에

두 개의 절을 잇는 접속사로서 '~하기 전에'라는 뜻으로 씁니다.

Clean up that mess **before** your mom sees it.
네 엄마가 보기 **전에** 그 엉망인 거 깨끗하게 청소해 놓아라.

Think things over **before** you decide.
결정하기 **전에** 다시 생각해 봐요.

Don't count your chickens **before** they're hatched. (속담)
알에서 **나오지도 않은** 닭을 세지 말라(김치국부터 마시지 마세요).

Why don't you confess your feelings to her **before** it's too late?
그녀에 대한 너의 감정을 늦기 **전에** 그녀에게 고백하는 게 어때?

It was an hour **before** the police arrived.
경찰이 도착하기 **전까지** 한 시간이 걸렸습니다.

7 before 전에, 과거에

부사로 '전에', '과거에(in the past)'라는 의미로 씁니다.

I've never seen her **before**.
전에 그녀를 본 적이 없습니다.

I feel as though I've been here **before**.
전에 여기 와 본 것처럼 느껴져요.

회화에 꼭 쓰이는 before 필수표현

put A before B
❶ 우선시/중시하다 ❷ 언급하다

❶ A를 B보다 '우선시/중시하다' (=come before)

Steve always tries to **put** others **before** himself.
스티브는 자신보다 다른 사람들을 **중시하려고** 애써요.

Jenny **puts** his work **before** her family.
제니는 그녀의 가족보다 그녀의 일을 **우선시해요.**

❷ B 앞에서 A를 정식으로 '언급하다', '제시하다', '제기하다'

We've got to **put** our proposal **before** the committee.
우리는 그 위원회 앞에서 우리 제의를 정식으로 **제안해야** 합니다.

This is not good. The new evidence was **put before** the court.
이거 별로 안 좋은데요. 새로운 증거가 법원에 **제출되었습니다.**

before your/my very eyes
바로 당신/내 눈앞에서

Suddenly the woman has disappeared **before my very eyes**.
갑자기 그 여자가 **바로 제 눈앞에서** 사라졌습니다.

What would you do if you saw a murder happen **before your very eyes**?
당신 눈앞에서 살인을 보면 어떻게 할 거예요?

cast pearls before swine
돼지에 진주 (돼지 앞에 진주를 던지다)

I'm afraid you're **casting pearls before swine** with your good idea—They won't accept it.
당신의 좋은 아이디어를 **돼지 앞에 진주 던지는 격**이 아닌가 싶어요. 그들은 받아들이지 않을 거예요.

before your/my time
당신이 태어나기 전에 / 내가 태어나기 전에

I don't remember the robot 'TaeKwon V'—It was **before my time**.
'로봇 태권V'는 기억 안 나는데. **내가 태어나기 전**인가 봐요.

before (very/too) long
오래지 않아 (before much long)

Don't worry. I'll be home **before very long**.
걱정 마요. 곧(**오래지 않아**) 집에 도착할 거예요.

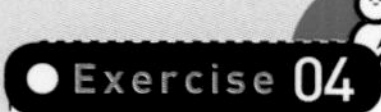

Exercise 04 away/before로 말해보기

A away와 before를 문맥에 맞게 골라 넣으세요.

1 난 가족보다 일을 우선시한 적이 없어요.
I had never put my work ______ my family.

2 해변은 1마일 떨어져 있습니다.
The beach is a mile ______.

3 우리가 결정을 내리기 전에 다른 이야기 하실 분 안 계신가요?
______ we make a decision, does anyone want to say anything else?

4 그는 방을 가득 메운 사람들 앞에 서서 그녀에게 결혼해 달라고 청했습니다.
He stood up ______ a whole roomful of people, and asked her to marry him.

5 내 생일은 아직 여러 달 남아 있습니다.
My birthday is still months ______.

6 레이는 엊그제 떠났습니다.
Ray left the day ______ yesterday.

7 제니는 차를 몰고 떠나기 전에 손을 흔들며 작별인사를 했습니다.
Jenny waved goodbye ______ driving ______.

B **보기** 에서 알맞은 어휘를 골라 빈칸을 채워 문장을 완성하세요.

1 아이스크림 냉장고에 넣어 둘래요?
Would you ______ the ice-cream ______ in the freezer.

2 제니가 심지어 그녀 가족보다 신을 우선시하는 게 난 싫어요.
Jenny ______ God ______ even her family, and I hate it.

3 당신은 가능한 빨리 일에서 벗어나 쉴 필요가 있습니다.
You need to ______ ______ ______ work as soon as you can.

4 당신의 야망을 과소평가 하려는 사람을 멀리하세요.
______ ______ ______ people who try to belittle your ambitions.

5 아무도 이 오래된 텔레비전을 원하지 않아요. 어디 그냥 공짜로 줄 수도 없어요.
Nobody wants this old TV anymore. I can't even ______ it ______!

6 그 마사지는 당신의 스트레스를 사라지게 할 것입니다.
The massage will ______ your stress ______.

7 더 이상 그 오래된 컴퓨터 필요 없으니까 그냥 버려요.
I don't need that old computer anymore. Just ______ it ______.

보기 before | away | from | get | keep | put | melt | throw | give

13

뒤에 있는

Behind

전치사 behind는 주로 명사 앞에 쓰여 의미상 그 명사의 바로 뒤에 위치해 있음을 나타냅니다. 또한, 일이 어떤 기준 뒤에(behind) 있다면 그 일이 늦어지고 뒤처져 있다는 의미가 되지요.

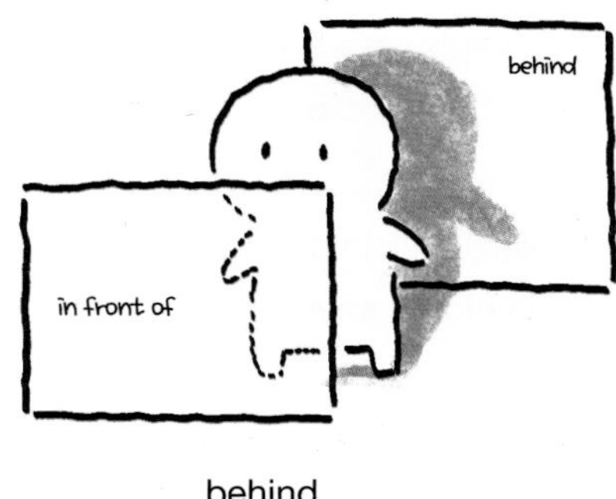

behind

Check Point

❶ ~의 뒤에 있는

❷ ~에 뒤처진

❸ ~뒤에 숨겨진

❹ ~을 후원하는

❺ ~에게서 잊혀진

1 behind ~의 뒤에 있는

위치상으로 무언가의 뒤에 있는 경우를 가리킵니다.

Who's the girl standing **behind** Shimson?
심슨 씨 **뒤에** 서 있는 여자는 누구인가요?

I hung my coat **behind** the door.
제 코트를 문 **뒤에** 걸었어요.

Look **behind** you! A car is coming!
뒤를 봐! 차가 오잖아!

Stay close **behind** me. This crowd is very large.
내 **뒤에** 바짝 붙어 있어요. 사람들이 정말 많네요.

The sun disappeared **behind** the clouds.
태양이 구름 **뒤로** 사라져 버렸어.

Alex led, and I followed along **behind**.
알렉스가 앞서고 나는 **뒤를** 따라갔어.

2 behind ~에 뒤처진

시간이 걸리는 작업이나 학업 등이 늦어지고 있는 경우를 가리킵니다.

We're **behind** schedule; however, don't be late for any meeting.
우리는 일정**에 뒤처져** 있어요. 하지만 회의에는 늦지 마세요.

I am **behind** in my work. I must hang up the phone, sorry!
나 일이 **밀렸**거든요. 전화 끊어야겠어요. 미안해요!

The project is already a month **behind** schedule.
그 프로젝트는 벌써 한 달이나 **늦어지고** 있어요.

Don't fall **behind** at school.
학교에서 (남들보다) **뒤처지지** 마라.

다른 학생들에 비해 뒤에 있거나(be behind) 심지어 뒤에서 넘어진다면(fall behind) 따라가기가 쉽지 않겠죠?

I've been sick. That's why I'm **behind** everyone else in English.
나 아팠어. 그게 영어에서 내가 다른 누구보다도 **뒤처진** 이유지.

3 behind ~뒤에 숨겨진

무엇인가를 뒤에 감추고 있다는 뜻으로 쓰입니다.

Behind her quiet shy manner is a passion for success.
그녀의 조용하고 수줍은 태도 **뒤로** 성공을 향한 열정이 **숨어** 있어요.

They are demanding to know the truth **behind** these disturbing rumors.
그들은 이 혼란스러운 소문들 **뒤에 숨겨진** 진실을 알려 달라고 요구하고 있습니다.

4 behind ~을 후원하는

대상이 되는 사람의 뒤에서 도와주고 지지해 주는 것을 가리킵니다.

She knew that, whatever she decided, her family was right **behind** her.
그녀는 자신이 무슨 결정을 내리든 그 뒤에는 그녀**를 후원하는** 가족이 있다는 것을 알게 되었습니다.

5 behind ~에게서 잊혀진

일이나 사건 등을 잊어버린다는 의미로도 쓰입니다.

The accident is **behind** you now, so try to forget it.
사고는 이제 **지나간** 일이니 잊어버리도록 해 봐.

Sure, I made some bad mistakes, but I want to put all that **behind** me now and think about the future.

그래요, 제가 나쁜 실수를 좀 했어요. 하지만 이제 모든 것**을 잊어버리고** 앞으로의 일만 생각하고 싶어요.

회화에 꼭 쓰이는 behind 필수표현

fall behind
뒤처지다

다른 사람보다 혹은 계획보다 '뒤처지다'

My son has **fallen behind** at school.
제 아들이 학교에서 **뒤처졌어요.**

Our project for new English books has **fallen behind** schedule.
우리의 새 영어책 프로젝트가 일정보다 **뒤처졌어요.**

behind the times
시대에 뒤떨어진

시대의 뒤에, 즉 '시대에 뒤떨어진', '구식의'

A business without its own Web site is definitely way **behind the times.**
요즘 웹사이트 없는 비즈니스는 완전히 **시대에 뒤떨어진** 것이죠.

behind the scenes
배후에서, 아무도 모르게

눈앞에 펼쳐지고 있는 상황(scenes)의 뒤이므로 '배후에서', '아무도 모르게'

There is a third man working **behind the scenes.**
두 사람 외에 **배후에서** 활동하고 있는 또 다른 사람이 있어요.

behind bars
감옥에서

철장(bar) 뒤니까, 즉 '감옥에서'

He's spent most of his life **behind bars.**
그는 인생 대부분을 **감옥에서** 살았습니다.

behind someone's back
본인 없는 데서, 몰래

'어떤 사람의 등 뒤에서'란 그 사람이 보지 않는 곳에서, 즉 '본인 없는 데서', '몰래'

I don't like Ally. She's always talking about me **behind my back.**
전 앨리가 맘에 안 들어요. 그녀는 항상 **제가 없는 곳에서** 험담을 하거든요.

Didn't you talk about me **behind my back** just before?
당신 조금 전에 **나 몰래** 내 흉보지 않았어요?

14

저 아래의 Below

below는 '아래'를 뜻합니다. 숫자나 수치 등이 아래에 있다는 것은 기준치보다 적거나 낮다는 의미이며 서열, 계층 등으로 볼 때 아래에 있다면 그 지위가 낮다는 의미가 됩니다.

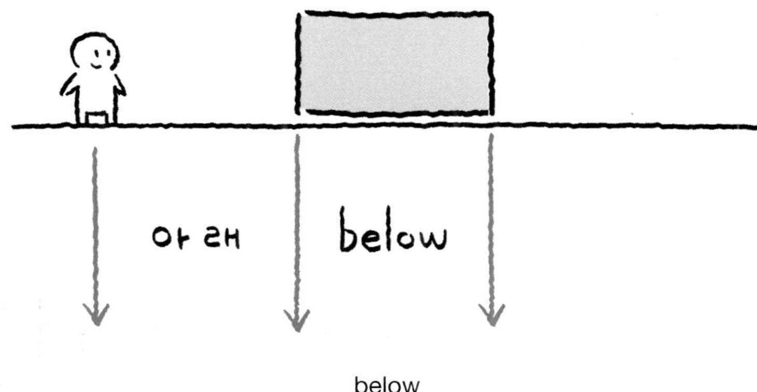

below

Check Point

❶ ~의 아래의

❷ ~보다 낮은

❸ ~보다 지위가 낮은

below ~의 아래의

위치상 기준점이 되는 대상보다 아래쪽에 있다는 뜻입니다.

Please do not write **below** this line.
이 선 **아래로는** 아무것도 적지 말아 주세요.

This lake is almost 500 meters **below** sea level.
이 호수는 해수면으로부터 약 500미터 **아래에** 있습니다.

Someone was having a party in the apartment **below**.
누군가 아파트 **아래에서** 파티를 열고 있었어요.

For further information on this subject, see **below**.
이 주제에 관해 더 많은 정보를 얻고자 하시면 **아래를** 봐 주세요.

below ~보다 낮은

숫자, 수치 등이 적거나 낮다는 의미입니다.

It's colder than usual today. It reached 15 **below**.
오늘은 평소보다 더 춥네요. 기온이 **영하** 15도까지 떨어졌어요.

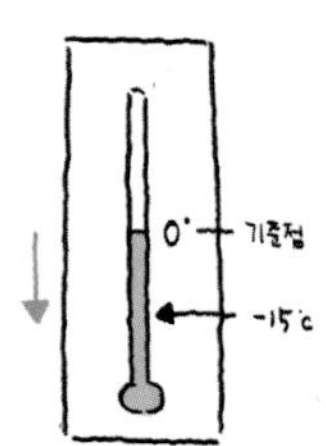

0℃를 기준으로 그 아래로 떨어졌다는 의미에서 below가 '영하'를 나타냅니다.

Last night it was 10 degrees **below**.
어젯밤 **영하** 10도까지 떨어졌어요.

50-inch LED monitor prices are to fall **below** 300,000 won.
50인치 LED 모니터 값이 30만 원 **아래로** 떨어질 것입니다.

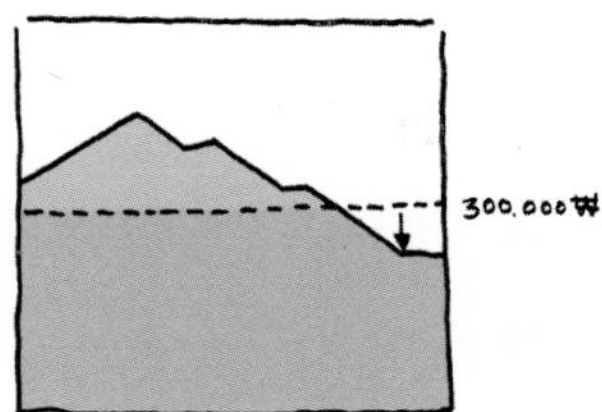

below ~보다 지위가 낮은

서열, 계층 등의 사회적 지위가 낮다는 의미로도 쓰입니다.

It may be **below** her to do housework.
그녀는 가사일**을 할 사람이 아닐지도** 몰라요.

She has three people working **below** her.
그녀는 자기 **밑에** 세 명을 두고 일하고 있습니다.

회화에 꼭 쓰이는 below 필수표현

hit below the belt
남의 약점을 건드리다

권투에서 벨트 아래를 치는 것은 급소를 공격하는 것이니 '남의 약점을 건드리다'

Don't **hit below the belt.** **약점 건드리지** 말아요.

below par
컨디션 등이 평소보다 좋지 않은

par는 골프에서의 기준 타수로 이 타수보다 못 치게 되면 점수가 낮아지므로, 결국 below par는 '어느 정도의 기준이나 수준에 못 미친다'는 뜻

I'm feeling a bit **below par** today. 난 오늘 기분이 별로 **안 좋아요.**

잠깐! 우리말로는 모두 '아래'를 뜻하는 below, under, beneath의 차이

below는 위치상 '아래'를 뜻하는 전치사라는 점에서 under, beneath와 의미가 비슷합니다. 하지만 under는 '밑으로', '밑에서'란 뜻으로 above처럼 위에 있는 것과 밑에 있는 것 사이에 어느 정도의 공간이 있는 경우에 주로 쓰이죠.

Come and stand under my umbrella.
이리 와서 내 우산 **밑에** 서세요.

이에 비해, below는 어떤 기준에서 '아래'라는 의미가 강합니다.

The temperature of Seoul rarely drops below 20 in winter.
겨울철 서울의 기온은 영하 20도 **이하**로는 거의 떨어지지 않습니다.

Don't depend on Tom. His work is always below average.
탐에게 의지하지 마요. 그의 일은 항상 평균 **이하**예요.

beneath는 어떤 것이 다른 것에 의해 덮여져 있고 감추어져 있는 것을 강조할 때 많이 쓰이지만 구어에서는 under나 below보다 사용 빈도가 낮습니다.

15 바로 밑에 있는 Beneath

beneath는 '바로 밑에'라는 뜻입니다. neath는 '밑'을 뜻하는 고어(old word)로 특히 어떤 것이 다른 것에 의해 덮여 있고 감추어져 있는 것을 강조해서 말할 때 쓰입니다.

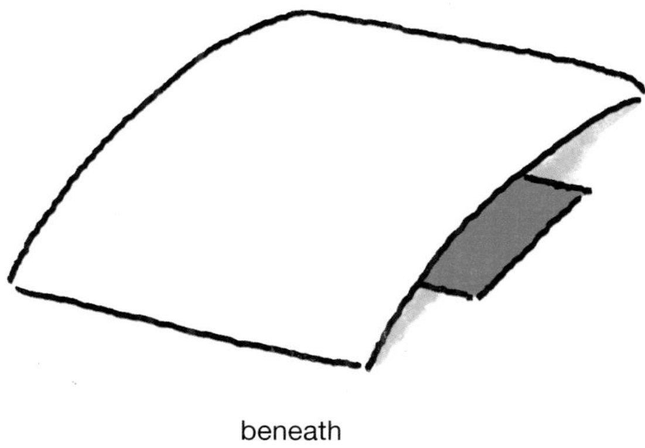

beneath

Check Point

❶ ~의 바로 밑에

❷ ~보다 수준이 낮은

❸ ~할 것 같지 않은, ~답지 않은

1 beneath ~의 바로 밑에

물리적으로 어떤 대상의 바로 밑에 놓인다는 의미입니다.

My glasses are **beneath** the newspaper.
내 안경이 신문 **밑에** 있습니다.

Ray hid the money **beneath** a pile of papers.
레이는 서류 더미 **아래에** 돈을 숨겼습니다.

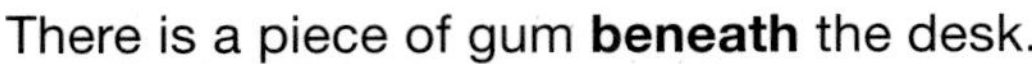

There is a piece of gum **beneath** the desk.
책상 **아래에** 껌이 붙어 있군요.

They found the body buried **beneath** a pile of leaves.
그들은 나뭇잎 더미 **아래** 묻혀 있던 시체를 찾아냈습니다.

These pieces of pottery had been buried **beneath** the earth for thousands of years.
이 도자기들은 수천 년 동안 땅 **밑에** 묻혀 있었습니다.

The pigeons are **beneath** the statue.
비둘기들이 동상 바로 **아래에** 있습니다.

She could see the muscles of his shoulders **beneath** his T-shirt.
그녀는 그의 티셔츠 **밑으로** 드러난 어깨 근육을 볼 수 있었습니다.

He hid his wallet **beneath** the bed.
그는 침대 **밑에** 지갑을 숨겼습니다.

He hid her ring **beneath** his pillow.
그는 자신의 베개 **밑에** 그녀의 반지를 숨겼습니다.

2 beneath ~보다 수준이 낮은

사람의 신분이나 지위, 성격, 품위, 체면, 도덕적 가치 등의 수준이 낮다는 의미로도 쓰입니다.

They thought she had married **beneath** her.
그들은 그녀가 자기**보다 못한** 신분의 사람과 결혼했다고 생각했습니다.

In those days he thought it is **beneath** him to do such a thing.
그 당시 그는 그런 짓을 하는 것이 **체면을 깎는** 일이라고 생각했습니다.

You are far **beneath** him in kindness.
친절면에서 너는 그 사람**보다** 훨씬 **못해**.

I can't do it because it is **beneath** my dignity.
난 그 일을 할 수가 없어. 내 품위**에 맞지 않거든**.

I don't like him. Such a man is **beneath** my notice.
전 그를 좋아하지 않아요. 그런 남자는 안중**에도 없다고요**.

Cleaning hotel rooms is hard work and he considers such jobs **beneath** him.
호텔 방을 청소하는 건 고된 일이므로 그는 그런 일은 자신**이 할 만한 일이 아니라고** 여깁니다.

3 beneath ~할 것 같지 않은, ~답지 않은

He was a little wild, but it was **beneath** him to break the law.
그는 조금 거칠긴 했지만 그렇다고 법을 어길 만한 사람**은 아니었어**.

16

옆에 있는 Beside

beside는 말 그대로 어떤 것의 옆(side)에 있는(be) 경우를 말합니다. beside의 이미지는 다음과 같이 표현할 수 있습니다. 주체가 있는데 focus는 그 주체가 아닌 바로 옆에 있는 사람이나 사물에 맞춰져 있는 거죠.

beside

위치상 기준이 되는 것의 바로 옆에 놓인다는 의미입니다.

He sat **beside** her all night in order to talk.
그는 대화를 하기 위해 밤새 그녀 **곁에** 앉아 있었습니다.

Tom! Who's that standing **beside** Ray?
Do you know him? What is his name?
탐! 레이 **옆에** 서 있는 게 누구지? 그 사람 알아? 이름이 뭐야?

She will sit **beside** me at the meeting.
그녀는 회의에서 내 **옆에** 앉을 거야.

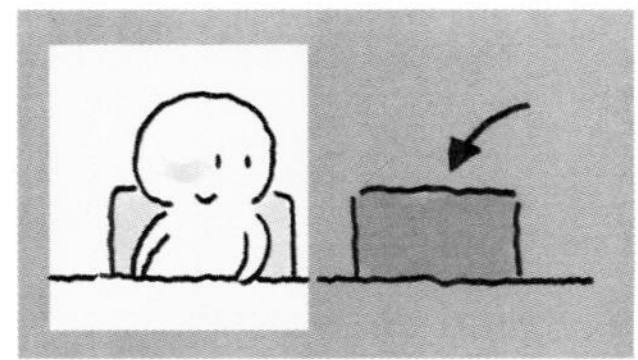

Come and sit **beside** me, Jerry! I want to tell you something.
제리! 이리 와서 내 **옆에** 앉아 봐. 자네에게 할 이야기가 있어.

Let's see. How about right **beside** the sofa?
어디 보자. 소파 바로 **옆이** 어때?

Can I get a seat **beside** my friend?
제 친구 **옆에** 앉아도 될까요?

She kept her bag close **beside** her at all times.
그녀는 가방을 항상 그녀 **곁에** 가깝게 두었습니다.

한편, besides A라고 하면 A가 아닌 A 옆에 있는 다른 것을 가리켜 'A뿐만 아니라' 혹은 'A를 제외하고'의 뜻을 나타냅니다.

We have lots of things in common **besides** music.
우리는 음악 **말고도** 많은 공통점을 가지고 있어요.

Did you talk to anyone else **besides** Ray?
레이 **말고** 다른 사람에게 이야기했어요?

Don't worry about it. No one knows it **besides** me.

걱정 마세요. 그건 나 **말고는** 아무도 모릅니다.

There will be 3 people coming **besides** you and Liz.

당신과 리즈 **말고도** 세 사람이 더 올 겁니다.

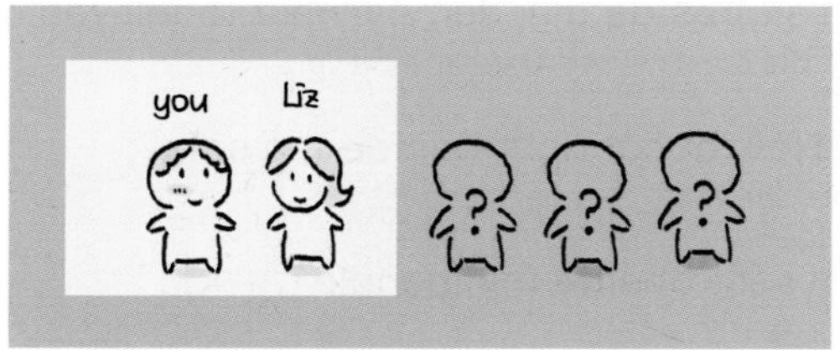

회화에 꼭 쓰이는 beside 필수표현

beside the point
요점을 벗어나

His statement is **beside the point**.
그의 주장은 **논점을 벗어나고** 있습니다.

beside oneself
제정신이 아닌, 정신을 잃은

평소 자신의 정상적인 상태에서 벗어나 있는(beside) 것이므로 '제정신이 아닌', '정신을 잃은'

I felt sick, disgusted, and **beside myself** with rage.
난 메스껍고 역겨웠고 분노로 **제정신이 아니었죠.**

My father was **beside himself** with rage when I told him what I had done.
내가 한 짓을 이야기하자 아버지께서는 분노로 **정신을 잃으셨어.**

behind/below/beneath/beside로 말해보기

A 다음 문맥에 맞게 보기 에서 골라 넣으세요.

1 너 왜 내 뒤에 숨는 거니?
Why are you hiding ______ me?

2 어떤 아이들은 요정이 돈을 놓고 가기를 바라며 이빨을 자기 베개 밑에 놓아둡니다.
Some children put a tooth ______ their pillow hoping the tooth fairy will leave some money.

3 그녀 옆에 서 있는 사람이 누구지?
Who's that standing ______ her?

4 네 주장은 요점을 벗어나고 있어.
Your argument is ______ the point.

5 권투에서 선수들은 벨트 아래를 치는 것이 허락되지 않습니다.
In boxing, fighters are not allowed to hit ______ the belt.

6 노트북 가격이 2,000달러 밑으로 떨어지면 사려고 기다리고 있어.
I'm waiting for the laptop computer prices to drop ______ $2,000 before I buy.

7 이 주제에 관해 좀 더 알고자 하시면 아래 각주를 참조하세요.
To find more on this subject, refer to the footnotes ______ .

8 이제 이혼은 뒤로 하고 잊어버리도록 노력해.
The divorce is ______ you now, so try to forget about it.

9 조디는 직장에서 35명이 넘는 사람을 아래 두고 있어.
Jody has over thirty-five people ______ him at work.

보기 behind | below | beneath | beside

B 알맞은 전치사를 활용하여 다음 영어 문장을 완성하세요.

1 넌 옷 입는 스타일이 구식이야.
Your clothing style is ______ ______ ______ .

2 전 힘든 삶을 살아왔어요. 하지만 이제 모든 것들을 영원히 잊고 싶어요.
I've had a hard life but hope to put it all ______ ______ forever.

3 그는 항상 주제에 벗어난 것들에 대해 얘기하면서 우리 회의 시간을 낭비합니다.
He always wastes time at our meetings by talking about things that are ______ ______ ______ .

4 나 몰래 내 흉보지 말아 주세요.
Please don't talk about me ______ ______ ______ .

5 그의 아버지는 그가 대학을 졸업하자 너무 기뻐서 이성을 잃으실 정도였지.
His father ______ ______ ______ with joy when he graduated from University.

6 내 개인적인 비밀에 대해 사람들에게 말하는 건 내 약점을 건드리는 거야.
Telling people about my personal secrets is ______ ______ ______ ______ .

7 그 배후를 누가 조종해 왔는지 알고 싶어.
I would like to know who has been working ______ ______ ______ .

8 난 학업에서 뒤처졌어. 두 가지 일을 하고 있기 때문이지.
I ______ ______ in my studies because I was working two jobs.

9 돈을 벌 수 있을 거라 확신해. 하지만 이 일로 우린 감옥에 가게 될 수도 있지.
I believe in making money, but this could put us ______ ______ .

17

사이에 낀
Between

between은 어떤 두 대상의 '사이'에, '중간'에 위치해 있는 것입니다. 알파벳 A와 B, C를 두고 전치사 between을 사용하여 다음과 같이 말할 수 있죠.

B comes **between** A and C in the English alphabet.
알파벳 B는 A와 C 사이에 옵니다.

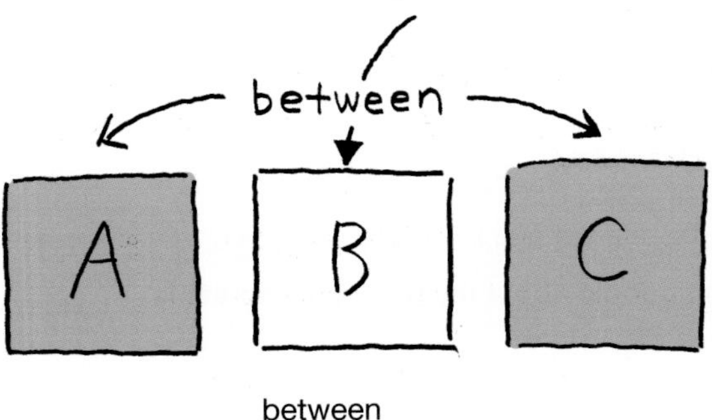

between

between A and B 형태로 쓰여 A, B의 중간 지점에 위치해 있는 것을 말합니다.

I sat down **between** Ray and Mercy.
저는 레이와 머시 **사이에** 앉았습니다.

Korea lies **between** China and Japan.
한국은 중국과 일본 **사이에** 놓여 있지요.

It weighed **between** eight and nine kilos.
8킬로에서 9킬로 **사이쯤** 나갑니다.

The temperature remained **between** 30℃ and 35℃ all week.
기온이 이번 주 내내 섭씨 30도에서 35도 **사이에서** 머물렀습니다.

I have lunch at noon and dinner at 7 o'clock and sometimes a snack in **between**.
전 정오에 점심을 먹고 7시에 저녁을 먹고 가끔씩 **그 중간에** 간식을 먹습니다.

I have a class at ten o'clock and another at two o'clock, but nothing in **between**.
난 10시에 수업이 하나 있고 다른 하나는 2시에 있어요. 하지만 **그 사이엔** 없지요.

Ray is young. He may be **between** about twenty and twenty five.
레이는 젊어요. 아마 20에서 25살 **사이쯤** 될 걸요.

He said he would arrive **between** 6 and 7 o'clock at home.
그는 6시에서 7시 **사이에** 집에 도착할 거라고 했습니다.

What's the difference **between** apes and monkeys?
유인원과 원숭이**(사이에)는** 무슨 차이가 있죠?

We ate all the icecream **between** us.
우리**끼리** 아이스크림을 다 먹었습니다.

Unfortunately, the war **between** men and women is still on everywhere.
불행히도 여성과 남성**간의** 전쟁은 여전히 모든 곳에서 일어나고 있지요.

The friendship **between** them had always been friendly until Tom died.
그들(사이)의 우정은 탐이 죽을 때까지 항상 돈독했었습니다.

between은 두 개의 사물이나 사람 사이에서, among은 셋 이상 사이에서 쓰입니다.

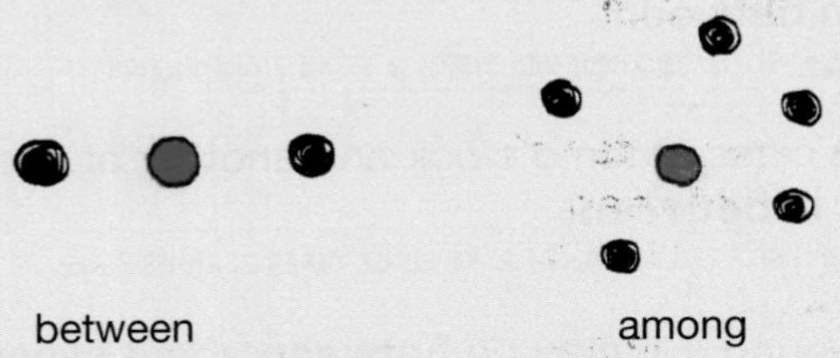

He sat **between** Shimson and Ray.
그는 심슨과 레이 **사이에** 앉았습니다.

He sat **among** his friends.
그는 친구들 **사이에** 앉았습니다.

Between Tom and John, John is his best friend.
탐과 존 **중에** 존이 제일 친한 친구입니다.

Among his many friends, Ray is his best friend.
많은 친구들 중**에** 레이가 그의 가장 친한 친구입니다.

He stands **between** two trees.
그는 두 나무 **사이에** 서 있습니다.

He stands **among** the trees.
그는 나무들 **사이에** 서 있습니다.

회화에 꼭 쓰이는 between 필수표현

between you and me
너와 나 둘만의 이야기인데, 비밀(secret)인데

Between you and me, I don't think they're getting married because John is seeing another girl.
우리 둘 사이의 비밀인데 내 생각에 걔들은 결혼 못할 것 같아. 존이 다른 여자를 만나고 있거든.

O.K. I promise it'll be a top secret **between you and me**.
알았어. **우리 둘만의 비밀**로 하기로 약속할게.

between the lines
행간, (그 사이의) 숨은 뜻

Study the main points and read **between the lines** to infer the hidden meanings.
핵심 내용을 학습하고 **행간의 의미**를 파악해 숨은 뜻을 추론해 보세요.

Reading **between the lines** is essential to find the author's purpose.
행간을 읽는 것은 작가의 의도를 파악하는 데 핵심적인 일입니다.

read between the lines는 행간의 뜻을 읽으려면 line과 line의 사이에 생략되고 숨겨진 뜻을 읽어야 하니까 '글 속에 함축된 뜻을 잘 파악하다'라는 뜻.

between jobs
구직 상태인

옛날 직장과 앞으로 구할 직장 사이에 있는 것이니 '구직 상태인'

I'm **between jobs.**
직장을 구하는 중이에요.

특히 현재는 고용된 상태가 아니지만 적극적으로 일할 곳을 알아보고 있다는 뉘앙스를 내포하는 표현.

18

저 너머의 Beyond

전치사 beyond는 명사 앞에 쓰여 그 명사의 '저 너머에', '저쪽 멀리에' 있다는 뜻을 나타냅니다. 위로 넘는다는 면에서 over와 비슷한 이미지이지만 그보다 훨씬 높고 멀리 떨어져 가는 것입니다.

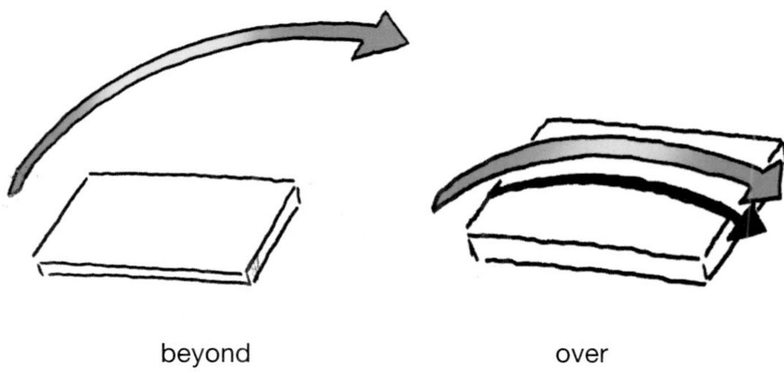

Check Point

❶ ~너머에

❷ ~을 넘어선, ~ 밖의

1 beyond ~너머에

대상의 반대편으로 멀리 떨어진 곳에 무언가가 위치하고 있다는 뜻입니다.

Beyond the blue horizon waits a beautiful day.
저 푸른 지평선 **너머** 아름다운 날이 기다리고 있어요.

Our village is **beyond** the hill.
우리 마을은 언덕 **너머에** 있어요.

In the distance, **beyond** the river, was a small town.

저 멀리 강 **건너편에** 조그마한 마을이 있었습니다.

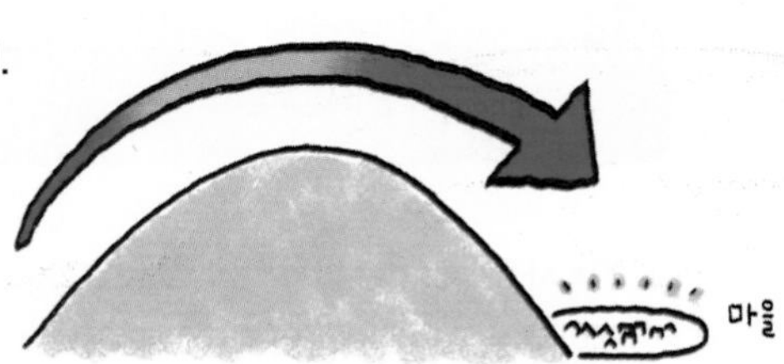

2 beyond ~을 넘어선, ~ 밖의

어떤 기준이나 한계(limit)를 멀리 뛰어넘었다는 뜻이 있습니다.

He is **beyond** my control.
나로서는 그를 통제할 수 **없습니다**.

그 사람이 내 통제 영역을 넘어섰다는 의미이므로 내가 더 이상 그를 통제할 수 없다는 뜻이죠.

Love is forever? It's **beyond** me because they already broke up.
사랑이 영원하다고? 나로선 **이해가 안 돼**. 걔들은 이미 깨졌잖아.

This puzzle is **beyond** me.
이 퍼즐은 내 능력 **밖이야**.

He's wise **beyond** his years. He knows what to do.
그 사람은 나이**에 비해** 현명합니다. 그는 어떻게 해야 하는지 잘 알고 있죠.

나이를 뛰어넘어 현명하다는 건 또래의 수준을 넘어서 현명하다는 얘기죠.

This scenery was beautiful **beyond** description.
이 경치는 형언**할 수 없을 정도로** 너무 아름다워요.

We have lots to do but I think it won't go on **beyond** midnight.
할 일이 많지만 자정**을 넘기진** 않을 겁니다.

Most people don't work **beyond** the age of 65.
대부분의 사람들은 65세 **넘어서는** 일을 안 하지.

회화에 꼭 쓰이는 Beyond 필수표현

beyond wildest dream
상상해 왔던 것 이상으로

wildest한 꿈이란 자기가 바라고 소원한 꿈이 아닌 다듬어지지 않은 꿈이란 뜻으로 그런 허황된 꿈조차 뛰어넘었으니 '상상한 것 이상'

Suddenly she was rich **beyond** her **wildest dreams**.
갑자기 그녀는 **상상해 왔던 것 이상으로** 부자가 되었죠.

beyond description
이루 형용할 수 없는

말로 표현할 수 있는 범위를 넘어서는 것이니 '이루 형용할 수 없는'

I was shocked **beyond description**.
난 **형용할 수 없을 만큼** 충격을 받았어요.

It's beyond me.
이해가 안 되거나 능력 밖에 있다.

어떤 상황이 내가 이해하거나 받아들일 수 있는 범위를 뛰어넘었다는 것이므로 '이해가 안 되거나 능력 밖에 있다.'

It's beyond me why she's so popular with men.
그녀가 왜 남자들에게 인기가 있는지 **이해가 안 돼요**.

beyond doubt[dispute]
의심할 여지없이

I know **beyond doubt** they will meet again.
난 그들이 다시 만날 거라는 걸 **의심할 여지없이** 알고 있어요.

19

바로 옆의

By

by는 아래 왼편의 그림처럼 기준이 되는 대상의 가장 가까운 장소인 바로 '옆'에 있는 상태를 말합니다. 바로 옆에 있기 때문에 아래 오른쪽 그림처럼 대상에게 미치는 가장 큰 에너지의 근원지를 나타내기도 합니다. 그래서 도구, 방법, 원인을 의미하고 '~ 의하여'라고 해석되는 이유도 바로 그것입니다.

by

Check Point

❶ ~의 바로 옆에

❷ ~에 의하여

❸ ~까지

by ~의 바로 옆에

by는 어떤 대상의 제일 가까운 장소, 즉 '바로 옆에' 있음을 의미합니다.

Liz was sitting over there **by** the window.
리즈는 저기 창가 **옆에** 앉아 있었습니다.

There's a spoon just **by** your elbow.
네 팔꿈치 바로 **옆에** 숟가락이 있잖아.

I hope you will stay **by** me.
네가 내 **곁에** 머무르길 바래.

2 by ~에 의하여

by는 가장 가까운 옆에서 어떠한 상황이 일어나게 하는 에너지의 근원지를 나타냅니다. 따라서 행위의 도구, 방법, 원인 등을 말하고, 사람의 경우엔 행위자를 나타내어 '~에 의하여'라는 뜻이 됩니다.

The Dae-gu subway was destroyed **by** fire in 2003.
2003년 대구 지하철은 화재**로 인해** 파손되었습니다.

The Korean Children's Center was founded **by** Young-Soo, Youk in 1969.
한국 어린이 센터는 1969년 육영수 씨**에 의해** 세워졌습니다.

These man-du are made **by** hand.
이 만두는 손**으로** 만든 것이에요.

By using the Internet you can do your shopping from home.
인터넷을 사용함**으로써** 집에서 쇼핑을 할 수 있지요.

Ray and Cindy exchanged New Year's greetings **by** e-mail.
레이와 신디는 새해 인사를 이메일**로** 교환했습니다.

We'll send you Pat Metheny concert tickets **by** mail.
우리는 팻 메서니 콘서트 티켓을 우편**으로** 보내 드릴 겁니다.

Multiply five **by** six. It equals 30.
5에 6**을** 곱해 봐. 그러면 30이 되지.

Why don't you see Dr. Kim? She is a good doctor **by** reputation.
김 선생님을 만나 보세요. 평판**에 따르면** 그녀는 훌륭한 의사입니다.

3 by ~까지

「by+시간」은 보통 그 시간보다 늦지 않게, 그 시각 전에 무엇을 마치거나 제출해야 한다고 할 때 쓰입니다. 행위가 바로 그 시각에 가장 가까운 옆에 붙어 있어야 하는 거니까요.

You must be here **by** 5 o'clock.
넌 5시**까지** 반드시 여기 와야 해.

The final meeting should have finished **by** 4:30.
마지막 회의가 4시 반**까지는** 끝났어야 했어요.

By the time Liz reached 15, she already graduated from high school.
리즈가 15살이 되었을 **때는** 이미 고등학교를 졸업한 상태였어요.

회화에 꼭 쓰이는 by 필수표현

go by
옆 또는 앞을 지나가다

Time **goes by** so fast.
시간이 정말 빨리 **갑니다.**

As time **went by**, his attitude toward her slowly changed.
시간이 **흐르면서** 그녀에 대한 그의 태도가 천천히 변하기 시작했습니다.

Last month **went by** so fast.
지난 달은 너무 빨리 **가 버렸어요.**

He **went by** our house last night.
그가 어젯밤 우리 집 **앞을 지나갔어요.**

You can watch the trains **going by** from this window.
이 창가에서 기차가 **지나가는 걸** 볼 수 있어.

stand by
도와주다, 지원해 주다

옆에 서 있어 주는 거니까 '도와주다', '지원해 주다'

Ray **stood by** me when I was in trouble; however, Tom didn't.
레이는 내가 어려움에 처했을 때 내 **곁에 있어 줬어요.** 그러나 탐은 그러지 않았죠.

stop[drop] by
방문하다, 들르다

가장 가까운 옆에 stop하는 거니까 '방문하다', '들르다'

Why don't you **stop by** on your way home from work?
일 끝나고 집으로 가는 길에 좀 **들르지** 않을래?

I will **drop by** around 7:00 p.m.
저녁 7시에 **들를**게요.

get by
그럭저럭 앞으로 나아가다

How does Ray **get by** on such a small salary?
레이는 어떻게 그렇게 적은 봉급으로 **지내는 거야**?

He's feeble, but he **gets by**.
그는 허약해. 하지만 그럭저럭 **잘 지내고 있지**.

run by
~에게 자세하게 이야기하다

Would you **run** what you just said **by** me again? I didn't quite understand you.
다시 한번 제**게 말씀해** 주시겠어요? 이해를 잘 못했어요.

She **ran** her story **by** me several times this afternoon.
오늘 오후 그녀는 내게 자신의 **이야기를** 몇 번이고 **자세히 했습니다**.

by nature
천성적으로 타고난

자연에 의한 것이므로 '천성적으로 타고난'

He is generous **by nature.** However, he must be getting angry about his financial loss this time.
그는 **천성적으로** 관대해요. 하지만 이번엔 재정적인 손실에 대해 화낼 것이 틀림없습니다.

by chance
우연히

chance에는 우연, 가능성이란 뜻이 있으므로 '우연히'

I met her at the Kyobo Book Center **by chance**(= accidentally).
전 그녀를 교보문고에서 **우연히** 만났습니다.

I saw Liz at the Hyundai department store **by chance.**
난 리즈를 현대백화점에서 **우연히** 보게 되었어요.

by oneself
홀로, 혼자서

혼자에 의한 것이므로 '홀로', '혼자서(alone)'

The food is great! Did you make dinner **by yourself**?
음식이 훌륭합니다. **혼자** 저녁을 다 하신 거예요?

by all means
반드시, 확실히

모든 수단과 방법(means)에 의한 것이므로 '반드시', '확실히'

You should **by all means** visit the National Museum of Contemporary Art, Korea.
넌 **꼭** 국립현대미술관에 가 봐야 해.

little by little
조금씩

조금 옆에 조금이 있으므로 '조금씩'

He practiced everyday, and **little by little**, began to show improvement.
그는 매일 연습했습니다. 그리고 **조금씩 조금씩** 향상되는 모습을 보이기 시작했죠.

My health is getting better **little by little**.
건강이 **조금씩** 나아지고 있어.

one by one
하나하나씩

하나 옆에 하나가 있으므로 '하나하나씩'

The prisoners came out **one by one**.
죄수들이 **한 명씩** 나왔습니다.

day by day
날마다

하루 옆에 하루가 있으므로 '날마다'

Day by day, my English is improving.
날마다 내 영어 실력이 향상되고 있어.

Day by day my life is getting better and better.
날마다 제 삶이 나아지고 있어요.

by the way
그건 그렇고

by the way는 말하는 지금 이 순간까지 말해 온 것들, 방법들(the way)은 옆에(by) 놔두고 다른 이야기나 화제로 돌릴 때 쓰는 표현입니다.

By the way, I found that Mariah Carey CD you were looking for.
참 **그건 그렇고** 네가 찾던 머라이어 캐리 CD 찾았어.

By the way, what's the time?
그건 그렇고 지금 몇 시지?

between/beyond/by로 말해보기

A 다음 문맥에 맞게 보기 에서 골라 넣으세요.

1 그의 몸무게는 겨우 90에서 100파운드 사이입니다.
He weighs somewhere ______ only ninety and a hundred pounds.

2 필리핀의 아름다움은 이루 말할 수 없을 정도지.
The beauty of the Philippines is ______ description.

3 신디는 매일 5시까지는 일이 끝나.
Cindy finishes work ______ 5:00 every day.

4 네가 평생 동안 내 곁에 머물러 줬으면 좋겠어.
I hope you will stay ______ me all your life.

5 이거 너와 나만의 작은 비밀로 해 두자.
Let's just keep this little secret ______ you and me.

6 이 집을 나 혼자서 지었어.
I built this house all ______ myself.

7 요한은 저 큰 언덕 너머에 살고 있어요.
Johan lives just ______ that big hill.

8 그는 한국을 떠날 때까지 3권의 책을 썼어.
He had already written three books ______ the time he left Korea.

9 성경의 잠언을 읽는다면 네 나이에 비해 현명해질 거야.
If you read Proverbs in your bible, You'll be wise ______ your years.

10 우리는 새 레스토랑 바로 앞을 지나가면서도 그걸 알아채지 못했어요.
We walked right ______ the new restaurant and didn't even notice it.

보기 between | beyond | by

B 알맞은 전치사를 활용하여 다음 영어 문장을 완성하세요.

1 시간이 지나감에 따라 그는 인내의 진정한 의미를 배웠습니다.
As time ______ ______ , he learned the real meaning of patience.

2 교사로서 버는 적은 돈으로는 그럭저럭 살아가기도 힘이 들어요.
It's hard to ______ ______ on the small amount of money I make as a teacher.

3 그 이야기를 내게 다시 한번 자세히 해 주겠어요? 전혀 이해를 못했어요.
Would you ______ that story ______ me again? I didn't get it all.

4 그녀의 폭력은 너무 충격적이어서 말로 다 표현할 수 없을 정도였어.
Her violence was so shocking that it was ______ ______ .

5 우리가 바깥을 살폈을 때는 너무 늦어 버렸어요. 강아지가 도망가 버렸거든요.
______ ______ ______ we looked outside it was too late because our dog had run away.

6 변호사와 계약할 때는 행간의 숨은 뜻을 파악해야만 해.
You'd better read ______ ______ ______ when making a contract with a lawyer.

7 무슨 일이 있더라도 원하는 시간에 와서 저녁을 먹도록 하렴.
______ ______ ______ , come over for dinner any time you want.

8 현재는 구직 중이에요. 하지만 곧 일자리를 찾을 거라 기대하고 있습니다.
Presently, I'm ______ ______ . But I expect to find work soon.

9 그건 그렇고 네가 만나던 필리핀 여자와 결혼했어?
______ ______ ______ , did you ever get married to that Filipina lady you were seeing?

10 조금씩 조금씩 난 일에서 스스로를 시험해 나가기 시작했어.
______ ______ ______ , I began proving myself at work.

아래로 가는 Down

20

전치사 down은 그림처럼 위치상으로 위에서 아래로 내려가는 것입니다. 보는 시각에 따라 위와 아래의 개념은 바뀔 수도 있기 때문에 한쪽에서 다른 방향을 따라 그쪽으로 따라간다는 along의 의미로도 쓰입니다.

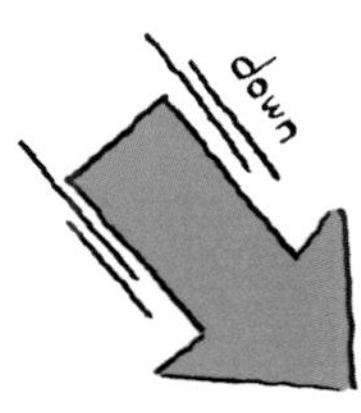

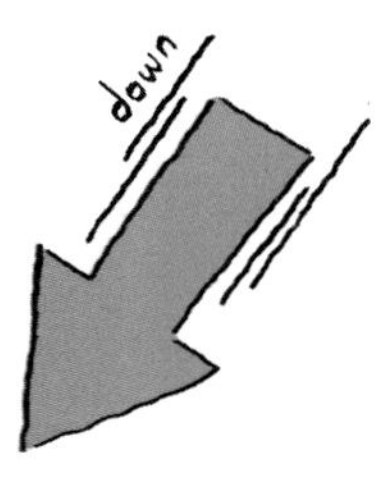

down

down은 전치사뿐 아니라 부사, 형용사, 동사, 명사 등 다양한 품사로 쓰이는데 그 중에서 부사로 많이 쓰입니다. 아래로 내려가는 이미지는 부정적인 느낌이 있어서 온전하던 것들이 '나빠지다', '망가지다', '파괴되다', '불행해지다' 등 다양한 의미로 파생됩니다.

Check Point

1. (~의) 아래로
2. 진행되는 방향 그대로
3. 파괴되는, 제대로 작동되지 않는
4. 우울한

down (~의) 아래로

위치상 위에서 아래로 내려가는 것을 말합니다.

Watch out! The rock is rolling **down**!
조심해! 바위가 굴러 **내려오고** 있어요!

Is this elevator going **down**?
이 엘리베이터 **내려**가나요?

Liz fell **down** the stairs and broke her wrist.
리즈는 계단에서 **넘어져서** 손목이 부러졌어.

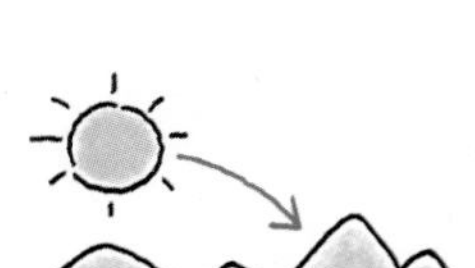

The sun is going **down** and the day will end.
해가 **지고** 있습니다. 그리고 하루가 끝나겠지요.

Why don't you lie **down** on the sofa for a while?
잠깐만이라도 소파에 좀 **누워 있지** 그래요?

These trees will have to be cut **down** in order to clear a path.
길을 깨끗하게 하려면 이 나무들은 **베어 버려야** 합니다.

Suddenly, tears ran **down** her face.
갑자기 눈물이 그녀의 얼굴**을 타고** 흘러내렸습니다.

This box is really heavy—can we put it **down** for a minute?
이 박스 진짜 무겁네요. 잠시만 **내려**놓을까요?

My grandmother handed it **down** to me.
제 할머니께서 그것을 **물려주셨습니다.**(전해 **내려온** 것을 받은 것)

Come in and sit **down**, please.
이리 와 **앉으세요.**

2 down 진행되는 방향 그대로

'아래로'가 아니라 어떤 행위가 진행되는 방향 그대로 계속 진행되는 것을 나타내기도 합니다.

Go **down** the road till you can see the bank.
은행이 보일 때까지 그 길을 **따라**가세요.

출발지 A에서 목적지인 은행, 즉 B 방향으로 가는 경우, 그림으로만 보면 up을 써야 할 것 같지만, 돌려서 보면 아래 그림처럼 A가 위에 있고 B가 밑에 있게 됩니다. 이렇듯 일정한 방향으로 어떤 움직임이 계속 진행되는 경우에 전치사 down을 쓰는 것입니다.

The convenience store is very close. It is only halfway **down** the street.
편의점이 아주 가까워요. 이 길**을 따라** 절반 정도만 가면 됩니다.

She was walking **down** the street.
그녀는 거리**를 따라** 걸어 내려왔습니다.

You are talking too fast! Could you please slow **down** a little bit?
너무 빨리 이야기하시네요! 조금만 **천천히** 해 주실래요?

3 down 파괴되는, 제대로 작동되지 않는

down은 전치사 말고도 부사나 동사로도 많이 쓰이는데 아래로 내려가는 부정적인 의미 때문에 온전하던 것이 '파괴되다', '망가지다', '제대로 작동하지 않다'는 뜻으로 사용합니다.

Namdaemun burned **down** a few years ago.
남대문은 몇 년 전에 화재로 **소실되었습니다**.

My computer went **down** just a little while ago.
제 컴퓨터가 조금 전에 **다운되었습니다**.

4 down 우울한

마음이나 감정이 아래로 내려가면 '우울해지다', '슬퍼지다'는 뜻이 됩니다.

You're looking a bit **down** today.
너 오늘 좀 **우울해** 보인다.

Jenny has been really **down** since her dog died.
제니는 그녀의 개가 죽은 이후로 정말 많이 **우울해** 합니다.

회화에 꼭 쓰이는 down 필수표현

back down

❶ 후퇴하다 ❷ 물러서다

❶ (움직임이) '물러나다', '후퇴하다'

My dog **backed down** when I called his name.
제가 이름을 부르자 제 강아지는 **뒤로 물러났습니다**.

❷ (의견이나 행동에 있어서) '물러서다'

If she **backs down**, she will lose her position.
만약 그녀가 **물러선다면** 그녀는 자리를 잃게 될 겁니다.

The company would not **back down** after filing a lawsuit against us.
그 회사는 우리를 상대로 소송을 제기한 후에도 **물러서지** 않을 겁니다.

A
down
B

calm down

가라앉히다, 진정시키다

위로 올라오는 노여움이나 흥분 등을 '가라앉히다', '진정시키다'

Calm down! Take a deep breath.
진정해! 크게 숨을 쉬어 봐.

close down
폐쇄하다, 종료하다

닫으면서(close) 내려 버리는 것이므로 '폐쇄하다', '종료하다'

They **close** the shop **down** at 6 o'clock everyday.
그들은 매일 6시에 가게 문을 **닫아요**.

They **closed down** the business and moved to Calgary.
그 사람들은 사업을 **정리하고** 캘거리로 이사했습니다.

crack down on
엄하게 다스리다, 단호한 조치를 취하다

어떤 것을 철썩하고(crack) 무엇 위로(on) 내리치는 것이니 '엄하게 다스리다', '단호한 조치를 취하다'

I heard the police are **cracking down on** those who aren't wearing seat belts.
요즘 안전벨트 미착용자들을 엄하게 **단속한다고** 들었어요.

The F.B.I **cracked down on** all drug trafficking.
FBI는 모든 마약밀매를 **엄하게 다스렸습니다**.

break down
기계 등이 고장 나다

잘 작동되고 돌아가는 것이 부서져서(broken) 안 되니까(down) '기계 등이 고장 나다'

The semiconductor **broke down** causing many problems.
반도체가 **고장 나** 많은 문제를 야기하고 있습니다.

Ray's car **broke down** at a busy intersection.
레이의 차가 혼잡한 교차로에서 **고장 났어요**.

My car **broke down** on the way to work.
일하러 가는 도중에 차가 **고장 났어요**.

let someone down
~을 실망하게 하다

사람을 축 처지게 만드는 것이니 '~을 실망하게 하다'

I won't **let** you **down**.
당신을 **실망시키지** 않겠습니다.

look down on
~을 무시하다, 얕잡아 보다

사람을 위에서 아래로 내려다본다는 의미이므로 '~을 무시하다', '얕잡아 보다'라는 뜻

Don't **look down on** me so!
날 그렇게 **깔보지** 마세요!

Some rich people **look down on** the poor.
일부 부유한 사람들은 가난한 사람들을 **무시합니다**.

put down
내려놓다

내려서(down) 아래로 놓는(put) 것이니까 '내려놓다'

Put down the receiver properly.
수화기를 제대로 **내려놓으세요**.

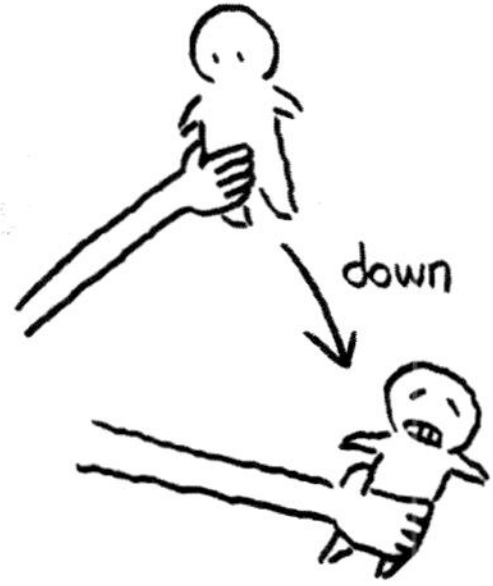

put someone down
~을 깎아내리다, 비난하다

사람을 아래로 내려놓는 것이니 '~을 깎아내리다', '비난하다'

Don't **put** your friends **down**!
친구를 **깎아내리지** 말아요!

shut down
❶ 문을 닫다 ❷ 작동을 멈추게 하다

❶ '문을 닫다', '사업을 끝내다'

He **shut down** the factory.
그는 공장 **문을 닫았습니다**.

The entire plant will **shut down** for the Christmas season.
모든 공장이 크리스마스 시즌에는 **문을 닫을** 겁니다.

❷ 컴퓨터 등의 '작동을 멈추게 하다'

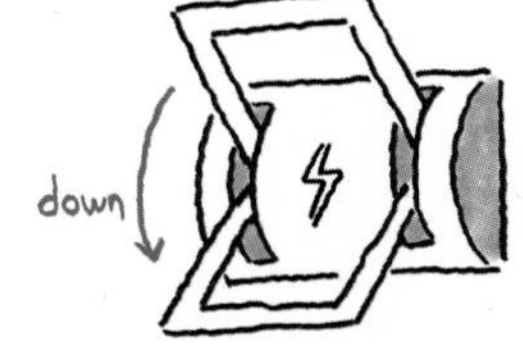

The electricity went out all of a sudden and **shut down** my computer.
전기가 갑자기 나가서 내 컴퓨터가 **다운되었어**.

turn down
❶ 거절하다 ❷ 소리를 줄이다

❶ 상대방이 제안한 것을 반대 방향으로 turn하여 down시키니 '거절하다'라는 뜻

I'll have to **turn down** your invitation because I'm planning a special event for the church.
당신 초대를 **거절해야만** 할 것 같아요. 교회에서 특별 행사를 계획하고 있거든요.

❷ 볼륨 스위치를 돌려 아래로 내린다는 의미에서 '소리를 줄이다'

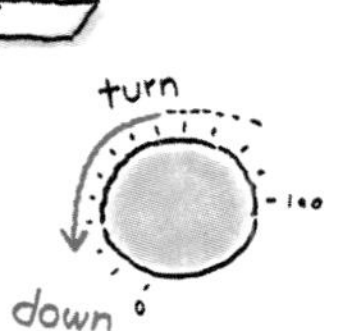

It's too loud. Can you **turn** it **down**?
너무 시끄러워요. 소리 좀 **줄여 줄래요**?

come down with
~ 기운이 있다

감기나 몸살 같은 증상이 머리서부터 아래로 슬슬 내려온다는(down) 뜻으로 증상이 확실하게 나타나기 전에 '~ 기운이 있다'

I'm **coming down with** a cold.
나 감기 **기운이 있어**.

write down
적어 내려가다, 적다

Did you **write** her phone number **down**?
그 여자 전화번호 **적어 두었니**?

run down
기진맥진한

막 달려오다가(run) 지쳐 아래로(down) 풀썩 주저앉으니 '기진맥진한'

You look **run down**.
너 **맥이 빠져** 보인다.

You must rest so you won't be **run down**!
너 좀 쉬어야 해, 그래야 **지치지** 않지!

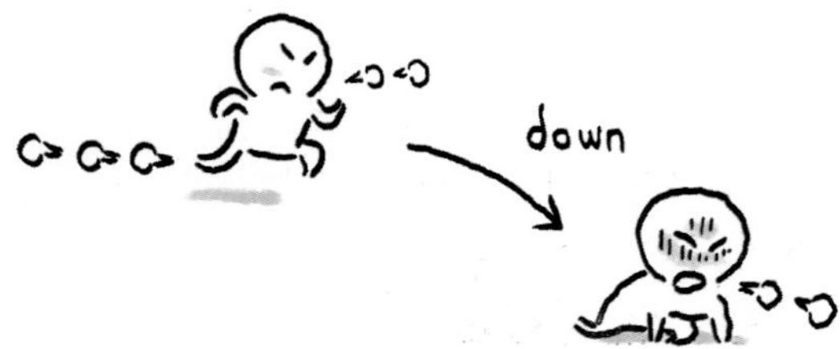

down to earth
진솔한

허영이 심한 사람을 허공에 떠 있는 모습으로 비유하듯 반대로 착실하고 진솔한 사람을 땅(earth)에 안정적으로 내려가 있는(down) 모습에 비유해서 생긴 표현

Small town people are more **down to earth.**
작은 마을 사람들이 더 **진솔한** 법이죠.

21

마음에 두는

For

for는 기본적으로 대상을 염두에 두고 그 대상으로 향한다는 의미입니다. 이를 일반적으로 '~을 위해서'라고 해석하는 경우가 많지만 모든 경우에 적용시키려면 '~염두에 두고'로 해석하는 것이 좋습니다. 어떤 행동이나 물건의 존재 이유가 그 대상을 염두에 두고 행동하고 존재한다고 해석하면 됩니다.

〈for + 행동〉은 그 행동을 염두에 두고 그 행동만을 향한 것이니 '~하기 위해'로 해석할 수 있습니다.

Check Point

1. ~을 향해서
2. ~을 위해서
3. ~하기 위해
4. ~ 때문에
5. ~을, ~ 동안
6. ~을 (비교해서) 생각해 본다면
7. ~에 찬성하여

for ~을 향해

⟨for + 장소⟩ 형태로 쓰이면 그 장소를 염두에 두고 그 장소만으로 향하는 것이니 '그 장소를 향해' 간다는 의미가 됩니다.

He'll leave **for** France the day after tomorrow.
그는 내일모레 프랑스**를 향해(마음에 두고)** 떠날 거예요.

FRANCE

This is the KTX train bound **for** Busan.
이 열차는 부산**행** KTX입니다.

This limousine bus is **for** In-cheon Airport only.
이 리무진 버스는 오직 인천 공항**으로**만 **가는** 버스입니다.

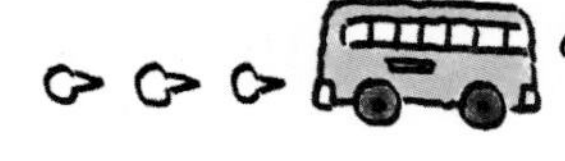

This time tomorrow we'll be setting off **for** Japan.
내일 이 시간에 우리는 일본**으로** 떠날 거야.

Is this the bus **for** Jam-sil?
이 버스 잠실**로** 가나요?

What time are you leaving **for** home?
몇 시에 집**으로** 갈 거니?

for ~을 위해서

⟨for + 사람⟩ 형태로 쓰이면 그 사람을 염두에 두고 그 사람으로만 향한 것이니 '그 사람을 위해서'라는 뜻이 됩니다.

I bought steak and potatoes **for** Liz.
리즈**에게 주려고** 스테이크와 감자를 좀 샀어.

주어 I의 음식을 산 행위가 Liz를 염두에 두고 Liz만 을 향한 것이니 Liz를 '위해' 음식을 산 것이 되죠.

Elizabeth! I bought the perfume **for** you!
엘리자베스! 당신**을 위해** 향수를 샀어요!

Here is a letter **for** you.
여기 **네게 온** 편지가 있어.

You got a new job? Good **for** you!
새로운 일자리를 얻었어요? (당신**에게**) 잘됐네요!

위 예문은 당신을 '염두에 두고(for you)' 생각해 본다면 새 일자리를 얻은 것이 정말 잘된 일이라는 의미입니다.

He doesn't want to work **for** a female boss anymore.
그는 더 이상 여자 상사**를 모시고** 일하길 원치 않아요.

Ray, It's **for** you.
레이, 이거 당신**을 위한** 거예요.

She made Kim-bab and salad **for** Ray and Shimson.
그녀는 레이와 심슨**을 위해** 김밥과 샐러드를 만들었습니다.

She bought some chocolate **for** her children.
그녀는 아이들**에게 줄** 초콜릿을 좀 샀습니다.

What can I do **for** you(= How can I help you)?
(당신**을 위해**) 무엇을 도와드릴까요?

She's working **for** GE.
그녀는 GE**에서** 일합니다.

You two are really lucky!
There's room **for** just two.
두 분은 정말 운이 좋으시네요! 두 명**을 위한** 자리가 있습니다.

We got a cedar wood table **for** the dining area of the house.
우리 집 주방**에 놓으려고** 삼나무 목재로 만든 식탁을 새로 샀어.

I'm speaking **for** everyone in the sales department.
영업부 모두**를 대표해서** 말씀드립니다.

I voted **for** him in the last presidential election.
나는 지난 번 대통령 선거에서 그 사람**한테** 투표했어.

〈for + 시간〉의 형태로 쓰면 그 시간만을 염두에 두고 향하는 것이니 그 시간에 어떤 행위를 하거나 무슨 일이 진행될 것임을 나타냅니다.

We have to leave the house before 6 o'clock because we're invited **for** 7:30.
6시 전에 집을 나서야 해요. 7시 반**에** 초대를 받았거든요.

I've booked a table at the Hyatt hotel **for** seven o'clock.
하얏트 호텔 7시**로** 자리를 예약했습니다.

3 for ~하기 위해

어떠한 행동이나 동작을 염두에 두고 향한다는 것은 '목적'을 의미합니다. 이 경우 '~하기 위해'로 해석됩니다.

Let's go **for** a walk.
우리 산책**하러** 갑시다.

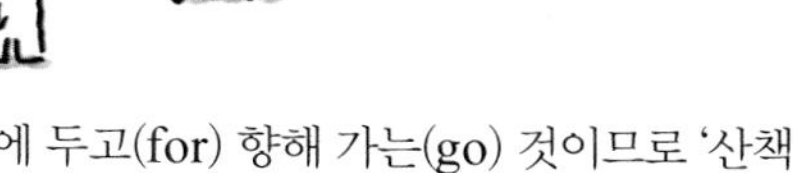

go for a walk는 산책(a walk)을 염두에 두고(for) 향해 가는(go) 것이므로 '산책하러 가다'의 의미입니다.

Are you learning English **for** self-gratification or **for** personal accomplishment?
영어를 자기만족**을 위해** 배우시나요, 아니면 개인적인 성취**를 위해** 배우시나요?

It's too early **for** breakfast.
아침을 먹기**엔** 너무 일러요.

즉, 아침 식사 하는 것을 염두에 둔다면 너무 이르다는 뜻입니다.

What did you do that **for**(= Why did you do that)?
뭐**하러** 그런 일을 하셨어요?

For more information, call the number below.
좀 더 많은 정보**를 원하시면** 아래 번호로 전화 주세요.

We use the basement **for** archiving.
우리는 지하를 문서보관 **용도로** 씁니다.

The blue button is **for** turning the TV off.
이 파란 단추는 TV를 끄기 **위한** 거야.

I'm wondering if that house is **for** sale.
그 집이 판매**용**인지 궁금해.

How much did you pay **for** contact lenses?
콘텍트렌즈 **사는 데** 돈이 얼마 들었죠?

Anyone **for** jogging? I would like some exercise.
조깅**하러 갈** 사람? 나 운동하고 싶어.

She couldn't get out, so she asked me **for** help.
그녀는 나갈 수 없었어요. 그래서 제게 도움**을** 요청했죠.

She is busy preparing **for** the date.
그녀는 데이트 준비**로** 바쁩니다.

I had pizza **for** lunch.
점심**으로** 피자 먹었어.

They think I'm good **for** nothing. Naturally I disagreed.
그들은 내가 아무짝에도 쓸모없는 사람인 줄 알아. 물론 난 동의할 수 없지.

good for nothing은 좋은 것(good)이 어떠한 것으로도 향하지 않고 어떠한 것도 염두에 두지 않기 때문에(for nothing) 결국은 '아무짝에도 쓸모없고 좋지 않다'는 뜻이 됩니다.

These shoes are too big **for** me.
이 신발은 제**게** 너무 크네요.

이 신발이 나(me)를 염두에 두고(for) 생각해 본다면 너무 크다는 얘기입니다.

This printer is designed **for** office use.
이 프린터는 사무**용으로** 디자인된 제품입니다.

This is not an environment **for** naive ladies.
이곳은 순진한 여성들**을 위한** 환경이 아니에요.

Don't let yourself care about his opinion. He doesn't have an eye **for** help.
그의 의견에 신경 쓰지 말아요. 그는 도움**이 될** 안목이 없으니까.

A girl was crying **for** help.
소녀는 울면서 도움**을 청했어요**.

His drive **for** success has developed his perseverance.
성공**을 향한** 그의 의지가 인내력을 길러 주었어요.

4 for ~ 때문에

어떠한 행동이나 마음의 상태에는 원인이 있기 마련이죠. 그런 경우 for를 사용하여 '~ 때문에'라는 의미로 사용할 수 있습니다.

I'm feeling on top of the world **for** the holidays.
휴가 **때문에** 세상의 꼭대기에 있는 것처럼 기분이 좋아요.

그 휴가를 염두에 두니까(for the holidays) 기분이 좋은 것이죠. 기분이 좋은 상태의 원인이 휴가라는 것을 밝혀 주기 위해 전치사 for가 쓰인 것입니다.

I couldn't say a word **for** fear of offending Liz.
리즈에게 상처 **줄까 봐** 한 마디도 할 수가 없었어.

They are anxious **for** her safety.
그들은 그녀의 안전 **때문에** 걱정되었습니다.

She spent 15 years in prison **for** murder.
그녀는 살인죄**로** 감옥에서 15년을 보냈어요.

Sydney is famous **for** its Opera House.
시드니는 오페라 하우스**로** 유명하죠.

She couldn't speak **for** crying.
그녀는 **우느라** 말을 할 수 없었어요.

She bought him a video game console **for** his birthday.
그녀는 생일 선물**로** 그 아이에게 비디오 게임기를 사 주었습니다.

I couldn't keep my eyes open **for** the strong wind.
강한 바람 **때문에** 눈을 뜰 수가 없었어.

Ray got suspended from school today. What **for**?
레이가 오늘 학교에서 정학당했어요. 무엇 **때문이죠**?

What did you do that **for**?
너 **왜** 그랬니?

Did he give any reason **for** arriving so late?
그렇게 늦게 도착한 것**에 대해** 그 사람이 무슨 이유라도 말했나요?

I'm sorry **for** the way things are in Je-ju.
제주도에서 있었던 일**은** 정말 유감이에요.

제주도에서 있었던 일들을 염두에 두고 생각해 본다면 그 일 때문에, 그 일로 인하여 '미안하다'는 뜻입니다.

5 for ~을, ~ 동안

for 뒤에 시간이나 거리를 나타내는 말이 나올 경우 '그 시간이나 거리를 염두에 두고' 행동하는 것이므로 '그 시간, 그 거리 동안' 어떤 행동을 하다라는 뜻이 됩니다.

We walked **for** 10 kilometers.
우리는 10킬로**를** 걸었다.

위 예문에서 그림에서와 같이 10킬로미터를 염두에 두고 걸었으므로 10킬로미터 만큼의 거리를 걸었다는 의미가 됩니다.

She's out of the office **for** a couple of weeks.
그녀는 몇 주 **동안** 사무실에 없었어요.

I'm going away **for** a short while.
저는 아주 잠깐 **동안** 떠나 있을 겁니다.

We chatted **for** 3 hours at Starbucks.
우리는 3시간 **동안** 스타벅스에서 잡담을 나누었어요.

I haven't been to a ski slope **for** a long time.
전 오랫**동안** 스키장에 가질 못했어요.

Would you mind waiting **for** a while?
잠시 **동안** 기다려 주시겠어요?

I sold my new computer **for** 1,000,000 won.
100만 원**에** 제 새 컴퓨터**를** 팔았습니다.

새 컴퓨터를 1,000,000원이라는 금액을 염두에 두고 판 것이므로 전치사 for를 썼습니다.

He has been a teacher **for** 20 years.
그는 20년 **동안** 선생님으로 일해 왔습니다.

6 for ~을 (비교해서) 생각해 본다면

~을 염두에 두고 그것과 비교해서 생각하는 것입니다.

He's not very generous **for** his age.
그는 나이**에 비해** 그리 너그럽지 않아.

This summer has been very hot **for** Seoul.
서울의 보통 기온**에 비하면** 이번 여름은 매우 덥네요.

이번 여름이 예년의 서울 여름답지 않게 덥다는 뜻이죠. 서울의 여름 (평균) 기온을 염두에 두고 생각했을 때 덥다는 의미로 전치사 for를 쓴 겁니다.

It's cold **for** April.
4월**치고는** 춥네요.

For a man of his wealth he's not exactly generous.
돈이 있는 사람**치고는** 그 사람 너그럽지 못하죠.

He's not bad **for** a beginner.
그는 초보**치고는** 괜찮은 편입니다.

For all his complaining, I think the results were astounding.
그의 모든 불평**에도** 그 결과는 몹시 놀라운 것이라고 생각해요.

The Maldives are a wonderful place **for** a holiday.
몰디브는 휴양지**로** 좋은 장소입니다.

What's the Korean word **for** 'apple'?
apple**에 해당하는** 한국말은 무엇인가요?

That's all **for** today.
오늘**은** 이상 마치겠어요.

오늘을 염두에 두고 볼 때(for today) '그것이 전부'이므로 오늘 모든 일정이 끝났다는 얘기입니다.

 for ~에 찬성하여

어떤 의견을 염두에 두고 향한다는 것은 '그 의견에 찬성한다', 그 의견을 지지하고 '그 의견으로 향하고 있다'는 뜻입니다.

Are you **for** or against it? What side are you on?
그 일을 **찬성**하십니까 아니면 반대하시나요? 어느 쪽이시죠?

어떤 안건을 염두에 두고 향하고(for) 있는 것은 그것에 찬성한다는 뜻이고, 반대로 맞서는(against) 것은 그것에 반대한다는 의미가 됩니다.

I am all **for** it.
나는 절대적으로 **찬성**이야.

Are you **for** or against his proposal? I think this will change the entire structure of the organization.
당신은 그의 제안에 **찬성**인가요, 반대인가요? 내 생각에 이 일이 조직의 전체적인 구성을 바꿀 것 같군요.

회화에 꼭 쓰이는 for 필수표현

care for
❶ 돌보다 ❷ ~을 원하거나 좋아하지 않다

❶ 누군가를 마음에 두고 아끼는(care) 것이므로 '~을 아끼다', '돌보다'

I really **care for** my younger sister.
전 여동생을 정말로 **아껴요**.

Teach your kids how to **care for** their dog.
아이들에게 강아지를 어떻게 **돌봐야** 하는지 가르치세요.

Liz quit her job to **care for** her two babies.
리즈는 두 아이를 **돌보기** 위해 일을 그만두었어요.

❷ '~을 원하거나 좋아하지 않다'(부정문이나 의문문에서)

I don't **care for** her brother.
난 그녀의 오빠를 그리 **좋아하지** 않아요.

fall for
속임수에 넘어가다, 순진하게 믿다

I did not **fall for** her exaggerated story.
난 그녀의 과장된 이야기**에 속아 넘어가지** 않았어.

I told her I was Japanese and she **fell for** it!
그녀에게 내가 일본 사람이라고 말했더니 **속아 넘어가더라고**!

go for
~을 얻기 위해 애쓰고 노력하다

무언가를 마음에 두고 가는 것이므로 '~을 얻기 위해 애쓰고 노력하다'

We're **going for** the gold medal.
우리는 금메달**을 따기 위해 애쓰고** 있어요.

Go for it!
한번 **열심히 해 봐!**

go in for
~을 아주 좋아하다, 사족을 못 쓰다

무언가를 마음에 두고 그 안으로(in) 들어가는 것이므로 '~을 아주 좋아하다', '사족을 못 쓰다'

She really did **go in for** Salsa dancing.
그녀는 살사 댄싱을 정말 **좋아했어**.

I don't really **go in for** sports.
전 스포츠는 그다지 **좋아하지** 않아요.

stand up for
~을 지지하다, 편들다, 옹호하다

뭔가를 마음에 두고 꼿꼿이 서 있는 것이므로 '~을 지지하다', '편들다', '옹호하다'

Why didn't you **stand up for** me?
I really needed your support.
왜 나**를 지지하지** 않죠? 전 정말로 당신의 지원이 필요했단 말이에요.

I have always **stood up for** my rights.
전 항상 제 권리**를 지켜 왔어요**.

stick up for
곤란한 상황에 있는 사람의 편을 들어주다

어떤 사람을 마음에 두고 그 사람의 편에 찰싹 붙어(stick) 있으므로 '곤란한 상황에 있는 사람의 편을 들어주다'

Don't you **stick up for** him!
그 사람 **편들어 주지** 말아요!

I don't need you **sticking up for** me!
난 당신이 내 **편들어 주길** 원하지 않아요!

not stand for
~을 허락하지 않다

무언가를 마음에 두고 서 있지(stand) 않는(not) 것이므로 '~을 허락하지 않다'

The teacher wo**n't stand for** talking during the test.
선생님은 시험 중에 이야기하는 것**을 허락하지 않으실 거야.**

He can't drive the car! My father will **not stand for** it!
그 사람은 차를 몰 수 없어요! 아버지가 **허락하지 않으실 거예요**!

stand for
~을 상징하다

문자(letter)를 마음에 두고 서 있는 것이므로 '~을 상징하다'

What does CIA **stand for**?
CIA는 무엇**을 상징하는** 거죠?

wait for
~을 기다리다, ~하기를 기다리다

어떤 사람이나 행동을 마음에 두고 기다리는 것이므로 '~을 기다리다', '~하기를 기다리다'

I'll be **waiting for** your reply.
당신의 답장**을 기다리겠어요.**

Wait for me, please.
나 좀 **기다려 줘요.**

take A for B
A를 B로 생각하다, 받아들이다

Don't **take** him **for** a peasant. He is very rich!
그를 시골뜨기**로 오해하지** 마세요. 그는 아주 부자랍니다!

I could have **taken** her **for** my mother.
그녀**를** 우리 엄마**로 착각할** 뻔했어.

once and for all
마지막으로 한 번만 더

모든 것을 마음에 두고 한 번만 once이므로 '마지막으로 한 번만 더', 여러 가지 일을 하고서 마지막으로 꼭 명심해야 할 일을 말하거나 아무리 말해도 알아듣지 못할 때 쓰는 표현

I will help you stay out of trouble **once and for all**.
이번 한 번만 곤경에서 벗어나도록 도와줄게.

This warning is **once and for all**.
이번 경고가 **마지막이야**.

for the best
최선의 결과를 위한

지금은 비록 좋지 않더라도 나중에 궁극적으로 좋은 결과를 얻기 위해 '최선의 결과를 위한'

I'm hoping **for the best**.
잘 되길 바라고 있어요.

I am planning **for the best**.
잘 될 수 있도록 계획하고 있어요.

for better or for worse
좋든 싫든 간에

Anyway, **for better or for worse**, you should eat them all up.
여하튼 **좋든 싫든 간에** 넌 그걸 다 먹어야 해.

For better or for worse, the world has become much smaller during the twentieth century.
좋든 싫든 간에 20세기에 세상은 더욱 더 작아질 것입니다.

for the first[last] time
처음[마지막]으로

He spoke English to a foreigner **for the first time** in his life.
그는 **난생 처음으로** 외국인에게 영어로 말을 걸었습니다.

He was 26 years old when he kissed **for the first time**.
그는 26살이었을 때 **처음** 키스를 했지.

I kissed her **for the last time**.
난 그녀에게 **마지막으로** 키스를 했어.

I'm warning you **for the last time**!
마지막으로 경고하겠어!

for good
영원히, 길이길이

궁극적으로 좋고 유익한 것을 마음에 두고 하는 행동이므로 '영원히', '길이길이'

They have left Seoul **for good.**
그들은 **영원히** 서울을 떠났습니다.

22

비롯되는 From

from은 '~로부터'라는 뜻입니다. 장소나 시간의 출발점이나 어떤 현상의 진원지, 출처, 기원, 유래, 판단의 근거, 기준점의 의미를 가지고 있습니다.

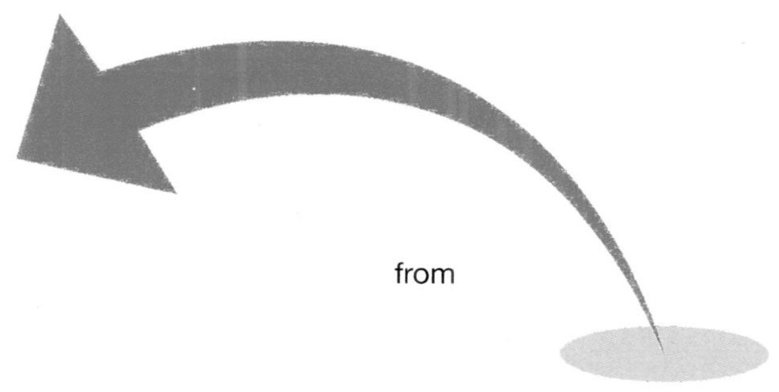

장소나 시각의 출발점을 나타냅니다. 종종 도착점을 나타내는 전치사 to와 같이 쓰이지요.

He drove all the way **from** Busan.
그는 부산**에서부터** 내내 운전했습니다.

Has the train **from** Kwang-Ju arrived?
광주**에서 출발한** 기차가 도착했나요?

Who is the document **from**?
그 서류 누구**한테서 온** 거죠?

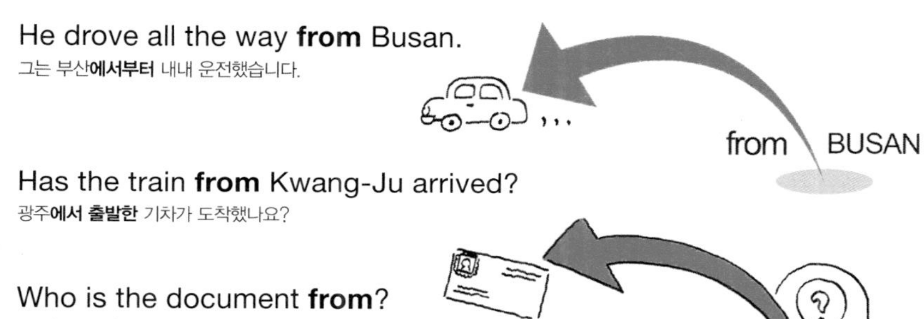

We live about ten miles **from** Kim-po Airport.
우리는 김포 공항**에서** 약 10마일 떨어진 곳에 삽니다.

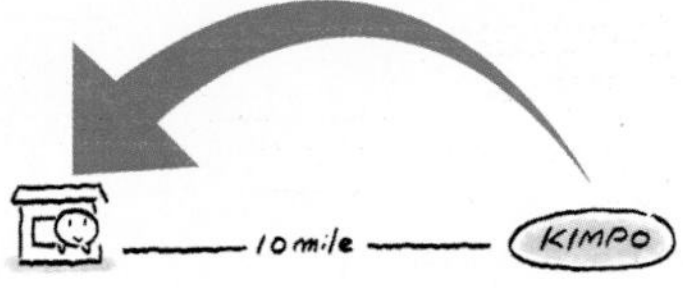

He was blind **from** birth.
그는 태어날 때**부터** 장님이었어.

Where are you **from**? I'm **from** Canada.
어디**에서** 오셨나요? / 캐나다**에서** 왔어요.

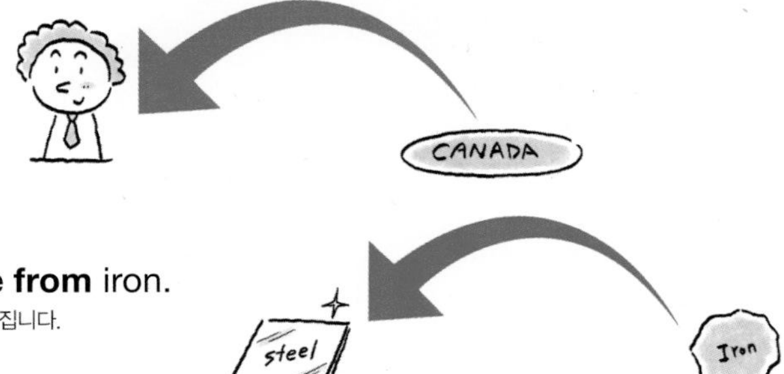

Steel is made **from** iron.
강철제품은 철**로** 만들어집니다.

You can see the Han River **from** here.
여기**서** 한강이 보여요.

The view **from** the top of the mountain was awesome!
산 정상**으로부터** 보이는 경관이 정말 끝내줬어!

From my point of view, this is a good chance to make lots of money.
내 생각**에** 이건 많은 돈을 벌 수 있는 좋은 기회라고.

She's exhausted **from** all the worry.
그녀는 걱정**으로** 기진맥진했어요.

I guessed **from** his name that Jose must have been Spanish.
호세란 이름**에서부터** 그가 스페인 사람이었다는 걸 추측했어요.

회화에 꼭 쓰이는 from 필수표현

result from
~에서 비롯되다, 야기되다

어떤 것에서부터 나온 결과이므로 '~에서 비롯되다', '야기되다'

The problem **resulted from** a misunderstanding between you and me.
그 문제는 당신과 나 사이의 오해**에서 비롯된 거예요.**

suffer from
~로부터 고통받다

He is **suffering from** gastric ulcers.
그는 위궤양**으로 고통받고 있어요.**

distinguish A from B
B로부터 A를 구별하다

I can't **distinguish** him **from** his twin brother.
그를 쌍둥이 형제**하고 구별할** 수가 없네요.

be different from
~와 다르다

He'**s** quite **different from** his brother.
그는 자기 형제와는 완전히 **달라.**

from bad to worse
더 악화되다

bad에서 worse로, 즉 나쁜 상황에서 더 나쁜 쪽으로 가니 '더 악화되다'의 의미

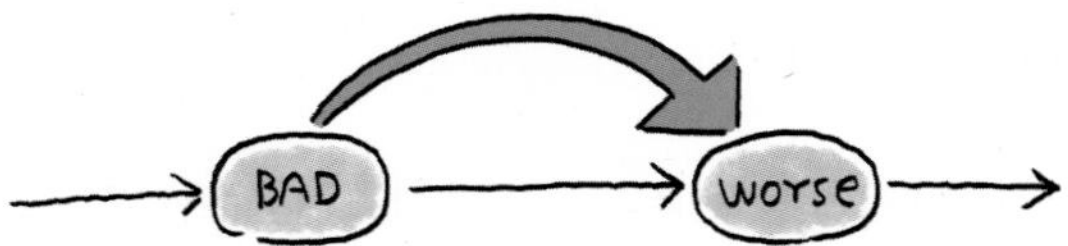

Things have gone **from bad to worse.**
사태는 점점 **악화되었어요.**

The ghettos of America have gone **from bad to worse.**
미국의 빈민가는 사정이 더욱 **악화되었어.**

from now on
지금으로부터

지금(now)으로부터(from), 여기서 on은 '지속'의 의미

I'll exercise every morning **from now on.**
난 **이제부터** 매일 운동할 거야.

From now on, you have to use dental floss.
이제부터는 치실을 쓰셔야 합니다.

from A to B
A에서 B까지[로]

He changed **from** a shy child **to** a confident young man.
그는 수줍은 아이**에서** 자신만만한 청년**으로** 변해 있었어요.

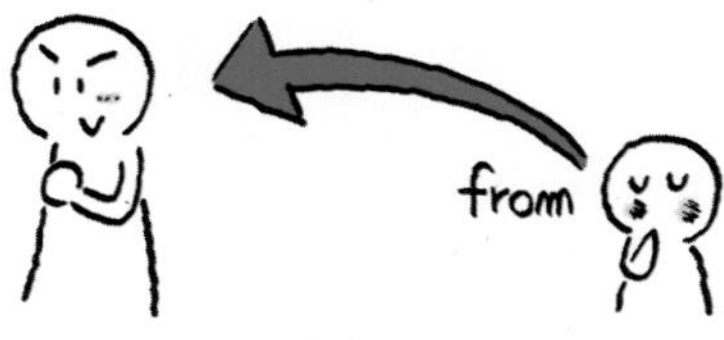

I have English class **from** 10:30 **to** 12:00.
난 10시 반**부터** 12시**까지** 영어 수업이 있어요.

The Samsung Art Gallery is open **from** 9:30 **to** 4:30, Monday **to** Friday.
삼성 아트 갤러리는 월요일**부터** 금요일**까지**, 9시 반**부터** 4시 반**까지** 엽니다.

잠깐! from A to B 단골표현

from beginning to end
처음부터 끝까지

from front to back
앞에서부터 뒤에까지

from September to December
9월부터 12월까지

from Seoul to Busan
서울에서 부산까지

from start to finish
시작부터 마칠 때까지

from top to bottom
꼭대기에서부터 바닥까지

down/for/from으로 말해보기

A 다음 문맥에 맞게 보기 에서 골라 넣으세요.

1 무엇을 도와드릴까요?
Is there anything I can do ______ you?

2 우리는 매일 9시부터 5시까지 문을 엽니다.
We're open ______ 9 to 5 every day.

3 그녀는 나이에 비해 매우 성숙해요.
She's very mature ______ her age.

4 그는 길을 걸어 내려갔습니다.
He went ______ the road on foot.

5 승객들은 제주행 비행기에 탑승했습니다.
Those passengers are on board a flight ______ Je-ju.

6 정말 아름다운 꽃이네요! 누가 보내 준 건가요?
What beautiful flowers! Who are they ______ ?

7 이 책은 제게 너무 어려워요.
This book is too difficult ______ me.

8 그들은 계단을 뛰어 내려왔어요.
They came running ______ the stairs.

9 회의는 10시로 예정되어 있습니다.
The meeting was planned ______ 10 o'clock.

10 넌 어떠한 이유에서든지 그러지 말았어야 했어.
You shouldn't have done that ______ any reason.

보기	down | for | from

B 알맞은 전치사를 활용하여 다음 영어 문장을 완성하세요.

1 어떻게 그런 의견에 넘어갈 수 있지?
How could you ______ ______ such an idea like that?

2 오는 길에 차가 고장 나 있었어.
A car ______ ______ on the way.

3 레이는 너무 열심히 일했고 녹초가 되어가는 것을 느끼게 되었지.
Ray had been working too hard and was feeling ______ ______ .

4 난 피칸은 별로 좋아하지 않아.
I don't much ______ ______ pecans.

5 그녀는 설사로 고생하고 있어요.
She ______ ______ diarrhea.

6 서류 맨 위에 이름을 적으세요!
______ ______ your name on the top of your paper!

7 우리는 여성의 권리를 옹호해야 해요.
We need to ______ ______ for women's rights.

8 제 아이가 발진이 난 것 같아요.
My baby has ______ ______ ______ a rash.

9 네가 왜 그 여자를 무시하는지 모르겠구나.
I don't understand why you ______ ______ ______ her.

10 그 라디오 소리 좀 줄이세요!
______ that radio ______ !

이 안에

23

In

in은 기본적으로 '~안에서', 즉 inside의 개념이 있습니다. 나라나 도시처럼 지역적으로 넓은 범위의 '안'뿐 아니라 방(room)이나 건물(building), 자동차(car)에서 주머니(pocket)까지 '내부'를 의미하기도 하며 어떤 분야의 안을 지칭하기도 합니다. 또 외부에 있던 사람이나 물건이 그 안으로(in) 들어가면 그 장소만의 고유한 성질로 바뀌게 되는데, 사람이 in blue에 있으면 파란색 옷을 입게 되는 것이며 한국말을 하다가도 in English로 들어가면 영어로 말을 하게 되는 것이지요.

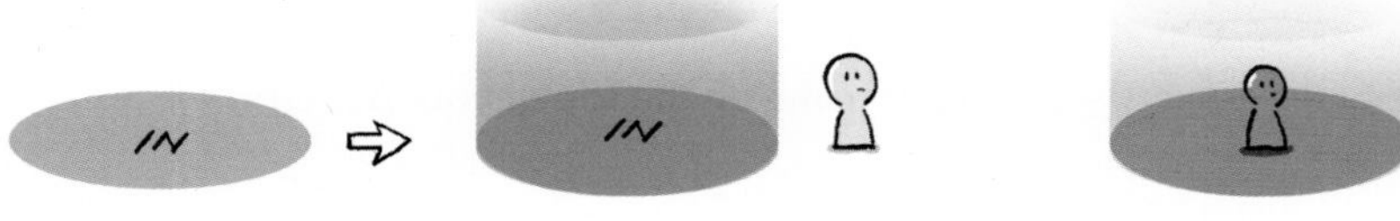

in

Check Point

❶ ~(안)에

❷ ~로

❸ ~내에, 동안에

❹ ~ 색으로

❺ ~인 상황에 있는, ~에 처한

❻ ~에(시간)

❼ 들어오는

❽ ~에(지상 위의 공간)

❾ ~가(길이, 높이, 넓이)

❿ ~로부터

in　~(안)에

전치사 in은 장소, 공간을 나타내는데 한 곳을 콕 찍어 말하는 at에 비하여 상대적으로 넓은 공간, 즉 나라, 대륙, 도시 등을 가리킬 때 쓰이며, 또 building, room, kitchen, office, car 등의 내부에 있다는 의미를 나타내기도 합니다.

Ray Mills was born **in** Canada.
레이 밀즈는 캐나다**에서** 태어났습니다.

Ray, How long are you going to stay **in** Seoul?
레이, 서울**에** 얼마나 머무를 거야?

You can get anything you want at the Nam-dae-moon market **in** Seoul.
서울**에 있는** 남대문 시장에서 네가 원하는 걸 다 살 수 있어.

I was **in** his car at that time.
저는 그때 그의 차**에** 있었습니다.

Put the knife **in** the kitchen drawer.
나이프를 부엌 서랍**에** 넣어라.

He walked to his car and got **in**.
그는 차로 걸어가서 **올라**탔습니다.

The door was open so I just walked **in**.
문이 열려 있어서 전 그냥 걸어 **들어갔어요**.

Come **in**! Everybody is waiting for you.
들어와! 모두들 너를 기다리고 있어!

여기서는 in 다음에 here나 this place 등이 생략되어 있다고 보면 됩니다.

John put his hand **in** his pocket.
존은 주머니 **안에** 손을 넣었습니다.

Have you seen a bag with some tools **in** it?
연장이 **들어 있는** 가방 못 봤어요?

Who's the woman **in** this picture?
이 사진 **속에 있는** 여자가 누구지?

Who's **in** the new movie with Leonardo DiCaprio?
레오나르도 디카프리오와 함께 새 영화**에 나오는** 사람이 누구지?

There is a lot of sugar **in** popsicles.
아이스캔디**에는** 설탕이 많이 **들어** 있습니다.

Do you take sugar **in** your coffee?
커피**에** 설탕 넣으시나요?

Although we studied **in** the same class, we were not close at all.
우리는 같은 반**에서** 공부했지만 전혀 친하지 않았습니다.

My father is **in** the hospital.
제 아버지는 병원**에** 입원해 계세요.

I don't see him **in** the office today.
오늘은 그가 사무실**에** 안 보이는데요.

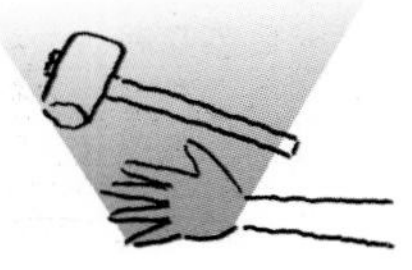

He had a hammer **in** his hand.
그는 손**에** 망치를 들고 있었어.

I have been working **in** marketing for 17 years.
전 마케팅 **분야에서** 17년 동안 일해 왔습니다.

in ~로

in은 장소를 뜻할 뿐 아니라 그 범위 안에서만의 고유한 상태나 속성을 나타낼 수 있습니다. 예를 들면 You have to speak only in English.라는 문장에서 in English는 현재 말하는 그 공간이 한국어나 일본어가 아니고 바로 영어를 쓰는 공간임을 말해 주는 것이므로 위 문장은 '오직 영어로 말해야 한다.'는 뜻이 됩니다.

I'm not good at English. However I wrote to Ray **in** English.
전 영어를 잘 못합니다. 그러나 레이에게 영어**로** 편지를 썼지요.

She spoke to him **in** French.
그녀는 그에게 프랑스 어**로** 말했어.

He spoke **in** an arrogant way.
그는 거만한 목소리**로** 말했어요.

Why are you waiting **in** the heavy rain?
왜 비가 많이 오는 데**서** 기다리고 계신 거죠?

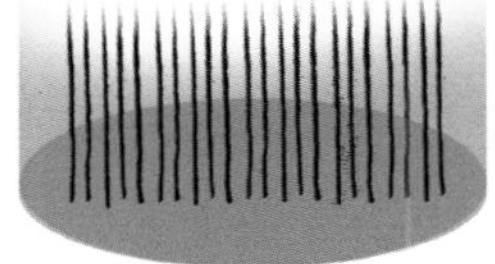

We stood **in** a line for 7 hours to get the concert ticket.
우리는 그 콘서트 티켓을 사기 위해 7시간이나 줄을 서(줄 **안에서**) 있었습니다.

in a line은 줄로 되어 있는 공간에 있는 것이므로 '줄을 선'이란 뜻이죠.

in a line

Is this list **in** alphabetical order?
이 목록은 알파벳**순**인가요?

I'm sorry. I can't accept any credit card. You have to pay **in** cash.
죄송합니다. 신용카드는 받지 않아요. 현금**으로** 내셔야 합니다.

Write your name and address **in** capital letters.
이름과 주소를 대문자**로** 써 주세요.

I'm **in** luck because I met you.
전 운**이 좋아요**. 당신을 만났으니까요.

I'm **in** good shape.
몸 컨디션이 좋습니다(좋은 컨디션**에** 있습니다).

The sitcom is **in** 4 parts.
그 시트콤은 4부**로** 되어 있습니다.

3 in ~내에, 동안에

시간을 나타내는 표현 앞에 쓰여 '그 시간 동안에'를 의미합니다. 예를 들어 in five minute이라고 하면 '5분 내에', '5분 후에'라는 말이 되는데 그 행동이 5분이라는 시간이 발휘되는 공간 내에서 이루어진다는 뜻이죠.

Wait, I'll be with you **in** 5 minutes.
기다려, 5분 **안에** 너 있는 곳에 도착할 거야.

The dinner will be ready **in** a few minutes.
저녁은 몇 분 **안에** 준비될 겁니다.

The TOEIC tests are **in** six weeks.
토익 시험은 6주 **후**입니다.

I earned 200,000 won **in** a day.
하루**에** 20만 원을 벌었어요.

Don't worry. I'll be back from the Philippines **in** 5 days.
걱정 마세요. 필리핀에서 5일 **후에** 돌아올 거예요.

We haven't been in touch with him **in** years.
수년 **동안** 그 사람과 연락을 못했어요.

I can't do this **in** one hour. I'm not Superman!
한 시간 **내에** 이 일을 해낼 순 없어요. 난 슈퍼맨이 아니라고요!

Hey, doesn't Ray's flight arrive **in** a few minutes?
저기요, 레이가 탄 비행기가 몇 분 **후에** 도착하지 않나요?

I haven't laughed so much **in** years.
난 몇 년 **동안** 많이 웃지 못했어요.

He advised me to have a lot of fun **in** my youth.
그는 저에게 젊었을 **때** 많이 즐기라고 충고해 주었어요.

4 in ~색으로

사람이 바깥에 있다가 특정한 색(color) 안으로(in) 들어가면 그 색을 입고 있다는 뜻이 됩니다. 예를 들어, men in black은 검은 색깔의 공간 안에 있는 남자들, 즉 '검은색 옷을 입고 있는 남자들'이란 뜻이 되는 것이죠.

He looked like Will Smith because he was dressed **in** black and put on some awesome sunglasses.
그는 윌 스미스 같아 보였어요. 검은**색 옷을 입고** 멋진 선글라스를 쓰고 있었거든요.

Do you know that man **in** the blue suit?
파란색 신사복**을 입고 있는** 저 남자 알아요?

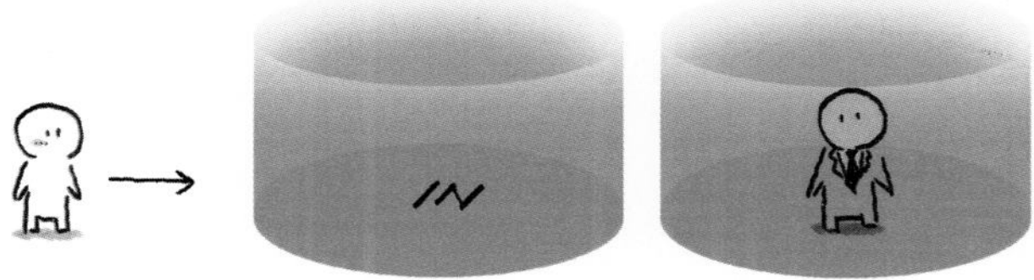

My wife says I look good **in** grey.
아내는 제가 회색 옷**을 입었을 때** 잘 어울린다고 말해요.

5 in ~인 상황에 있는, ~에 처한

평소와 다른 상황에 처해 있을 경우 그 상황 안에(in) 있다고 표현합니다. 위험하거나 어려운 상황의 경우 in danger, in trouble이라고 하며(해당 상황의 바깥으로 빠져 나올 수도 있으나 지금은 그 상황 안에 위치해 있으므로) 사랑하고 있다는 말도 I'm in love, 즉 내가 사랑하고 있는 상황 안에 있다고 표현합니다.

Ray was **in** big, big trouble.
레이는 진짜 큰 곤경에 **처해** 있었어.

I skipped breakfast because my wife was **in** a bad mood this morning.
아침을 걸렀어요. 제 와이프가 오늘 아침에 기분이 안 좋았거든요(기분이 안 좋은 **상태에** 있었거든요).

Dave was **in** a hurry.
데이브는 허둥지둥 서두르고(서두르는 **상태에**) 있었어.

My brother's room is **in** such a mess.
제 동생 방이 너무 뒤죽박죽이에요(뒤죽박죽**인 상태**예요).

We wanted to get married because we were very much **in** love.
우리는 결혼하길 원했어요. 아주 많이 사랑했기(사랑에 빠져 **있는 상태**이기) 때문이죠.

우리가 사랑하는 공간 안에 있는 것이므로 전치사 in을 써서 표현했습니다.

We all meditated **in** silence.
우리 모두는 말없이 명상**에 잠겼어요**.

After the explosion some of the children were **in** tears.
폭발이 일어난 후 아이들 몇 명이 울고 (**있는 상태에**) 있었어요.

6 in ~에(시간)

날짜, 월, 해, 계절, 아침, 점심, 저녁 등에는 in을 씁니다. in August라고 하면 '8월 안에(in)' 어떤 행위가 이루어질 거라는 뜻이 되고 in the winter도 '겨울 내에' 라는 말입니다. 구체적인 행위가 확실하게 이루어지는 특별한 날이나 요일에는 on을 씁니다.

We're going to North Korea **in** August.
우리는 8월**에** 북한에 갈 거야.

In the winter time the Dae-dong River freezes over.
겨울**엔** 대동강이 얼어 버리죠.

Let's meet again **in** the morning, at around 9:30.
아침 9시 반쯤**에** 다시 만납시다.

Disco dance was popular **in** the 1970s.
디스코는 1970년대**에** 인기가 있었죠.

My grandmother passed away **in** 1990.
제 할머니는 1990년**에** 돌아가셨어요.

I was born **in** October.
전 10월**에** 태어났지요.

Liz called me **in** the middle of the night.
리즈가 한밤중**에** 나한테 전화를 했어.

7 in 들어오는

일정한 공간 안으로 들어오는 움직임을 가리킵니다.

Let's get out of here. The tide is coming **in**.
빨리 여길 빠져 나갑시다. 파도가 **밀려오고** 있어요.

What time does the flight from New York get **in** tonight?
오늘밤 몇 시에 뉴욕발 비행기가 **도착**하나요?

8 in ~에(지상 위의 공간)

지상으로부터 위의 공간은 in the air, in the sky, in space에서처럼 전치사 in을 사용합니다.

The possibility of rain is zero because there isn't a cloud **in** the sky.
비가 올 확률은 전혀 없어요. 하늘**에** 구름 한 점 없잖아요.

He wanted to scare them. So he fired a few shots **in** the air.
그는 그들을 겁주길 원했어. 그래서 공중**에** 몇 발의 총을 쏘았지.

9 in ~가(길이, 높이, 넓이)

길이나 높이, 넓이도 공간의 개념이므로 in length/width/height/area처럼 전치사 in을 씁니다.

Please be careful! The lake is 15 meters **in** depth.
조심하세요! 이 호수는 깊이**가** 15미터나 됩니다.

This rug is nearly 10 feet **in** length.
이 깔개는 길이**가** 거의 10피트 정도 되겠네요.

The food was high **in** quality.
음식은 질**적으로** 훌륭했어요.

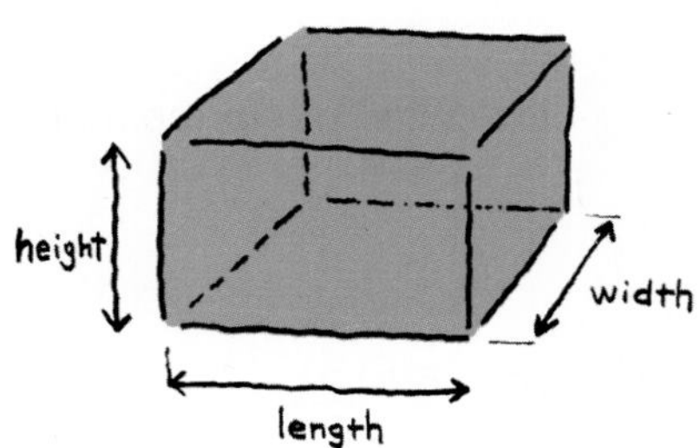

10 in ~로부터

잡지나 신문, 책 등으로부터 정보를 얻을 때 in을 씁니다.

There was an article **in** the newspaper about living cheaply overseas.
그 신문**에는** 외국에서 적은 돈으로 사는 것에 관한 기사가 실려 있었어.

I read that **in** a book about cartoon English.
난 만화 영어에 관한 책**에서** 그것을 읽었어.

회화에 꼭 쓰이는 in 필수표현

check in
체크인하다

장부에 check하고 안으로 들어가니까(in) '체크인하다'

I'd like to **check in**, please.
체크인하고 싶습니다.

close in
둘러싸다, 포위하다

가깝게(close) 목표물 쪽으로 들어가니까(in) '둘러싸다', '포위하다'

Enemy troops began **closing in** at dawn.
적군이 새벽에 **둘러싸기** 시작했습니다.

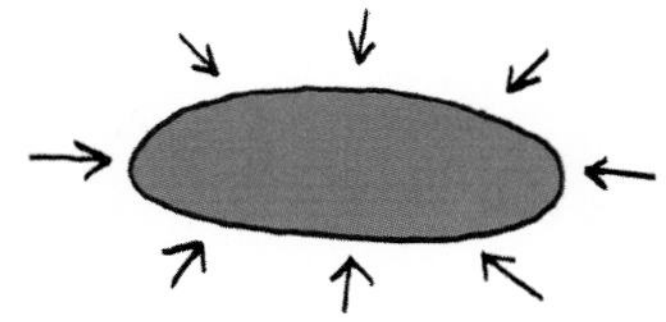

count in
셈에 넣다, 끼워주다

어떤 행위를 하는 안에(in) 같이 '셈에 넣다', '끼워주다'

If you're going for a pizza, you can **count** me **in**.
피자 먹으러 가는 거면 나도 **끼워 줘**.

Count me **in** for the game. I've got a lot of money!
나도 게임에 **끼워 줘**. 나 돈 많아!

fill in
어떤 양식 등을 써서 채우다

빈칸의 빈 부분을 채우는(fill) 것으로 '어떤 양식 등을 써서 채우다'

You have to **fill in** an application form before leaving here.
여길 떠나시기 전에 이 신청서를 **작성하셔야** 합니다.

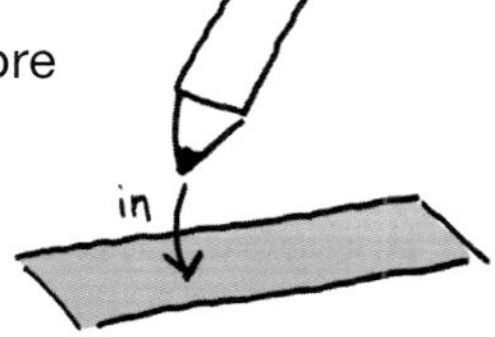

Fill in the blank!
빈 공간을 **채워 넣으세요**!

get in
약간의 어려움을 뚫고 들어가다

I applied to Seoul National University but didn't **get in**.
서울대에 지원했습니다만 **들어가지는** 못했습니다.

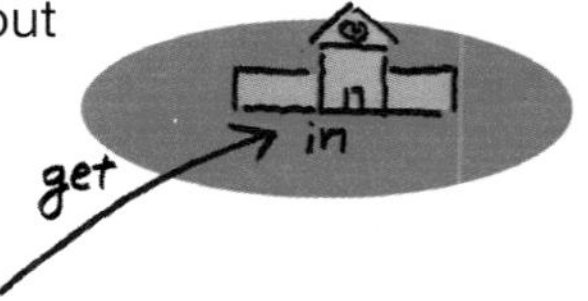

give in
항복하다, 굴복하다

내가 하려던 걸 상대에게 주고(give) 안으로(in) 들어가니까 '항복하다', '굴복하다'

I couldn't do anything, so I **gave in** and said yes.
아무것도 할 수 없었기 때문에 **항복하고는** 알았다고 말했죠.

step in
들어가다, 발을 들여놓다

발을 안에(in) 들여놓는 것이므로 '들어가다', '발을 들여놓다'

The police **stepped in** and stopped the fight.
경찰은 **발을 들여놓고는** 싸움을 멈추었습니다.

turn in

❶ 제출하다 ❷ 잠자리에 들다

❶ 선생님으로부터 받은 것을 다시 turn해서 '제출하다'

Ray! Did you **turn in** your assignment? / No, I forgot to **turn** it **in**.
레이! 너 과제 **제출했니**? / 아니, **제출하는** 거 깜빡했어.

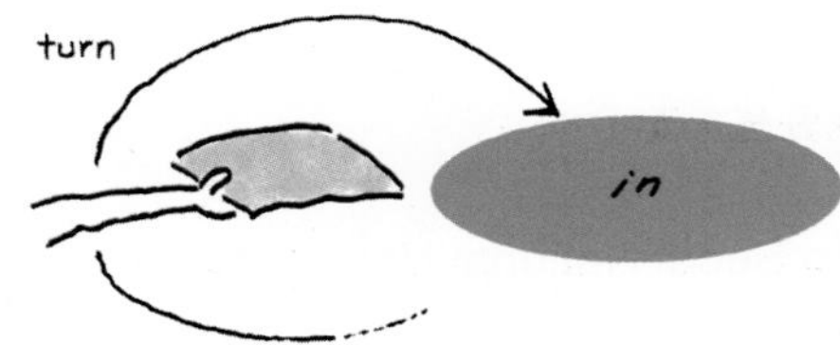

❷ 잠자리에 들려면 눕거나 엎드리면서(turn) 침대로 들어가야(in) 하므로 '잠자리에 들다'

When do you usually **turn in**?
보통 몇 시에 **자니**?

I usually **turn in** at about midnight.
전 보통 자정쯤에 **잠자리에 듭니다**.

take in

❶ 이해하며 받아들이다 ❷ 구경하다 ❸ 옷 등을 작게 만들다

❶ (어떤 사실을) '이해하며 받아들이다'

It is an interesting theory but I can't **take in** all of it.
흥미로운 이론이긴 하지만 전부를 **받아들일** 수는 없습니다.

He still hasn't really **taken in** his father's death.
그는 아직도 아버지의 죽음**을 받아들이지** 못하고 있어.

❷ '구경하다', '방문하다', '보다'

I usually **take in** a show when I'm in New York.
뉴욕에 있을 때면 전 보통 공연을 **보러** 가요.

❸ 옷을 안쪽으로(in) 줄여 넣어 취하므로(take) '옷 등을 작게 만들다'

The skirt was too big, so she **took** it **in** at the waist.
스커트가 너무 커서 그녀는 허리 부분**을 줄였어요**.

keep in
나가지 못하게 하다

안에(in) 가지고 있으니까 '나가지 못하게 하다'

Kim has a high temperature and his parents are **keeping** him **in**.
김은 고열이 있어서 부모님이 **못 나가게 하셨어**.

Rooney displayed bad behavior so his father **kept** him **in** for the last 3 days.
루니가 나쁜 짓을 해서 그의 아버지가 지난 사흘 동안 그를 **나가지 못하게 했지**.

run in someone's family
유전, 집안 내력이다, 계통을 잇다

가족 내부에(in) 특별한 성질의 것이 흐르는(run) 것이므로 '유전', '집안 내력이다', '계통을 잇다'

It **runs in my family**.
그건 **우리 집 내력이에요**.

I think good genes **run in his family**.
좋은 유전자가 **그의 가족 핏속에 흐르는** 것 같아요.

day in and day out
날이면 날마다, 허구한 날

I just work **day in and day out.**
저는 **날마다** 그냥 일을 했을 뿐이에요.

I don't know how you can stand eating the same thing **day in and day out**.
난 정말 네가 어떻게 **허구한 날** 똑같은 것만 먹는 걸 견딜 수 있는지 모르겠다.

in addition to
~에 더하여, ~외에 또

In addition to us, there is a shepherd dog.
우리들 **외에** 셰퍼드가 한 마리 있습니다.

In addition to playing the piano, I can also play the violin.
저는 피아노를 연주하는 것 **이외에** 바이올린 또한 연주할 수 있답니다.

24

안으로 들어가는 Into

into는 안을 뜻하는 in과 방향을 뜻하는 to가 결합되어 '안으로 들어가는' 것입니다. into A는 'A라는 공간 속으로 들어가는 것'인데 A 안으로 들어가면서 A의 성질로 변하게 됩니다.

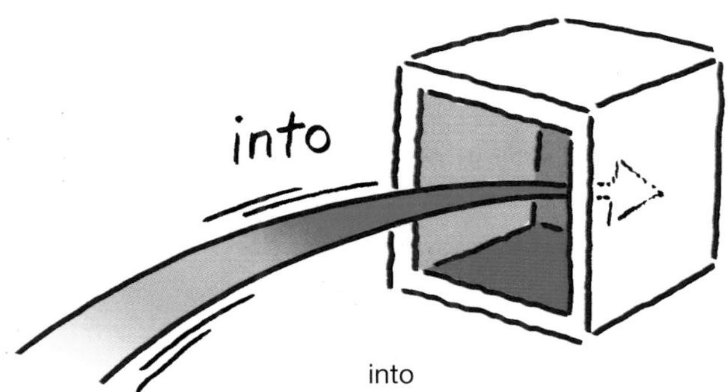

into

Check Point

1. ~ 안으로
2. ~ 쪽으로, ~ 방향으로
3. ~에 부딪쳐
4. ~로
5. ~ 속으로 빠지는

1 into ~ 안으로

밖에서 안으로 들어간다는 의미로 쓰입니다.

He turned around and went **into** the house.
그는 뒤로 돌아 집**으로 들어**갔어.

She got **into** her car and drove away.
그녀는 차**에** 타고 운전해 갔어.

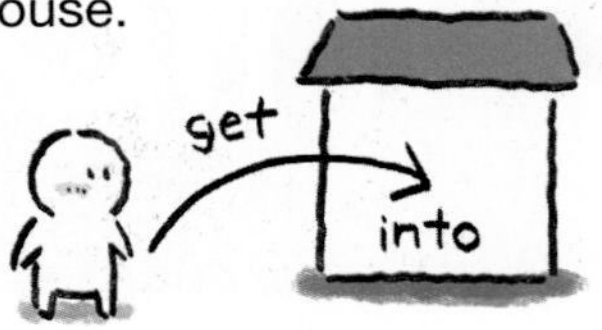

2 into ~ 쪽으로, ~ 방향으로

어떤 장소로 들어가려면 그쪽 방향으로 움직여야 하겠죠? 따라서 '~방향으로 가는'의 의미를 나타내기도 합니다.

Is there another way **into** the 63 Building?
63빌딩**으로 가는** 다른 길은 없나요?

He was gazing **into** the mirror.
그는 거울**을** 응시했다.

Can I speak **into** the microphone? I have something to tell everyone.
마이크**에 대고** 이야기할 수 있을까요? 모두에게 할 말이 있어요.

3 into ~에 부딪쳐

일정한 방향으로 가다가 무언가에 충돌하거나 부딪치는 것을 나타내기도 합니다.

The car ran **into** a wall and then blew up. Fortunately, the driver was still alive!
자동차가 **벽으로** 돌진해 **부딪치곤** 폭발해 버렸어. 운 좋게도 운전사는 아직 살아 있어!

The truck crashed **into** a parked car.
트럭이 주차된 차**를** 박았어요.

He was so upset that he slammed his fist **into** the wall.
그는 너무 화가 나서 주먹으로 벽**을** 내리쳤어.

 into ~로

다른 상황, 다른 모습으로 변하게 되거나, 나누어지는 것을 뜻합니다.

She cut the cheese cake **into** 8 pieces.
그녀는 치즈 케이크를 8조각**으로** 잘라 나누었습니다.

원래 하나였던 치즈 케이크가 8조각의 상태로 변한 것이니 into 8 pieces이죠.

Four **into** twelve equals three.
12 **나누기** 4는 3이다.

4가 12라는 곳으로 들어가면 4가 3개가 되므로 상태의 변화를 나타내는 전치사 into를 쓴 것입니다.

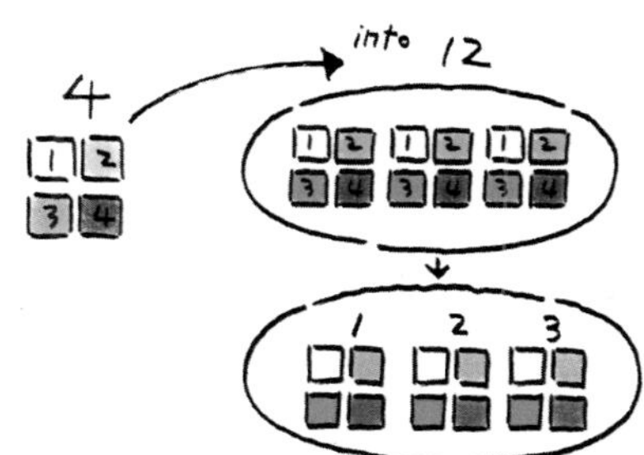

Elsa has grown **into** a lovely woman.
엘사는 사랑스러운 여인**으로** 자랐습니다.

5 into ~속으로 빠지는

말 그대로 '~로 빠져드는'을 나타내기도 하고, 또는 특정한 분야에 흥미를 가지고 '그 속으로 빠져들다'의 의미로 사용하기도 합니다.

I slid **into** a deep sleep.
난 깊은 잠**에 빠져들었습니다.**

Dave's really **into** Jazz.
데이브는 진짜 재즈**에 빠져** 있어.

He's really **into** the Worldcup at the moment.
그는 지금 월드컵**에 빠져** 있습니다.

She's **into** her looks a bit.
그녀는 외모**에** 좀 신경을 쓰죠.

사람에게 into하는 경우는 그 사람의 매력에 빠져들어 좋아하거나 사랑하는 마음을 갖는다는 뜻이 됩니다.

I'm so much **into** you.
당신**에게 빠져 버렸습니다.**

He's just not that much **into** you.
그는 그 정도로 널 많이 좋아하진(**빠져 있진**) 않아.

회화에 꼭 쓰이는 into 필수표현

turn into
~로 변화하다, 변화시키다

Their argument was gradually **turning into** a complicated situation.
그들의 말다툼은 점차 복잡한 상황**으로 변해 갔습니다.**

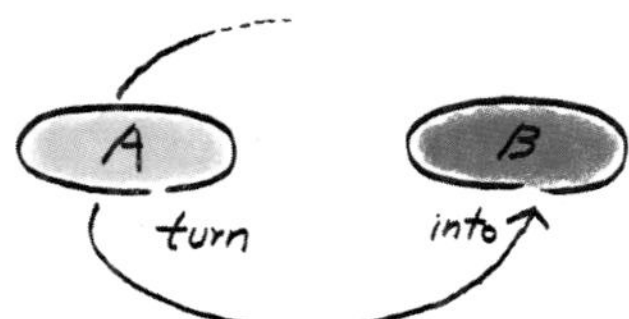

There are plans to **turn** his latest book **into** a film.
그의 최근 책을 영화**로 만들** 계획이 있어요.

They've **turned** an old factory **into** a nightclub.
그 사람들은 오래된 공장을 나이트클럽**으로 바꾸었지.**

fall into
~에 빠지다, ~이 되다

They quickly **fell into** deep debt.
그들은 급속도로 큰 빚더미**에 빠져들었어.**

She **fell into** a deep sleep.
그는 깊은 잠**에 빠져들었어.**

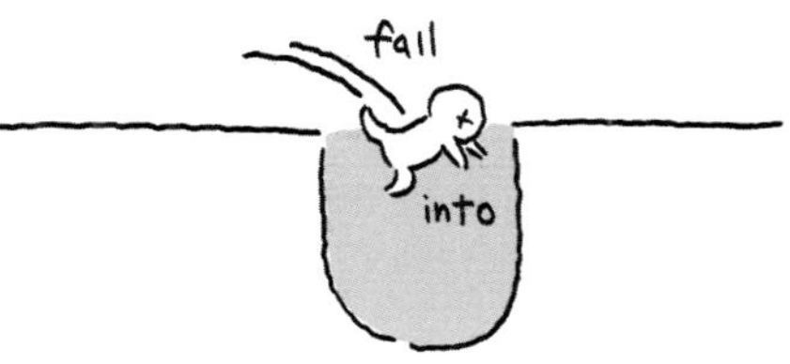

break into
❶ 침입하다 ❷ ~하기 시작하다

❶ '~을 깨고 들어가다', '침입하다'

The thieves **broke into** the store.
도둑들이 가게**에 침입했어**.

They **broke into** the room through the back window.
그들은 뒷 창문을 통해 방**으로 침입했어**.

❷ '~하기 시작하다'

Her face suddenly **broke into** a smile.
그녀의 얼굴에 갑자기 미소가 돌기 **시작했습니다**.

John **broke into** a rage.
존은 분노하기 **시작했습니다**.

run into
~을 우연히 만나다

We **ran into** each other at the COEX Mall yesterday.
우리는 어제 코엑스 몰에서 **우연히 만났어**.

talk into
설득하다

말을 해서(talk) someone을 원하는 곳으로 들어가게(into) 하는 것이니 '설득하다'

As a salesman Ray can **talk** people **into** anything.
세일즈맨으로서 레이는 사람들에게 무엇이든 **설득할** 수 있지요.

He's against the idea, but I think I can **talk** him **into** it.
그는 그 생각에 반대하지만 내가 그를 **설득할** 수 있을 것 같아

get into
❶ ~안으로 움직여 들어가다 ❷ 시작하다

❶ '~안으로 움직여 들어가다'

Ray prayed and **got into** bed.
레이는 기도를 하고 잠자리**에 들었습니다**.

❷ (이야기, 싸움 등을) '시작하다'

We don't want to **get into** a fight.
싸움**을 시작하고** 싶지 않아요.

Never **get into** arguments with Ray.
절대 레이와 말다툼**하지** 마세요.

25

소속을 밝히는 Of

A of B에서 A는 B에 포함되어 있으며 B를 구성하고 있는 많은 속성 중의 하나를 가리킵니다.

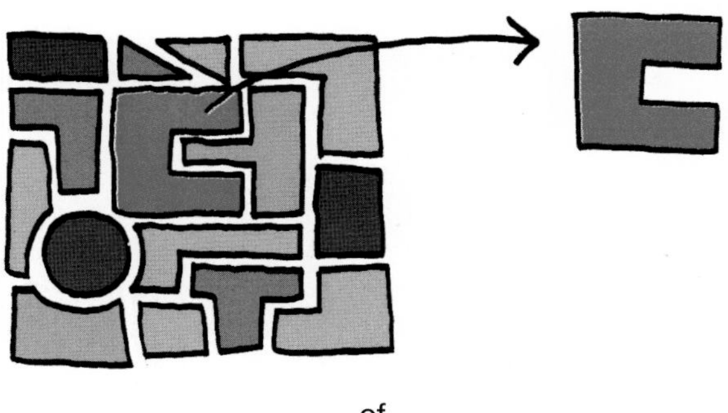

of

Check Point

1. ~의
2. ~인(동격), ~의(단위)
3. ~로 만들어진
4. ~으로
5. ~로부터
6. ~을 …하게(사람의 속성)

1 of ~의

'명사 of 명사'는 아래의 예들에서와 같이 '~의 일부', '~중의 하나'를 뜻합니다.

the animals **of** Canada
캐나다**의** 동물들

the anthem **of** the Republic of Korea
한국**의** 국가

the last day **of** the year
일년 **중** 마지막 날

the music **of** Pat Metheny
팻 메서니**의** 음악

I don't remember the name **of** her friend.
그녀 친구**의** 이름이 기억나지 않네.

친구의 여러가지 속성 중 하나인 name(이름)이 기억나지 않는다는 말이죠.

She's just one **of** my friends.
그녀는 단지 내 친구들 **중** 한 명일뿐이야.

We had reached the top **of** Han-ra Mountain.
우리는 한라산**의** 정상에 도달했습니다.

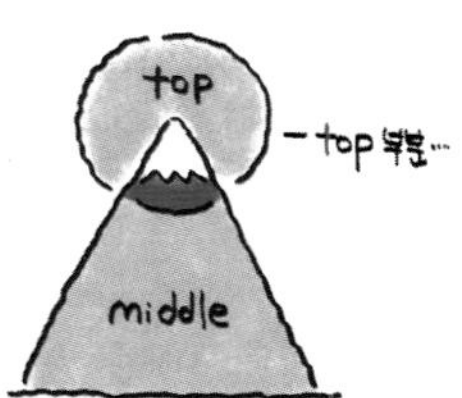

The name of the first president **of** the United States is George Washington.
미국**의** 초대 대통령 이름은 조지 워싱턴입니다.

Some **of** my friends got married.
내 친구들 **중** 몇몇은 결혼했어요.

One **of** us must go there.
우리 **중** 한 명은 거기에 가야 합니다.

What kind **of** dress are you looking for?
어떤 종류**의** 드레스를 찾으시나요?

The price **of** the bag was unreal!
가방**의** 가격이 터무니없었습니다!

여기서 the price of the bag은 가방의 여러 속성 중 하나인 '가방의 가격'을 나타내는 것이므로 전치사 of를 썼습니다.

The tone **of** her voice made me feel at ease.
그녀**의** 목소리가 나를 편안하게 해 주었습니다.

2 of ~인(동격), ~의(단위)

명사의 또 다른 이름이나 단위를 나타낼 때도 of를 씁니다.

the city **of** angels
천사**의** 도시

a crowd **of** people
사람들**의** 무리

a glass **of** milk
우유 한 잔(한 잔**의** 우유)

2 kilos **of** potatoes
감자 2킬로(2킬로**의** 감자)

an increase **of** 2%
2프로**의** 증가

a girl **of** 12
소녀 12명 **중** 한 명

the fourth **of** July
7월 4일(7월**의** 4번째 날)

the year **of** his birth
그가 태어난 해(그의 탄생**의** 해)

He met a woman who was a model at the age **of** 18. Can you believe that?
그 사람 모델하는 18살**짜리** 여자를 만났다는군. 믿어져?

Jamie earns an annual salary **of** sixty thousand dollars.
제이미는 1년에 6만 달러**의** 연봉을 받습니다.

Lia and I drank three bottles **of** wine.
리아와 전 와인 세 병을 마셨습니다.

I'm the youngest **of** the three.
저는 셋 **중에** 가장 나이가 어립니다.

He is the kind **of** person I like to be with all the time.
그는 제가 항상 같이 있고 싶은 그런 (타입**의**) 사람이에요.

3 of ~로 만들어진

재료가 되는 물질이나 무언가를 구성하고 있는 성분을 말합니다.

This floor is made **of** wood.
이 바닥은 나무**로** 만들어진 겁니다.

My mother built this house **of** mud.
제 어머니는 이 집을 흙**으로** 지으셨습니다.

4 of ~으로

속성은 '이유'가 되기도 합니다. 그래서 죽음의 원인을 말할 때 「die of+병명」의 형태를 많이 쓰지요.

What is he dying **of**?
그는 무슨 병**으로** 죽어가고 있나요?

My grandfather died **of** lung cancer.
제 할머니께서 폐암**으로** 돌아가셨습니다.

I can't leave like this. I'm here because **of** you.
이렇게 떠날 순 없어요. 전 당신 **때문에** 여기에 왔다고요.

5 of ~로부터

속성 중의 하나는 분리(separation)되기도 합니다.

He robbed me **of** my belongings. Then I called the police station afterwards.
그가 제 물건**을** 훔쳐가고 난 후 전 경찰서에 전화를 했죠.

I got rid **of** my old cell phone.
전 오래된 핸드폰**을** 없애 버렸어요.

6 of ~을 …하게(사람의 속성)

사람은 여러 가지 면을 가지고 있습니다. 자랑스러운 면이 있는가 하면 반대로 창피한 면도 가지고 있죠. 이는 사람의 속성 중 한 면에 대해 말하는 겁니다. 또는 그 사람의 행동이 갖는 속성을 이야기하기도 하죠.

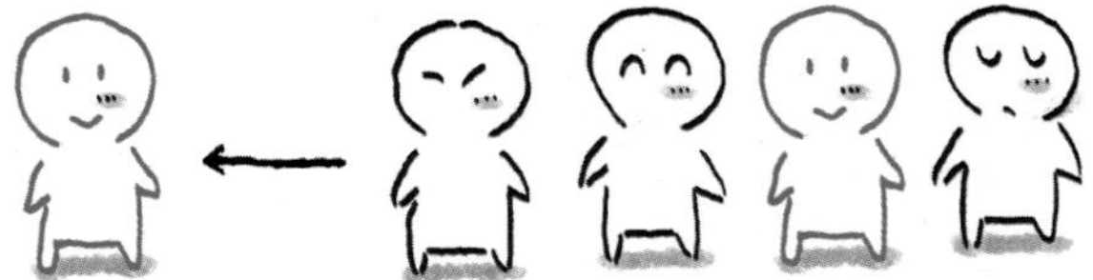

Why are you ashamed **of** your brother?
왜 당신 형제**를** 수치스럽게 여기시나요?

I'm not afraid **of** you anymore.
전 더 이상 당신**이** 두렵지 않아요.

당신의 많은 면 중에서 내가 두려움을 느끼던 당신의 모습이 더 이상 두렵지 않다는 뜻입니다.

I'm proud **of** everyone of you.
난 여러분 모두**를** 자랑스럽게 생각합니다.

How could you do that? You should be ashamed **of** yourself!
어떻게 그럴 수 있나요? 스스로**에 대해** 부끄럽게 생각하세요!

I'm tired **of** your daily negativity.
난 당신의 부정적인 태도**에** 지쳤어요.

It was nice **of** you to bring food.
음식을 가져다 주시다니 (당신**은**) 친절하시군요.

He always thinks **of** the easy way out.
그는 항상 쉽게 빠져나갈 방법**을** 생각해.

He's always thinking **of** Mercy.
그는 항상 머시**를** 생각해.

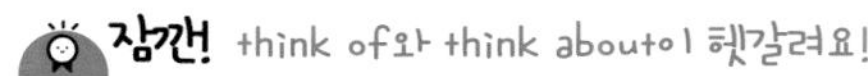

I'm **thinking of** you.
난 널 생각해.

'너(you)'의 전체를 기억하는 것이 아니라 좋아보였던 하나의 이미지를, 즉 한 부분을 생각하는 것이죠.

I'm **thinking about** you.
난 너에 대해서 생각해.

'너'를 포함한 주변의 것까지 포함해서 너에 대한 전반적인 것을 생각한다는 뜻입니다.

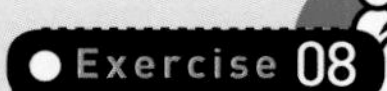

in/into/of로 말해보기

A 다음 문맥에 맞게 보기 에서 골라 넣으세요.

1 냉장고에 오렌지 주스가 있어요.
There's orange juice ______ the fridge.

2 이 노래가 지겹네요. 다른 노래를 부릅시다.
I'm tired ______ this song. Let's sing another song.

3 그의 여자 친구 이름이 기억나지 않아.
I don't remember the name ______ his girlfriend.

4 내가 전화했을 때 넌 자리에 있었던 적이 한 번도 없어.
You're never ______ when I call.

5 당신 책에 오자가 몇 개 있어요.
There are a few spelling mistakes ______ your book.

6 그 무리는 올림픽 스타디움으로 진군했습니다.
The crowd marched ______ Olympic Stadium.

7 소녀들은 모두 하얀색 옷을 입고 있었습니다.
The girls were all dressed ______ white.

8 연필로 써도 될까요?
May I write ______ pencil?

9 차 소리가 들려요.
There was the noise ______ a car.

10 그는 정치 분야에서 30년 이상 있었습니다.
He has been ______ politics for more than 30 years.

보기 in | into | of

B 알맞은 전치사를 활용하여 다음 영어 문장을 완성하세요.

1 이름과 주소를 양식 맨 상단에 적어 넣어 주세요.
______ ______ your name and address at the top of the form.

2 키미는 그의 아버지를 부끄러워합니다.
Kimmy ______ ______ ______ his father.

3 그녀는 너무 신나서 노래를 부르기 시작했습니다.
She was so excited that she ______ ______ a song.

4 그들은 바깥문의 조그마한 공간을 통해 들어간 게 틀림없어요.
They must have ______ ______ through the small space outside the door.

5 이 게임은 지겨워요. 다른 게임을 합시다.
______ ______ ______ this game. Let's play another one.

6 그의 단편 소설은 텔레비전용 영화로 바뀌어 만들어졌습니다.
His short story was ______ ______ a movie for television.

7 난 네 불평을 듣는 데 진저리가 나.
I'm ______ ______ ______ ______ listening to your complaints.

8 그의 부모님께서는 그를 매우 자랑스럽게 생각하십니다.
His parents are very ______ ______ him.

9 그녀는 너무 슬퍼서 울음을 터뜨렸습니다.
She was so sad that she ______ ______ ______ .

10 그는 메이저리그 야구에 진짜 빠져 있습니다.
He ______ really ______ MLB.

26

떨어져 나가는 Off

off는 원래 있던 자리에서 다른 곳으로 떨어져 나가는 것을 말합니다. 차에서 내리는 것도 off이고 일하지 않는 것도 일에서 떨어져 있는 상태이므로 off를 씁니다.

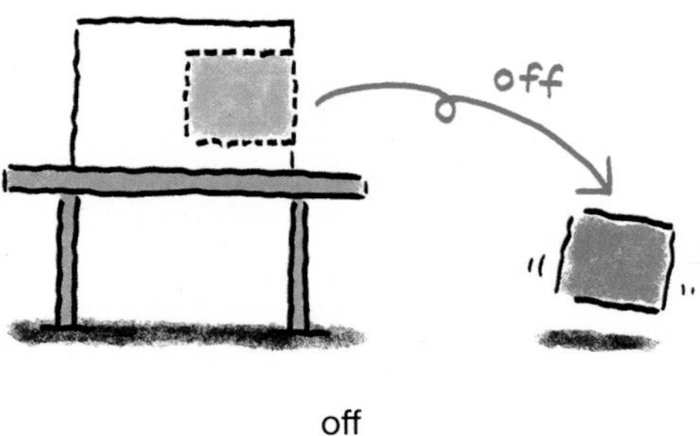

off

원래 있던 곳이나 있어야 할 곳에서 밖으로 떨어져 나가는 것입니다.

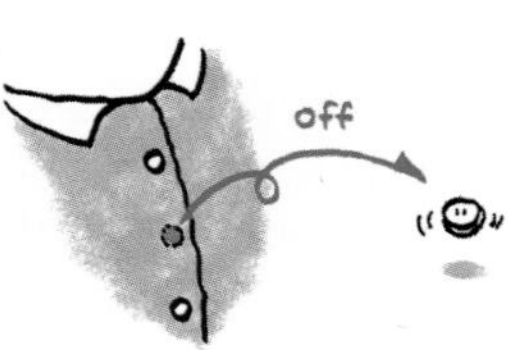

Look down next to your feet. A button is **off** your coat.
발 옆을 내려다봐요. 코트 단추 하나가 **떨어져** 있어요.

We got **off** the bus.
우리는 버스**에서** 내렸습니다.

I'll drop you **off**!
내가 차로 데려다 **(내려)** 줄게요!

This jacket was on sale for 25% **off**.
이 재킷은 25%**(를 깎아서)** 할인 중이었습니다.

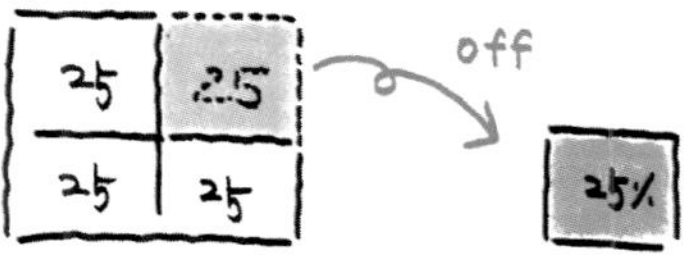

Don't leave the cap **off** the toothpaste.
치약 뚜껑이 **열린 채로** 두지 말아요.

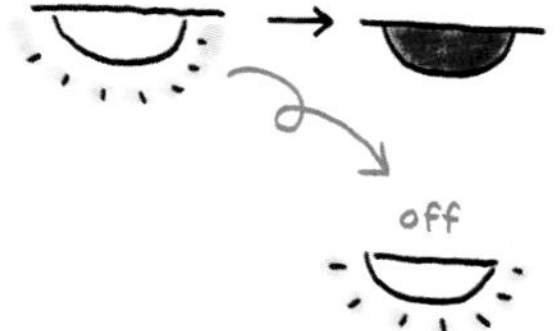

Please make sure the lights are **off**.
불을 꼭 **꺼** 두세요.

전기가 on 상태에서 떨어져 나가 있는 상황이므로 off를 썼습니다.

I have to see you today because I'm taking a day **off** next week.
오늘 당신을 봐야 해요. 제가 다음 주에 하루 **쉬거든요**.

She took her coat **off**.
그녀는 코트**를 벗었습니다**.

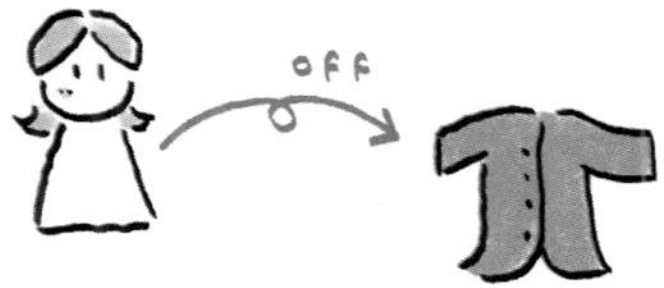

The satellite was **off** course.
인공위성이 궤도**를 벗어났습니다**.

That's **off** the point. Let's not get **off** the point.
요점을 **벗어났군요**. 요점을 **벗어나지** 맙시다.

First, get your hand **off** her or I'll kill you!
먼저 그녀**에게서** 손을 **떼**, 아니면 너 죽는다!

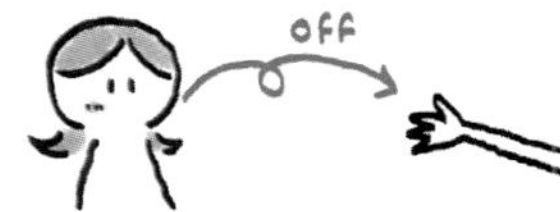

I'm so in love with you. I can't take my eyes **off** you.
난 당신에게 빠져 버렸어요. (당신**으로부터**) 눈길을 **뗄** 수가 없군요.

All of a sudden, the picture fell **off** the wall.
갑자기 그림이 벽**에서 떨어졌습니다**.

The shot was **off** target.
총탄은 목표**를 벗어났습니다**.

Outback Steak House stands a mile **off** from where we are now.
아웃백 스테이크 하우스는 지금 우리가 있는 곳에서 1마일 **떨어진 곳에** 있습니다.

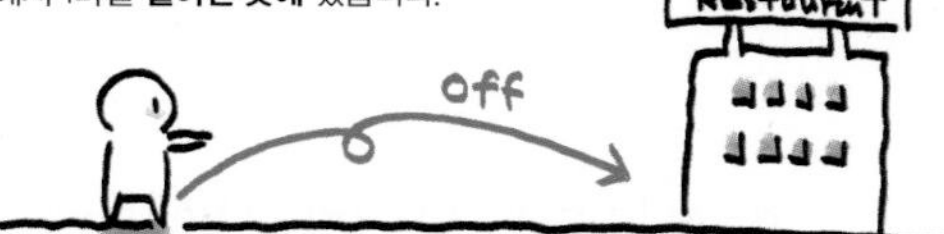

Keep **off** the grass.
잔디 안으로 **들어가지 마세요**.

그림에서와 같이 잔디에서 떨어져(off) 있는 상태를 유지하란(keep) 말이죠.

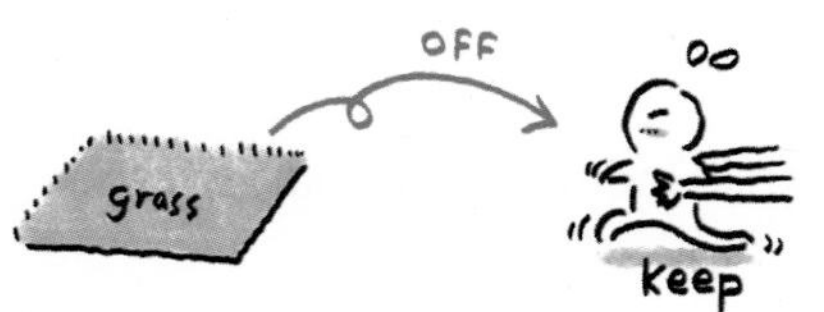

We need a break! Why don't we take the day **off**?
우리는 휴식이 필요해요! 하루 **쉬는** 게 어때요?

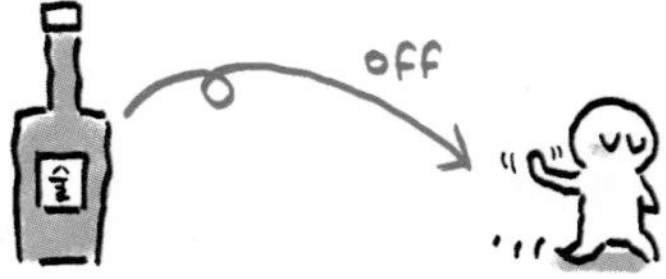

Give me one more chance. I'm **off** alcohol now.
한 번만 더 기회를 주세요. 전 이제 술 **끊었어요**.

By tomorrow the electricity will be **off**.
내일까지 전기가 **나가 있을** 겁니다.

Tom's airplane has already taken **off**.
탐이 탄 비행기는 이미 **이륙했습니다**.

비행기가 출발해서부터 떨어져 나간다는(off) 의미에서 take off가 '이륙하다'를 나타냅니다.

Are you **off** to see the festival?
축제 보러 **가시는** 건가요?

축제를 보기 위해 집이나 머무르고 있는 장소에서 떨어져(off) 나가는 것을 말하는 겁니다.

회화에 꼭 쓰이는 off 필수표현

hit it off
바로 친해지다, 죽이 잘 맞다

Paul and Jane **hit it off** and now they're dating.
폴과 제인은 **바로 친해지더니** 지금 데이트를 하고 있어.

Ray and Mercy really **hit it off** at the party last night.
레이와 머시는 어젯밤 파티에서 **죽이 잘 맞더라**.

back off
두려움에 뒤로 물러서다, 주장 등을 굽히다

I saw the knife and **backed off**.
난 칼을 보고 **뒤로 물러났습니다**.

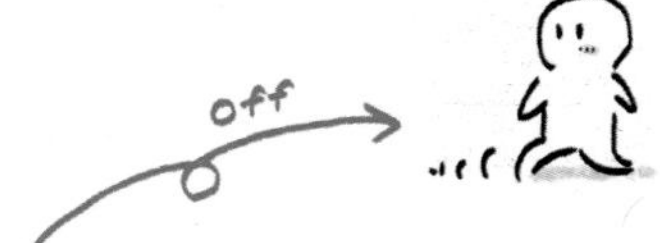

call off
취소하다

불러서(call) 중단시키니까(off) '취소하다'

The baseball game was **called off** because of rain.
야구 경기는 비 때문에 **취소되었습니다**.

The meeting was **called off** until next week.
회의는 다음 주로 **취소되었습니다**.

break off
관계를 끝내다

지속되어 온 관계를 깨뜨려서(break) 중단시키니까(off) '관계를 끝내다'

I've decided to **break** it **off** with her.
저는 그녀와 **관계를 끝내기로** 했습니다.

She **broke off** the engagement just two weeks before the wedding.
그녀는 결혼 2주 전에 **파혼했습니다.**

get off
❶ 내리다 ❷ 퇴근하다 ❸ 형벌을 면하다 ❹ 제거하다

❶ 버스, 비행기, 기차, 배 등에서 '내리다'

We should **get off** at the next stop.
우리는 다음 정거장**에서 내려야** 해요.

❷ 일을 끝마치고 '떠나다', '퇴근하다'

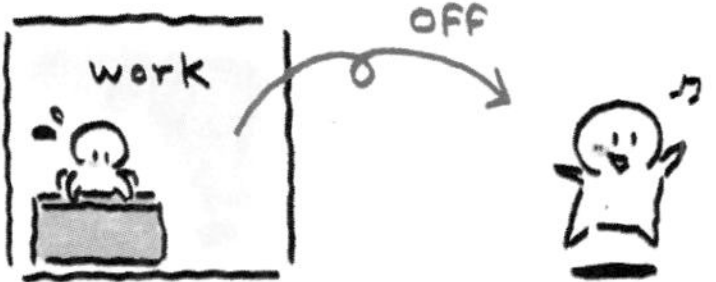

What time do you **get off** work?
몇 시에 **퇴근하시나요**?

❸ '형벌을 면하다'

She was charged with manslaughter, but **got off** because it was self-defense.
그는 과실치사 살인죄로 기소되었으나 **형벌은 면했습니다.** 정당방위였기 때문이죠.

He **got off** lightly.
그는 가볍게 형벌을 받았습니다.

❹ 옷 등을 '벗다', '제거하다'

You'd better **get** those wet shoes **off**.
젖은 신발을 **벗는** 게 좋겠다.

kick off
시작하다

축구경기를 시작할 때 제일 처음 공을 차는 것에서 유래된 표현으로 '시작하다'

The festivities will **kick off** with a barbecue dinner.
축제는 바비큐 디너와 함께 **시작될** 겁니다.

lay off
해고하다, 감원, 정리해고

'해고하다', 주로 회사에서 대량으로 이루어지는 '감원', '정리해고' 등을 뜻합니다.

The company **laid off** many workers last month.
그 회사는 많은 직원들을 지난 달 **해고했습니다**.

better off
❶ ~하는 것보다 더 낫다 ❷ 돈이 많은

❶ 기존에 하던 어떤 일이나 상황에서 벗어나(off) '~하는 것보다 더 낫다', '행복하다', '만족스럽다'

She's **better off** without me.
그녀는 내가 없는 편**이 더 나아요**.

She'd be **better off** working for a foreign company like HP.
그녀는 HP같은 외국계 회사에서 일하는 편**이 더 나아요**.

I'd **better off** dead than to live without you.
당신 없이 사느니 차라리 죽는 편**이 더 나아요**.

❷ 과거에 비해 혹은 다른 사람보다 '돈이 많은'

Obviously we're **better off** now we're both working.
확실히 이제 우리는 둘이 버니까 **벌이가 낫습니다**.

put off
연기하다

예정되어 있는 것을 놓고(put) 중단시키니까(off) '연기하다'

I'm afraid we should **put off** our biking to Olympic Park.
올림픽공원으로 자전거 여행 가기로 한 것 봄이 올 때까지 **미뤄야** 할까 봐요.

take off
❶ 이륙하다 ❷ 벗다 ❸ 제거하다 ❹ 중지하다

❶ '이륙하다'

The airplane **took off** at ten thirty.
비행기는 열시 반에 **이륙했습니다**.

❷ 모자, 구두, 옷 등을 '벗다'

If you're hot, **take** your jacket **off**.
더우시면 재킷을 **벗으세요**.

❸ '제거하다', '떼어놓다'

Take your feet **off** the chair immediately!
탁자에서 당장 네 발을 **내려놓거라**!

❹ 텔레비전 프로그램이나 공공 서비스 등을 '중지하다'

The show was **taken off** because of poor audience figures.
그 프로그램은 시청률이 낮아 **중단되었습니다**.

wipe off
없애다, 쓸어버리다, 완전히 파괴해 버리다

He **wiped** his fingerprints **off** the cup.
그는 **컵에서** 그의 지문을 **없애 버렸습니다**.

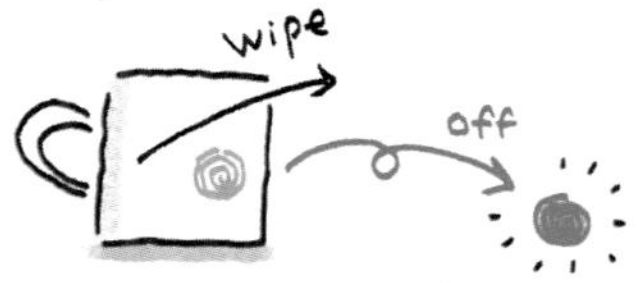

rip off
바가지를 씌우다

누군가에게서 무엇을 찢어내다(rip), 즉 벗겨 먹는다는 얘기이니 '바가지를 씌우다'

Most street vendors in New York **rip off** tourists.
뉴욕의 길거리 상인 대부분은 관광객들에게 **바가지를 씌웁니다**.

We were **ripped off** by the first taxi driver.
우리는 첫 번째 택시운전사에게 **바가지를 썼어요**.

바가지를 씌우는 행위 자체는 rip-off

off the record
비공식적인, 비밀인

기록(record)으로부터 떨어지는(off) 것이니 기록을 하지 않는다는 얘기, 즉 '비공식적인', '비밀인'

This is **off the record**, but I heard Jenny got married last month.
이건 **비밀인데**, 제니가 지난 달에 결혼했다고 들었어.

off-the-wall
특이하고 엉뚱한

상식적이고 일반적인 범주를 말하는 wall에서 떨어져 있으니 '특이하고 엉뚱한'

His idea is really **off-the-wall**.
그의 생각은 정말 **별나다니까**.

off limits
출입, 사용 등이 금지된

허용된 범위(limit)에서 떨어져 있는 거니까 '출입이나 사용 등이 금지된'

This bar is **off limits** for teenagers.
이 술집은 10대에겐 **출입금지**입니다.

off hand
즉석으로, 아무 사전준비 없이

준비를 해야 할 손에서 떨어져 있으니 '즉석으로', '아무 사전준비 없이'

I can't tell you **off hand**—I'll have to check.
네게 **그냥** 이야기해 줄 순 없어. 체크를 해 봐야겠어.

off duty
비번인

duty(의무)에서 벗어난 상태니까 '비번인'

I'm **off duty** tomorrow.
난 내일 **비번**이에요.

off-chance
희박한 가능성

가능성(chance)에서 떨어져(off) 있는 거니까 도저히 일어나지 않을 것 같은 '희박한 가능성'

He only went to the party on the **off-chance** that Kelly might be there.
그는 켈리가 그 파티에 있을 거라는 **희박한 가능성**만으로 그곳에 갔습니다.

27

붙어 있는 On

on은 '~ 위에'라는 뜻입니다. 하지만 앞서 살펴보았듯이 above가 일정한 거리를 두고 저 멀리 위에 있는 것을 가리킨다면, on은 접촉한 상태에서 바로 위에 위치해 있는 것을 말합니다.

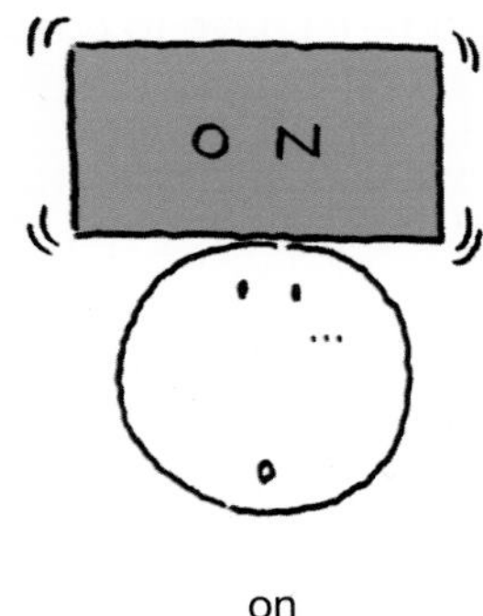

on

Check Point

1. ~위에
2. ~에 닿아서, 부착하여
3. 방송 중인
4. 작동되는
5. ~에(시간, 날짜)
6. ~을 타고(교통수단)
7. ~의 상태인
8. ~에(통신)
9. ~에 의존하는
10. ~가 돈을 지불하는
11. 책, 잡지, DVD 등에 기록된
12. ~ 방향으로(무엇이 있는)

on ~위에

위치상으로 기준이 되는 대상의 위에 놓여 있다는 말입니다.

There's a picture of my family **on** the wall.
저기 벽**에** 제 가족사진이 **붙어** 있어요.

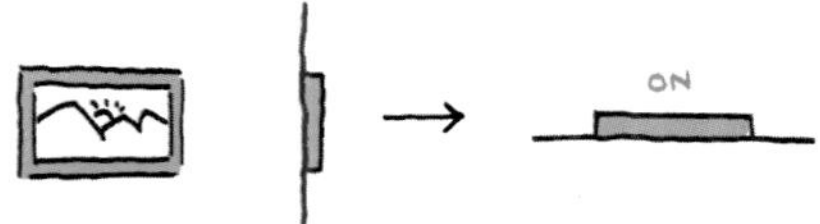

벽(wall)을 방향을 틀어서 아래 그림처럼 보면 사진이 벽 위에 있는 셈이 되죠.

There's a mark **on** your shirt.
Take it off!
네 셔츠**에** 얼룩이 있다. 벗어라!

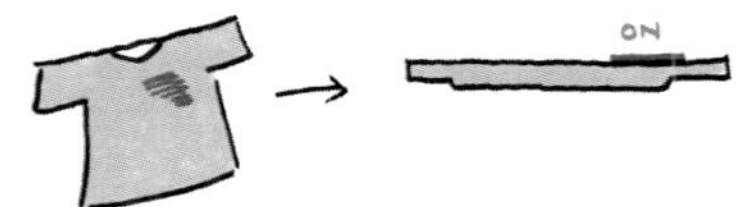

Look at the picture **on** page 24.
24페이지**에 있는** 그림을 좀 보세요.

Put it down **on** the table over there.
그걸 저기 테이블 **위에** 올려놓으세요.

What's going on? You've got mud **on** your face.
무슨 일이야? 네 얼굴**에** 진흙이 **묻어** 있잖아.

She's sitting **on** the bed.
그녀는 침대 **위에** 앉아 있습니다.

Get off! You're standing **on** my foot!
저리 치워! 네가 내 발을 밟고 있잖아!(네가 내 발 **위에** 서 있잖아!)

Why don't you get **on** the bus?
버스를 **타지** 그래요?

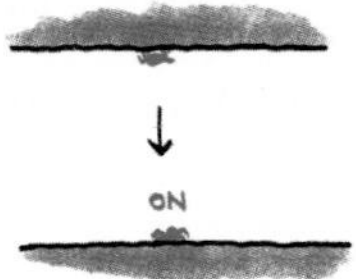

There is a mosquito **on** the ceiling.
저기 천장**에** 모기가 있어요.

Look up! The brick marble house is **on** the beach.
위를 봐! 해변**가에** 대리석 벽돌로 되어 있는 집이 있어.

She sprinkled too much salt **on** the meat.
그녀는 너무 많은 소금을 고기 **위에** 뿌렸습니다.

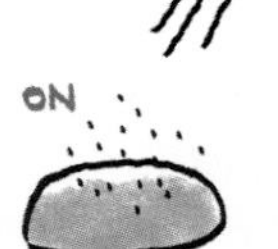

I met her **on** a ship.
난 그녀를 배 **(위)에서** 만났습니다.

2 on ~에 닿아서, 부착하여

몸의 피부에 닿아서 일어나는 일에 on을 씁니다.

My mother hit me **on** the head because I did not answer correctly.
어머니께서는 제 머리**를** 내리치셨습니다. 대답을 똑바로 안 했기 때문이죠.

She put the bracelet **on** her wrist.
그녀는 팔찌를 자신의 팔목**에** 채웠습니다.

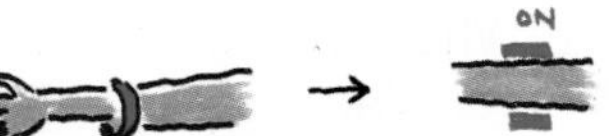

He had a blue cap **on** his head.
그는 머리**에** 파란색 모자를 쓰고 있었습니다.

The black dress looks good **on** you.
검은색 드레스가 당신**에게** 잘 어울리네요.

She put a diamond ring **on** her finger.
그녀는 다이아몬드 반지를 손가락**에** 꼈습니다.

옷을 입는 것도 on을 씁니다. 옷을 피부 위에(on) 올려놓는 거니까요.

Put your coat **on**, it's cold outside.
코트 **입어라**, 밖에 춥다.

He put his coat **on**.
그는 코트를 **입었습니다**.

She put **on** her shoes and went out.
그녀는 신발을 **신고서** 밖으로 나갔습니다.

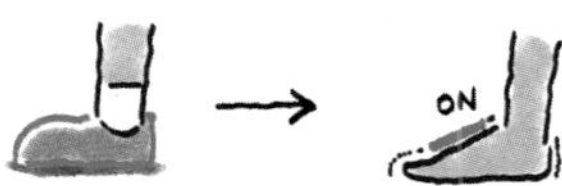

그림처럼 단면을 잘라 보면 신발의 천을 사람의 발 위에 올려놓는 셈이 되죠. 이런 식으로 옷을 입거나 몸에 무언가를 착용하는 모든 행동에 대해 put on을 쓰고, 착용하고 있는 상태는 wear로 표현합니다.

3 on 방송 중인

전파을 타고 TV나 라디오 등에 나온다는 뜻이 있습니다.

방송국에 가보면 스튜디오에서 On Air라는 사인을 볼 수 있습니다. 방송국에서 전파를 내보내기 위해서는 공기(air) 중에 전파를 올려야(on) 하므로 on air는 방송 전파를 전달하기 위해 공기에 싣는다, 즉 지금 '방송 중'이라는 뜻이 됩니다. 따라서 전파를 받는 라디오, 텔레비전 등에도 전치사 on을 쓰지요.

Are any good movies **on** TV tonight?
오늘밤 텔레비전**에서** 뭐 재미있는 영화라도 해?

Hold on! The newsbreak will be **on** in a minute.
기다려 봐! 긴급 뉴스가 곧 **방송될** 거야.

I heard my favorite song **on** the radio today.
오늘 라디오**에서** 내가 제일 좋아하는 노래를 들었습니다.

I watched the soccer game **on** MBC yesterday.
어제 MBC**에서** 축구 경기를 보았어.

4 on 작동되는

전기제품 등이 작동되고 있는 상태를 on으로 나타냅니다. 반대로 꺼서 작동되지 않는 상태는 off을 쓰지요.

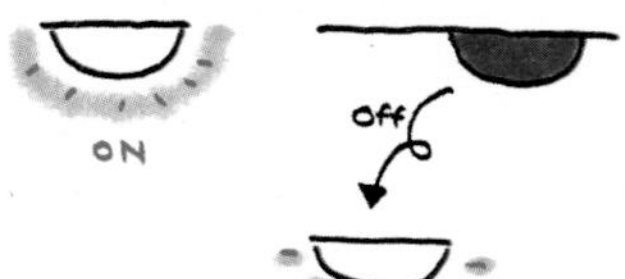

The lights are still **on** in his room. Maybe he is still awake.
그의 방에 아직도 불이 **켜져** 있어요. 아마 아직 깨어 있나 봐요.

How did you switch the computer **on**? I can't find the power switch.
컴퓨터 어떻게 **켰니**? 전원 스위치를 못 찾겠어.

5 on ~에(시간, 날짜)

on은 시간이나 날짜를 말할 때 특정한 날이나 요일에 쓰이고, in은 이보다 더 긴 기간을 나타낼 때 씁니다.

See you **on** Friday.
금요일**에** 봐요.

He's leaving **on** Sunday.
그는 일요일**에** 떠납니다.

She's going to Busan **on** the weekend.
그녀는 주말에 부산**에** 갑니다.

I was born **on** May 2nd.
전 5월 2일**에** 태어났어요.

You know what? I'm working even **on** my birthday.
그거 알아요? 난 내 생일**에도** 일하고 있다고요.

She travels to America **on** Monday.
그는 월요일**에** 미국으로 여행을 떠납니다.

시간이나 요일을 나타내는 명사 앞에 this, that, next, last, every, tomorrow 등이 붙으면 전치사는 쓰지 않습니다.

I met my friends **last** weekend.
지난 주말에 친구를 만났어요.

See you **next** month.
다음 달에 봅시다.

6 on ~을 타고(교통수단)

버스, 비행기, 기차, 배 등의 교통수단을 타고 간다고 말할 때 on a bus/ plane/ train/ boat로 표현합니다.

I came **on** the bus.
(= I came here by the bus.)
난 버스를 **타고** 왔습니다.

Sam loves traveling **on** buses in the city.
샘은 도시에서는 버스로(버스를 **타고**) 여행하는 걸 좋아합니다.

My school is very close so I go to school **on** foot everyday.
저희 학교는 아주 가까워서 매일 **걸어서** 학교에 갑니다.

Today, instead of going **on** the bus, let's go **on** a train.
오늘은 버스를 **타고** 가는 대신 기차를 **타고** 갑시다.

He came over **on** his bike in only 10 minutes. Can you believe that?
그는 10분만에 자전거를 **타고** 왔습니다. 믿어지세요?

She went to work **on** the bus in order to get to work on time.
그녀는 제 시각에 도착하기 위해 버스를 **타고** 회사에 갔습니다.

7 on ~의 상태인

어떤 일이 진행 중이거나 특정한 상황이 지속되고 있을 때 on을 씁니다.

My younger brother is **on** a trip to Japan.
내 동생은 일본 여행 **중**입니다.

여행 중이라는 말처럼 지속되고 있는 상황을 나타낼 때 전치사 on을 씁니다.

The car still won't start. Fortunately, Ray's working **on** it.
차가 아직도 시동이 걸리지 않아요. 다행히 레이가 고치고 있는 **중**이죠.

현재 차 고치는 일을 진행하고 있으므로 마찬가지로 on을 썼지요.

I'm wondering if that is the house that's **on** sale.
그 집이 판매 **중**인지 궁금합니다.

Take a chance! It's **on** sale 40% off for today.
기회를 잡으세요! 오늘 40% 세일 **중**입니다.

I've wasted too much time **on** this project.
난 이미 너무 많은 시간을 이 프로젝트**에** 낭비했어요.

He concentrated only **on** driving for their safety.
그는 사람들의 안전을 위해 오직 운전**에**만 집중했습니다.

I can't eat steak today because I'm **on** a diet.
나 오늘 스테이크 못 먹어요. 다이어트 **중**이거든요.

8 on ~에(통신)

전화, 컴퓨터, 인터넷 등의 통신수단을 나타낼 때 역시 on the phone / computer / Internet 등으로 표현합니다.

My children spend so much time **on** computer games.
우리 아이들은 컴퓨터 게임**에** 너무 많은 시간을 보냅니다.

I found the site **on** the Internet yesterday.
전 그 사이트를 어제 인터넷**에서** 찾았어요.

She met a wonderful Canadian man **on** the Internet.
그녀는 인터넷**에서** 멋진 캐나다 남자를 만났습니다.

I wrote it **on** my Microsoft word processor.
나는 그것을 제 마이크로 워드 프로세서**에** 적어 놨습니다.

9 on ~에 의존하는

남에게 의존하려면 그 위에 바짝 붙어 있어야 하니까 '의존하다'를 나타내는 depend, count, rely 등의 동사에도 전치사 on을 씁니다.

Now you're grown-up. You shouldn't **depend on** us anymore.
넌 이제 다 컸다. 더 이상 우리**에게 의지해선** 안 돼.

He **counted on** his parents all the time.
그는 항상 부모님**에게 의존했습니다**.

10 on ~가 돈을 지불하는

우리가 흔히 "내가 (밥, 혹은 술) 쏠게."라는 표현을 쓰죠. 이런 표현을 영어로 쓰고 싶으면 다음과 같이 전치사 on을 쓰면 됩니다.

This lunch is **on** me.
이 점심은 내가 **쏠게**(낼게).

Beers are **on** me.
맥주는 내가 **살게**.

The second round is **on** me.
2차는 내가 **살게**.

This wine is **on** the house.
이 와인은 가게에서 **서비스로** 드리는 겁니다.

11 on 책, 잡지, DVD 등에 기록된

책이나 잡지, 신문도 빈 종이 위로(on) 쓰여지거나 인쇄된 것이죠. 비디오, CD, DVD 등도 원래 비어 있던 매체 그 위로(on) 기록된 것입니다. 그래서 인쇄된 것이나 여러 매체로 제작되어 나온 것에 on을 씁니다.

What's **on** the menu tonight?
오늘 저녁 메뉴가 뭐야? (메뉴판 **위에** 어떤 게 쓰여 있어?)

Which page is that curry recipe **on**?
카레 레시피가 **나온** 데가 몇 페이지야?

How much data can you store **on** your external hard drive?
당신 외장 디스크**에** 얼마나 많은 데이터를 저장할 수 있어요?

When's the movie coming out **on** DVD?
언제 그 영화가 DVD**로** 나오지?

on ~ 방향으로(무엇이 있는)

보통 어떤 방향의 지면 위에(on) 무엇이 있음을 나타낼 때 on을 씁니다. on the left는 '왼쪽', on the right '오른쪽으로'라는 뜻입니다.

Her house is the second **on** the left after the supermarket.
그녀의 집은 슈퍼마켓을 지나서 왼쪽**으로** 두 번째 집이에요.

It's three blocks down, **on** the left.
세 블록 내려가서 왼쪽**에** 있습니다.

Shampoos are in aisle 7, **on** the right.
샴푸는 7번 통로 오른쪽**에** 있습니다.

회화에 꼭 쓰이는 on 필수표현

insist on
~을 주장하다, 우기다

상대에게 어떤 결정을 내리게 하기 위해서는 계속 붙어서(on) 졸라야 하므로 '~을 주장하다', '우기다'

He has **insisted on** his innocence from the beginning.
그는 처음부터 자신의 결백**을 주장했습니다**.

carry on
계속하다, 진행하다

일 등을 계속 들고 가다(carry), 즉 '계속하다', '진행하다'

The doctors have warned him but he just **carries on** drinking.
의사는 그에게 경고했지만 그는 그냥 **계속** 술을 마십니다.

Carry on. You're doing great.
계속해. 잘 하고 있어.

hold on
기다리다, 전화를 끊지 않고 대기하다

무언가를 '붙들고 있다'는 뜻 외에 '기다리다', '전화를 끊지 않고 대기하다'

Hold on! The boat will be off soon.
꽉 잡아! 보트가 곧 뒤집힐 거야.

Hold on, I won't be long.
잠깐만 기다려요. 오래 걸리지 않을 거예요.

Hold on! I'll just check my e-mail.
기다려요! 바로 제 이메일을 확인해 볼게요.

move on

❶ 나아가다 ❷ 이사하다

❶ 계속 앞으로 (움직여) '나아가다'

Get over it. Let's **move on**.
그건 잊어버려. 이제 **앞일만 생각하자고**.

Let's **move on** to the next question.
다음 질문으로 **넘어갑시다**.

❷ 직장 등을 옮겨 '이사하다'

I've been in Shin-chon for 10 years. Now it's time to **move on**.
난 10년 동안 신촌에서 살았어요. 이제 **이사할** 때가 됐죠.

catch on

❶ 유명해지다 ❷ 이해하다

❶ 사람들을 사로잡는 것이므로 '유명해지다'

His novels have **caught on**. Now he is a famous writer.
그의 소설은 **유명해졌습니다**. 이제 그는 유명 작가죠.

He wrote many books but they never really **caught on**.
그는 많은 책을 썼지만 별로 큰 **인기를 얻진** 못했어요.

❷ 어떤 상황인지를 잡아낸다는 의미로 '이해하다'

He didn't **catch on** at first.
그는 처음에는 **이해하지** 못했습니다.

He is very quick to **catch on** to things.
그는 상황에 대한 **이해**가 아주 빠릅니다.

cheat on
배우자를 속이고 바람을 피우다

She's **cheating on** her husband. I think someone should tell him.
그녀는 남편을 속이고 **바람을 피우고** 있어요. 누군가 남편에게 이야기해 줘야 해요.

hit on
새로운 생각이 떠오르다

Ray **hit upon** the perfect title for his new book.
레이는 그의 새 책에 딱 맞는 제목을 **생각해 냈습니다.**

get on
(버스, 열차, 배, 비행기, 자전거, 말 등에) 올라타다

I think we **got on** the wrong train. Let's get off at the next station.
우리 열차를 잘못 **탄** 거 같아. 다음 역에서 내리자.

pass on
다음으로 돌리다, 사양하다

I'll **pass on** going to a party tomorrow.
내일 파티 가는 것은 **사양하겠습니다.**

pick on
괴롭히다

새가 모이를 쪼듯(pick) 사람을 쪼는 거니까 '괴롭히다'

Do not ever **pick on** him again!
그를 다시는 **괴롭히지** 말아요!

turn on
~을 켜다

전기제품의 스위치를 돌려(turn) 작동시키는(on) 것이므로 '~을 켜다'

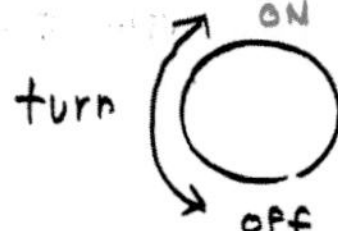

Turn the light **on.**
불을 **켜라.**

He **turned** the air-conditioner **on.**
그는 에어컨을 **켰습니다.**

have a crush on someone
~에게 홀딱 반하다, 뿅가다

'~에게 홀딱 반하다', 우리말의 '뿅가다'와 유사한 표현

He **had a crush on** Patricia because she was hot.
그는 패트리사**에게 반했습니다.** 그녀는 아주 매력적이었거든요.

He **had a crush on** his English teacher.
그는 영어선생님**에게 홀딱 반했습니다.**

on and on
계속해서

on은 진행의 의미가 있으므로 '계속해서'

He talked **on and on** about his brand-new car.
그는 자신의 새 차에 대해 **계속해서** 이야기했습니다.

on time
시간에 딱 맞춰서, 제시간에

Fortunately, Ray came home **on time.**
운 좋게도 레이는 **시간에 맞춰** 집에 왔습니다.

The train for Yong-san left **on time**.
용산행 열차는 **정시에** 떠났어요.

I'm warning you! Be **on time**. Don't be late.
경고한다! **제시간에** 와라. 늦지 마.

on the contrary
이에 반하여, 반대로

I thought he would be pleased. **On the contrary**, he got angry.
나는 그가 기뻐할 줄 알았는데, **오히려** 화를 내더군요.

on the other hand
다른 한편으로는

On the one hand he teaches English, and **on the other hand** he writes books.
그는 한편으로는 영어를 가르치고, 또 **다른 한편으론** 책을 쓰고 있습니다.

on your mark
제자리에

스포츠나 운동 등에서 출발할 때 출발점 표시(mark) 위에 있으므로 '제자리에'

On your mark. Get set. Go!
제자리에, 준비, 출발!

on the whole
전반적으로

On the whole, I'm in favor of the idea.
전반적으로 난 그 생각에 찬성이야.

On the whole, South Korean students are good at English grammar.
전반적으로 한국 학생들은 영문법을 잘합니다.

on hand
사용할 수 있는

지금 손(hand) 위에(on) 있으므로 '사용할 수 있는'

Keep a supply of candles **on hand** in case of power failures.
전원이 끊겼을 때를 대비해서 **사용할 수 있는** 양초를 제공하도록 하세요.

on one's own
혼자 힘으로

He did it **on his own**.
그는 그걸 **혼자** 해냈어요.

on a roll
성공하는, 잘나가는

도박에서 승승장구하며 주사위 등을 계속 돌리는 이미지이므로 '성공하는', '잘나가는'

He's **on a roll**! He was recruited from Samsung Electronics.
그 친구 **잘나간대**! 삼성전자에 스카우트 되었대.

on the spot
바로 그 자리에서

I accepted his suggestion to write a book together right **on the spot**.
난 책을 같이 쓰자는 그의 제안을 **그 자리에서** 바로 받아들였습니다.

on the blink
제대로 작동되지 않는, 고장 난

깜박거리는 상태(blink)가 지속되는 것이니 '제대로 작동되지 않는', '고장 난'

Can I use your cell phone? This phone is **on the blink**.
당신 핸드폰 좀 써도 될까요? 전화가 **안 되네요**.

on the road
❶ 본격적으로 진행 중인 ❷ 여행 중인

❶ 옛날 서커스 유랑극단 등이 공연을 하기 위해 길을 떠나는 데서 비롯된 것으로 '본격적으로 진행 중인'

Let's get the show **on the road**.
본격적으로 쇼를 시작해 봅시다.

❷ '여행 중인'

The band was **on the road** for seven months last year.
그 밴드는 작년에 7개월 동안 **순회** 공연 중이었습니다.

on purpose
일부러, 의도적으로

어떤 목적이나 의도(purpose) 위에 있는 것이므로 '일부러', '의도적으로'

Ray, did you do that **on purpose**?
레이, 그거 **일부러** 그런 거야?

The police think the fire was started **on purpose**.
경찰은 그 불을 누군가 **고의로 저지른** 것으로 보고 있습니다.

on the house
공짜로, 무료로

우리나라에서 잘못 쓰는 영어 표현 중 가게에서 공짜로 음식을 줄 때 '서비스'라고 하죠. 이때 쓰는 바른 표현이 바로 on the house입니다.

Drinks are **on the house**, tonight.
오늘 밤 술은 **무료입니다**.

Would you tell her it's **on the house**.
그녀에게 이건 **서비스라고** 말해 주세요.

It's **on the house**.
그건 **공짜로** 드리는 겁니다.

28

밖으로 나가는

Out

out은 '안(in)에서 밖으로 나가는(나오는)' 것입니다.

out

안(in)에 위치해 있던 것이 바깥으로 나가는(나오는) 것을 의미합니다.

Check Point

❶ ~ 밖으로

❷ 밖에 있는

❸ 비정상적인, 고장 난

❹ 다 떨어진

❺ 탈퇴한, 탈락한

❻ 아주 확실하게, 완전히

out ~밖으로

안에(in) 위치해 있던 것이 바깥으로 나가는 것을 의미합니다.

Liz got **out** of bed and went to the bathroom.
리즈는 침대에서 **나와** 화장실로 갔습니다.

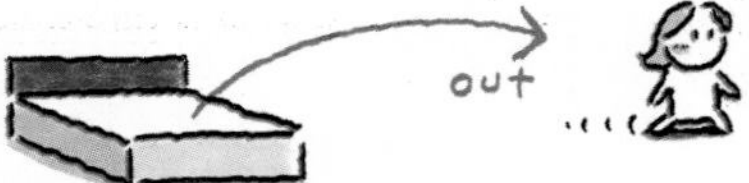

She went down stairs and ran **out** into the busy street.
그녀는 계단을 내려가서 분주한 거리로 뛰어 **나갔습니다**.

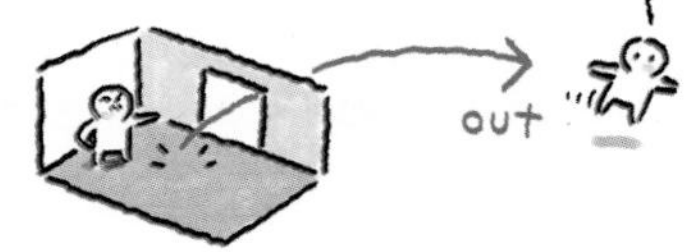

Get **out** of here!
밖으로 나가!

위 예문은 상대방에게 함께 있는 공간에서 나가라고 말할 때 흔히 쓰는 표현이죠.

Get **out**! Get **out** of my house!
나가! 내 집에서 **나가란** 말야!

Let's go **out** tonight for dinner and have a little fun!
오늘밤 **나가서** 저녁 먹고 재밌게 놀자!

Finally, the heavy rain stopped and the sun came **out**.
드디어 폭우가 멈추고 해가 **나왔습니다**.

My older brother threw my teddy bear **out** the window.
오빠가 제 테디베어 인형을 창문 **밖으로** 내던졌습니다.

Ask Ray to take the trash **out**!
레이에게 쓰레기를 **내다** 버리라고 해요!

위 그림에서처럼 무언가를 잡아서(take) 바깥으로(out) 나가게 만드는 것이니까 take out은 remove(없애다)의 뜻을 나타내죠.

This cleaning agent is good for getting stains **out**.
이 청소약품은 얼룩을 **빼내는** 데 아주 좋아요.

I'll be **out** of this city for 6 months.
저는 6달 동안 이 도시를 **떠나** 있을 겁니다.

He stopped the car, leaned **out** and whistled at my sister.
그는 차를 멈추고 상체를 **밖으로** 내밀고는 제 여동생에게 휘파람을 불었습니다.

Please, take that chewing gum **out** of your mouth.
제발 입에서 껌 좀 **뱉어라**.

They live two kilometers **out** of Seoul.
그들은 서울에서 2킬로 **떨어진** 곳에 삽니다.

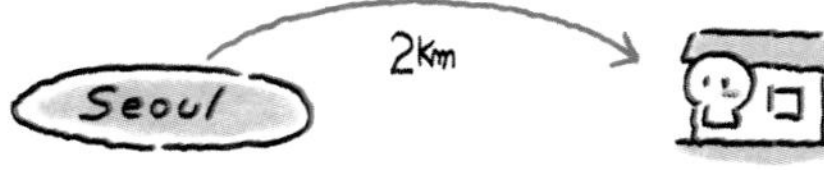

Tom was just coming **out** of the theater.
탐은 막 영화관에서 **나왔습니다**.

I followed him **out** of the door and down the stairs.
저는 그를 따라 문을 **나와** 계단을 내려갔습니다.

I was freezing when I got **out** of the shower.
샤워하고 **밖으로** 나오자 추워서 몸이 얼어붙어 버렸어.

Ink stains will come **out** if you rub them with vinegar and salt.
잉크 얼룩은 식초와 소금으로 문지르면 **빠질** 겁니다.

When I opened the phone book, I saw that the page I needed most had been torn **out**.
전화번호부를 펼쳤을 때 가장 중요한 페이지가 찢겨져 **나가 있는** 것을 발견했습니다.

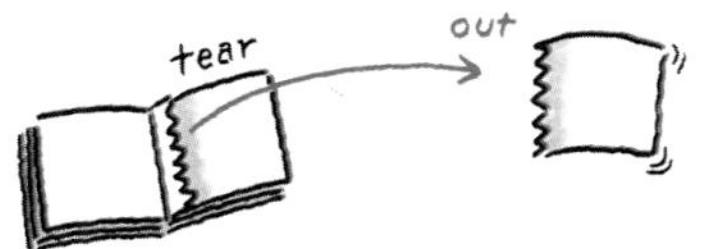

I can't eat lunch because I had a tooth pulled **out** this morning.
전 점심 못 먹어요. 오늘 아침에 이를 **뺐거든요**.

책, 잡지, 영화, 뮤지컬 등이 '대중에게 공개되다', '나오다'는 의미로도 쓰입니다.

The *Avatar* sequel comes **out** in November.
아바타 속편이 11월에 **나옵니다**.

Is J. K. Rowling's new book **out** yet?
조앤 롤링의 새 책 아직 안 **나왔나요**?

2 out 밖에 있는

안에 있지 않고 밖(outside)에 나가 있다는 것을 나타냅니다. 즉, 집이나 일하는 사무실에 없다거나 국내에 있지 않고 해외에 나와 있다는 의미로 out을 쓸 수 있습니다.

Ray is **out** right now. Can I take a message?
레이는 지금 **외출 중**이에요. 메시지 남겨 드릴까요?

전화를 받을 때 전화 건 사람이 찾는 사람이 자리에 없을 경우 많이 쓰는 표현이죠.

I called Ray but he was **out**.
레이에게 전화했습니다만 그는 **나가고** 없었습니다.

She is **out** of the office.
그녀는 사무실에**(서 나가고)** 없습니다.

My grandfather is **out** in the garden.
할아버지께서는 정원에 **(나가)** 계십니다.

My younger brother Jae-il is **out** in Atlanta.
제 남동생 재일이는 애틀랜타에 **나가** 있습니다.

3 out 비정상적인, 고장 난

정상적이고 바람직한 상태에서 나와 반대로 비정상적이고 바람직하지 않은 상태에 있다는 의미가 됩니다.

I'm **out** with Ray.
난 레이와 사이가 **나빠요**.

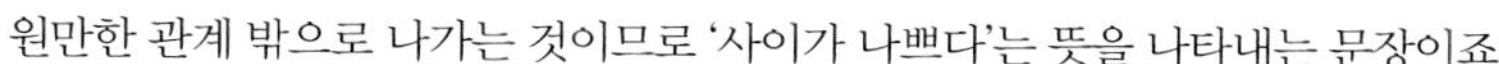

원만한 관계 밖으로 나가는 것이므로 '사이가 나쁘다'는 뜻을 나타내는 문장이죠.

out of order라는 말 역시 out의 이런 기본 개념에서 비롯된 표현이죠. order(순서)가 정상에서 밖으로 나가 있는(out of) 상태이니 '흐트러진', '고장 난', '부적절한'의 뜻을 나타냅니다.

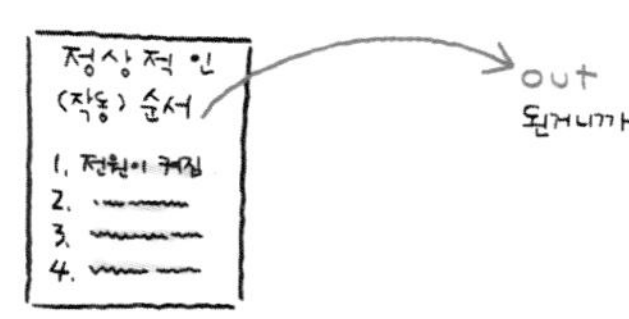

How long has the photocopying machine been **out of order**?
복사기 **고장 난** 지 얼마나 되었나요?

I missed the train because my watch was **ten minutes out**.
내 시계가 **10분이 맞지 않아** 기차를 놓치고 말았어요.

위 예문에서 ten minutes out은 10분이 제대로 작동하는 시계 안에 있지 않고 밖으로 나가 있다는 것이므로 결국 '시각이 제대로 맞지 않는', '10분이 맞지 않는'을 의미합니다.

4 out 다 떨어진

때로는 안에(in) 가지고 있던 것들이 밖으로 나가버려 '수중에 가진 것이 별로 없다', '다 떨어졌다'는 뜻으로도 쓰입니다.

We're almost **out** of gas. We need to get to a gas station right away.
기름이 다 **떨어져** 가요. 당장 주유소로 가야겠어요.

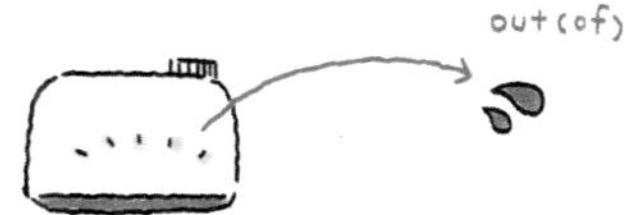

I can't make an omelette because I am **out** of eggs.
오믈렛을 만들 수 없어요. 달걀이 다 **떨어졌거든요**.

It's too expensive. It's **out** of my budget.
너무 비싸네요. 예산 **초과**예요.

5 out 탈퇴한, 탈락한

단체나 모임 등에서 탈퇴해 나왔다는 의미를 나타내기도 합니다.

Dewy was kicked **out** of the band.
듀이는 그 밴드에서 **쫓겨났습니다**.

6 out 아주 확실하게, 완전히

out은 때로 앞의 동사의 의미를 강하고 확실하게 해주는 역할을 합니다.

It's up to you to sort this **out**.
이 문제를 **확실하게** 해결하는 건 당신에게 달려 있어요.

Your room needs a good clean **out**.
당신 방 청소 좀 **말끔히** 해야겠어요.

회화에 꼭 쓰이는 out 필수표현

ask out
데이트 신청을 하다

남녀가 만나 데이트를 하는 등의 교제하는 것(going out)을 청한다는 말이므로 '데이트 신청을 하다'

Shimson's too shy to **ask** her **out**.
심슨은 부끄러움이 너무 많아 그녀에게 **데이트 신청을 하지** 못하고 있어요.

blow out
(불을) 입으로 불어 끄다

입안에 있는 바람을 바깥으로(out) 부는(blow) 것이니 '불을 입으로 불어 끄다'

Ray **blew out** all the candles on the cake.
레이는 케이크의 촛불을 모두 **입으로 불어 껐습니다**.

break out
갑자기 시작되다, 일어나다

평화로운 상태가 깨지고(break) 사건이 밖으로(out) 발발하니까 '(전쟁, 병, 화재 등이) 갑자기 시작되다', '일어나다'

Three months later, war **broke out** in Iraq.
3개월 후, 이라크에서 전쟁이 **발발했습니다**.

Fire **broke out** during the night in Myung-dong.
밤 동안에 명동에서 화재가 **발생했습니다**.

sell out
다 팔아버리다, 매진하다

모두 팔아(sell) 상품이 다 나갔으니까(out) '다 팔아버리다', '매진하다'

They'd **sold out** of bread before we got there.
우리가 그곳에 가기 전에 빵이 **다 팔렸습니다.**

sold out은 상점 안에 있던 물건이 바깥으로 다 팔려 나가 '매진'임을 알릴 때 쓰는 표현

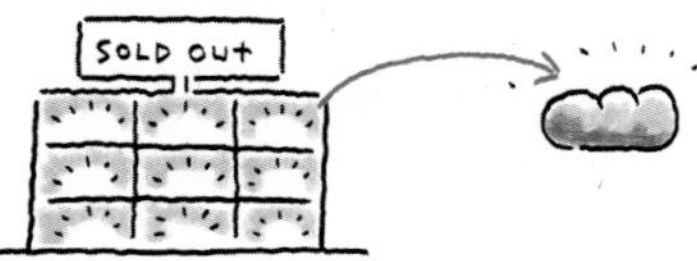

check out
❶ 조사하다 ❷ 확인하다 ❸ 체크아웃하다

❶ '조사하다', '알아보다'

She is a suspect, so the policemen are **checking out** her alibi.
그녀는 용의자입니다. 그래서 경찰이 그녀의 알리바이를 **조사하고** 있지요.

❷ 흥미로운 것이나 재미있는 것을 가서 '확인하다', '보다'

Ray, **check out** that brand-new MP3 player! It's cool!
레이, 저 새 MP3 플레이어 좀 **봐!** 멋진걸!

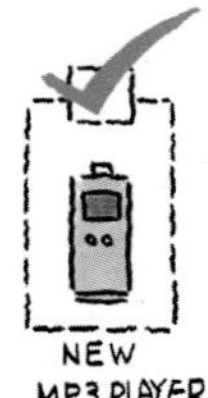

❸ 호텔에서 숙박을 한 후 '돈을 내고 나가다'

We're late! They've gone! They **checked out** of the hotel at 8 o'clock.
우린 늦었어! 사람들이 없다고! 그들은 8시에 호텔에서 **체크아웃 했어.**

chew out
호되게 비난하다, 꾸짖다

문제 등을 곰곰이 생각하여(chew) 입 밖으로(out) 내뱉는 것으로 '호되게 비난하다', '꾸짖다'

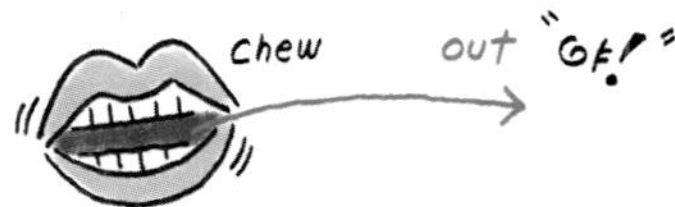

My father **chewed** me **out** for missing two days of school.
아버지께서 학교 이틀 빠진 것에 대해 나를 **꾸짖으셨어**.

hand out
나누어 주다

'나누어 주다', 다른 사람에게 나누어 주려면 가지고 있던 손(hand)에서 나가야(out) 하니까

My teacher told me to **hand** these papers **out**.
선생님께서는 제게 이 시험지를 **나누어 주라고** 말씀하셨습니다.

chicken out
꽁무니 빼다, 손을 떼다

무섭거나 두려워서 겁을 먹고 마지막 순간에 가서 '꽁무니 빼다', '손을 떼다', chicken은 속어로 겁쟁이(coward)란 뜻

John never **chickens out** from a fight.
존은 싸움에서 결코 **꽁무니를 빼지** 않습니다.

I was going to ask Elizabeth for a date, but I **chickened out**.
난 엘리자베스에게 데이트신청을 하려 했지만 **용기가 없어서 못했어요**.

eat out
외식하다

밖에서 식사하다, 즉 '외식하다'

I **eat out** a lot because I live alone and I'm not good at cooking. 전 **외식을** 많이 **해요**. 혼자 사는 데다 요리를 잘 못하거든요.

We are going to **eat out** tonight.
우리는 오늘 밤 **외식할** 예정이에요.

figure out
(오랜 생각 끝에) 이해하다, 파악하다, 문제를 풀다

I can't **figure out** how to do it.
However, I'm going to **figure out** all of it eventually!
이거 어떻게 해야 할지 잘 모르겠어요(**알지** 못하겠어요). 하지만 결국엔 다 **알아낼** 거예요!

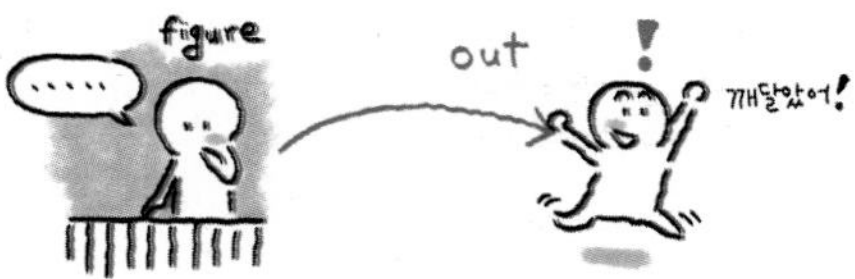

Women. I can't **figure** them **out**.
여자들이란. 난 그들을 **이해할** 수가 없다니까.

fill out
(문서의 여백을 채워) 작성하다

Please **fill out** these immigration forms.
이 입국 신청서 양식을 **작성해** 주세요.

잠깐! fill in과 fill out의 차이점

양식 등에 내용을 전부 채워 넣어 완성하는 것은 fill out (the form)이라고 하고 빈칸 등을 채우라고 할 때에는 fill in (the blank)라고 말합니다.

find out
알아내다, 발견하다

잘 몰랐던 것을 수고를 들여 조사해서 '알아내다', '발견하다'

I haven't **found** anything **out** about Ray yet.
난 아직 레이에 대해 아무것도 **알아내지** 못했습니다.

The only thing he could **find out** was that Ernest just got married last year.
유일하게 그가 **알아낸** 것은 어니스트가 작년에 결혼했다는 겁니다.

get out of
(해야 할 일 등에서) 빠져나오다

You're just trying to **get out of** doing the housework!
당신은 오직 집안일**에서 빠져나가려고만** 하고 있잖아!

go out with
~와 데이트하다, 교제하다

I don't want to **go out with** Hyun-woo because he's not my type.
난 현우 씨**하고는 사귀고** 싶지 않아요. 제 스타일이 아니거든요.

hang out
어울리다, 놀며 돌아다니다

Where does he usually **hang out**?
그는 주로 어디서 **노나요**?

I hate Hyun-woo. Why do you **hang out** with him?
난 현우가 맘에 안 들어. 넌 왜 걔랑 **어울리는** 거야?

I couldn't stand **hanging out** with him for a minute!
난 잠시라도 그와 **어울리는** 것 참을 수 없어요!

keep out
~에 들어가지 않다, 휘말리지 않다

바깥에(out) 있는 상태를 유지하는(keep) 것이므로 '~에 들어가지 않다', '휘말리지 않다'

They told me to **keep out**.
그들은 내게 **들어가지 말라고** 했습니다.

You **keep out** of this, Ray. It's none of your business!
레이, 넌 이 일에서 **빠져**. 네가 상관할 바가 아니야!

John! This issue is just between me and Liz. So **keep out** and stay out!
존! 이건 나와 리즈만의 문제라고. 그러니 넌 **빠져** 있어!

pass out
정신을 잃다

정신이 지나가(pass) 몸 밖으로 나가는(out) 것이니 '정신을 잃다'

I **passed out** after my third bottle of so-ju.
전 소주 세 병을 마신 후 **정신을 잃었습니다**.

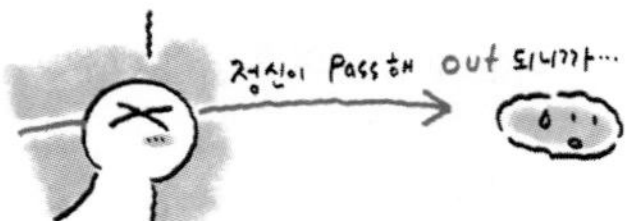

turn out
~임이 드러나다, ~한 것으로 판명되다

뒤에 숨어 있던 것이 turn하여 밖으로(out) 드러나게 되는 것이니 '~임이 드러나다', '~한 것으로 판명되다'

Of course, things can't always **turn out** well.
물론 세상일이 항상 좋은 쪽으로 **될** 수만은 없습니다.

She wished things had **turned out** differently.
그녀는 일이 다른 방향으로 **판명되었길** 빌었습니다.

watch out
(잘 살펴보고) 조심하다

Watch out! You might cut yourself.
조심해! 너 칼에 베겠다.

work out
운동하다

work는 '일하다'뿐 아니라 어떤 목적을 가지고 노력하는 모든 일을 일컫는데, 운동이란 주로 바깥에서(out) 체력 증진이나 다이어트 등의 목적을 가지고 하는 것이므로 '운동하다' (= exercise)

Ray **works out** everyday because he tends to gain weight quickly.
레이는 매일 **운동합니다**. 살이 빨리 찌는 경향이 있기 때문이죠.

way out
나가는 길, 어려운 문제에서 빠져나가는 길

I am dealing with a dilemma and there is no easy **way out**.
저는 딜레마에 빠져 있는데 쉽게 **빠져나갈 방법**이 없네요.

out of date
구식의, 낡은

현재의 날짜(date)에서 바깥으로 나간 것이므로 '구식의', '낡은'

The phone directory is **out of date**.
그 전화번호부는 **오래되어서** 쓸모가 없습니다.

an **out-of-date** passport
유효 기간이 지난 여권

go out of fashion
유행이 지나다

옷 등이 더 이상 현재의 fashion에 속하지 못하고 밖으로 나와 있는 것이므로 '유행이 지나다'

Long boots **went out of fashion** years ago.
긴 부츠는 몇 년 전에 **유행이 지났어**.

out of time
시간이 없는, 너무 늦은

You will have to give up because you are **out of time**.
시간이 없으니 당신은 포기해야 할 겁니다.

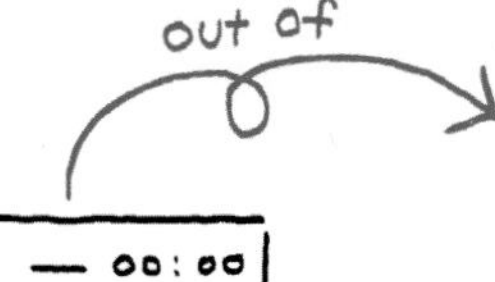

We can't stop at the hotel souvenir shop because we're **out of time**.
시간이 없어서 우리는 호텔 기념품 상점에 들를 수가 없습니다.

run out of time
시간이 다 되다

We couldn't finish the meeting because we **ran out of time**.
시간이 다 되어서 회의를 마무리할 수가 없었습니다.

I was on the last test question when I **ran out of time**.
시험 **시간이 다 되었을 때** 나는 마지막 문제를 풀고 있었습니다.

out of danger
위험한 상황을 벗어난

The patient is now **out of danger**.
그 환자는 이제 **위험한 상황을 넘겼습니다**.

Out of sight, out of mind.
눈에서 멀어지면 마음도 멀어진다

시야에서 밖으로(out) 나가면 마음에서도 밖으로(out) 나간다, 즉 '눈에서 멀어지면 마음도 멀어진다.'

You'll soon forget about him after he leaves—**out of sight, out of mind**.
그가 떠나면 넌 곧 그 사람에 대해 잊게 될 거야, **눈에서 멀어지면 마음에서도 멀어지는 법이니까**.

Exercise 09 off/on/out로 말해보기

A 다음 문맥에 맞게 보기 에서 골라 넣으세요.

1 테이블 위에 책 두 권과 공책이 있습니다.
There are two books and a notebook ______ the table.

2 그는 사다리에서 떨어졌습니다.
He fell ______ the ladder.

3 제 남편은 지금 뒤뜰에 나가 있습니다.
My husband is ______ in the back yard.

4 그는 소파에 그녀 옆에 앉아 있습니다.
He is sitting beside her ______ the sofa.

5 전 오늘 휴무입니다.
I'm ______ work today.

6 전 제 모든 일을 컴퓨터로 할 수 있었습니다.
I could do all my work ______ the computer.

7 그는 벽에 그림을 걸었습니다.
He hung the picture ______ the wall.

8 그는 서랍을 열고 상자를 꺼냈습니다.
He opened the drawer and took ______ a box.

9 오늘 밤 텔레비전에서 뭐 해?
What's ______ television tonight?

보기 off | on | out

B 알맞은 전치사를 활용하여 다음 영어 문장을 완성하세요.

1 넌 뒤로 빠져! 네 충고 따위는 필요 없어.
______ ______ ! I don't need your advice.

2 그는 내 젖은 부츠를 벗기고 날 불 옆에 앉혔습니다.
He ______ ______ my wet boots and made me sit by the fire.

3 여기 이 음료수는 진짜 바가지군.
The drinks here are a complete ______ - ______ .

4 하루 쉬고 싶습니다.
I want to ______ the day ______ .

5 회의는 제 시각에 시작되어 제 시각에 끝이 났습니다.
The meeting began and finished ______ ______ .

6 오늘밤 음료는 무료입니다.
You can have drink ______ ______ ______ tonight.

7 그들은 구조팀이 올 때까지 기다려야 했습니다.
They had to ______ ______ until the rescue team arrived.

8 이 세금신고서를 꼼꼼히 작성하시고 사본을 챙겨 두세요.
______ ______ this tax form carefully and keep copies of it.

9 네가 알고 있는 건 오래 전 얘기라 쓸모가 없어.
Your information is ______ ______ ______ , so it's useless.

10 그는 그의 상체를 단련하고 싶어 합니다.
He wants to ______ ______ on his upper body.

29

넘어가는

Over

above가 '바로 위에' 있는 것이라면 over는 위에 있긴 하지만 좀 더 넓은 범위를 걸쳐서 '타고 넘는' 이미지입니다. 그러므로 '위에', '높은 위치에'뿐만 아니라 '저 너머에', '처음부터 끝까지'의 뜻도 가지게 됩니다.

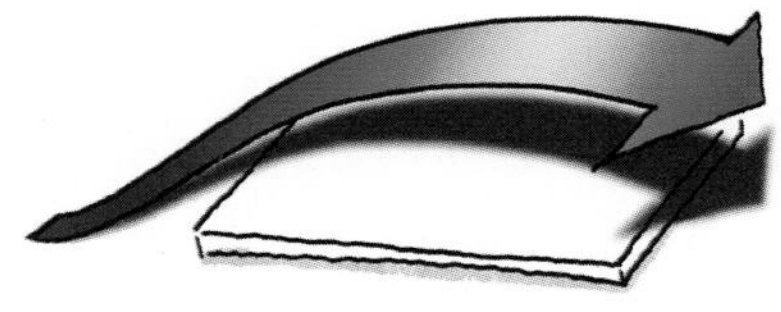

over

Check Point

❶ ~ 위의, 위에

❷ ~ 너머의, 너머에

❸ ~을 뒤덮고 있는

❹ 넘어지는, 떨어지는

❺ 위치를 이동하는

❻ ~ 내내

❼ ~가 넘는, 넘게

❽ ~을 지배하는

❾ ~의 여기저기에, 도처에

❿ 육체적 · 정신적 시련이나 어려운 상황을 극복하고 뛰어넘는

1 over ~ 위의, 위에

over는 기본적으로 위치상 무언가의 위에 있는 것 (higher position)을 가리킵니다.

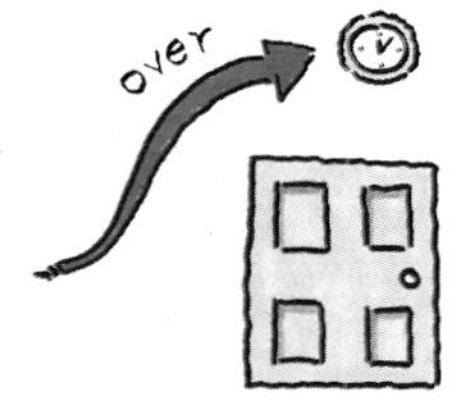

Ray glanced at the clock **over** the door.
레이는 문 **위에 있는** 시계를 흘끗 보았습니다.

There is a bridge **over** the river.
강 **위로** 다리가 **(걸쳐)** 있습니다.

She hit him **over** the head with a champagne bottle.
그녀는 샴페인 병을 그의 머리 **위로** 내리쳤습니다.

He climbed **over** the wall.
그는 벽**을 타고** 기어 올라갔습니다.

She hung the pictures **over** the sofa.
그녀는 소파 **위에** 사진을 걸었습니다.

over ~ 너머의, 너머에

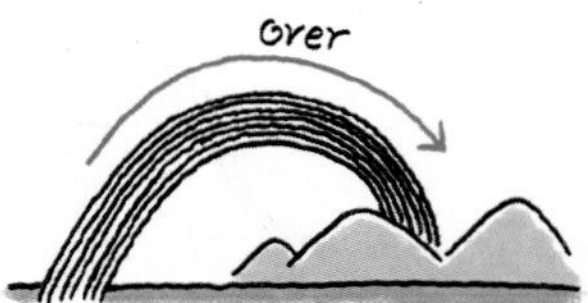

반대쪽 편을 가리키며 '저 너머에'라고 말할 때 역시 over를 쓰지요.

Somewhere **over** the rainbow...
저 무지개 **너머** 어딘가에……

Ray lives just **over** the way from my house.
레이는 저희 집 바로 길 **건너에** 삽니다.

From your penthouse suite there is a panoramic view **over** the entire city.
펜트하우스 스위트룸에서는 도시 전체를 **내려다** 볼 수 있습니다.

over ~을 뒤덮고 있는

Because of too much noise, she put her hands **over** her ears.
소음이 너무 많아 그녀는 손으로 귀를 **막았습니다**.

He put her hands **over** her face.
그는 두 손으로 얼굴을 **가렸습니다**.

손을 단순히 얼굴 위에 놓는 것이 아니라 뒤덮듯이 가리는 것이므로 on이 아닌 over를 씁니다.

He put a blanket **over** me when I was feeling sick.
그는 내가 아팠을 때 담요를 **덮어** 주었어.

She spilled coffee all **over** my new dress.
그녀는 제 새 옷에 **온통** 커피를 쏟았습니다.

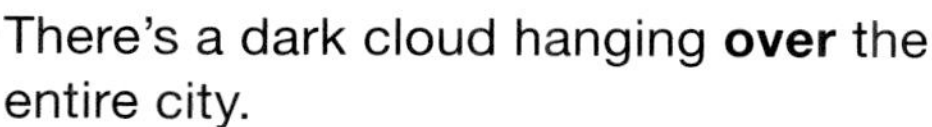
There's a dark cloud hanging **over** the entire city.
검은 구름이 온 도시를 **뒤덮고** 있습니다.

She put her hand **over** her mouth to stop herself from screaming.
그녀는 비명을 멈추려고 손으로 입**을 막았습니다**.

She wore a warm scarf **over** her shoulders.
그녀는 따뜻한 스카프를 어깨**에** 둘렀습니다.

 over 넘어지는, 떨어지는

넘어지거나 떨어질 때 어떤 일정한 공간을 뛰어넘게 되지요? 따라서 over가 '넘어지는', '떨어지는'의 의미를 나타내게 됩니다.

The little boy fell **over** and started to cry.
그 작은 아이는 **넘어져** 울기 시작했습니다.

The car fell **over** a cliff. Seconds after, I heard it crash and explode.
자동차가 절벽으로 **떨어졌습니다**. 잠시 후에 차가 부서지고 폭발하는 소리가 들렸지요.

I noticed one of my shoes was untied so I bent **over** to tie my shoe.
전 제 신발 끈이 풀린 걸 알아채고 끈을 매려고 몸을 **구부렸습니다**.

5 over 위치를 이동하는

사람, 물건 등이 A에서 B로 일정한 공간을 뛰어넘어 움직이는 것을 나타냅니다.

Could you bring the plates **over** here?
접시 좀 이리**로** 가져다주시겠어요?

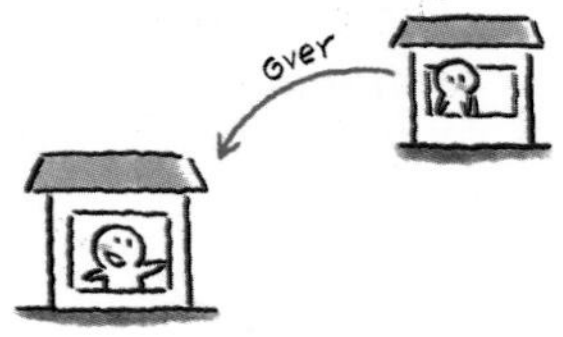

Why don't you come **over**(= come to my home) on Friday evening?
금요일 밤에 우리집에 **(건너)**오지 그러니?

6 over ~ 내내

특정한 시간을 처음부터 끝까지 뒤덮는다는 의미로 '~ 내내', '~동안'이라는 뜻이 됩니다.

I was in Mu-joo **over** the winter.
저는 겨울 **내내** 무주에 있었습니다.

I stayed with Mercy's family **over** the weekend.
난 주말 **내내** 머시의 가족과 함께 있었습니다.

The political situation in Korea has been improved **over** the past ten years.
지난 10년 **동안** 한국의 정치 상황은 많이 개선되었습니다.

Most hotels in Seoul are fully booked **over** the holiday weekend.
서울에 있는 호텔 대부분은 휴일 주말 **동안** 모두 예약되었습니다.

7 over ~가 넘는, 넘게

수량이나 가격, 숫자 등이 일정 수치를 뛰어넘을 때, 즉 얼마 이상인 것을 나타낼 때 씁니다.

Over 500 Internet users contact our website 'toonEnglish.com' everyday.
500명**이 넘는** 인터넷 사용자들이 매일 우리 웹사이트 '툰잉글리시닷컴'에 접속합니다.

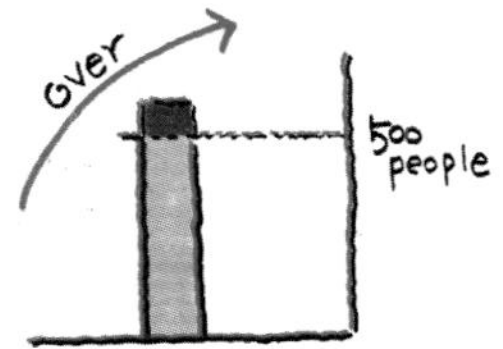

You want to know the price of the new LCD TV? It costs **over** 1,000,000 won.
새로운 LCD TV 가격을 알고 싶으세요? 100만 원이 **넘습니다**.

He's old. He's **over** sixty.
그는 늙었습니다. 60살이 **넘었어요**.

I've seen the movie *Titanic* **over** 10 times.
난 타이타닉을 열 번도 **넘게** 봤어요.

8 over ~을 지배하는

힘으로 뒤덮으니 control한다는 의미가 되지요.

He rules **over** his family like a tyrant.
그는 폭군처럼 가족들**을 다스립니다**.

9 over ~의 여기저기에, 도처에

보통 all과 함께 쓰여 특정 장소의 구석구석까지 모든 곳을 뒤덮어 그 전체에 영향을 끼치는 것을 의미합니다.

Snow is falling all **over** the country. However, I sure hope there's not too much snowfall by morning.
눈이 전국**에 걸쳐** 내리고 있습니다. 하지만 아침까지는 너무 많이 오지 않길 바라요.

They've travelled all **over** the world for the last 5 years.
그들은 지난 5년 동안 **전** 세계를 여행했습니다.

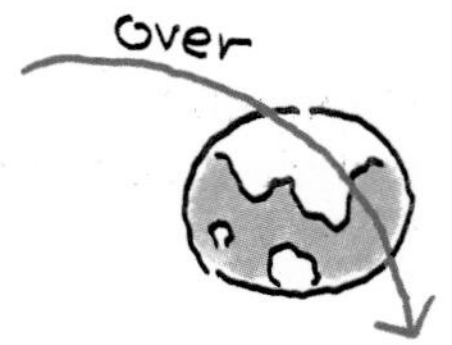

There were papers lying around all **over** the floor at his office.
그의 사무실 바닥에 **온통** 서류들이 널려 있었습니다.

10 over 육체적 • 정신적인 시련이나 어려운 상황을 뛰어넘는

시련이나 어려움은 뛰어넘어야(over) 할 장애물과 같죠. 그래서 그런 경우 over를 씁니다. 심지어는 연인 관계였다가 헤어진 후 상대방을 잊는다고 할 때도 over를 씁니다.

Ray's girlfriend Jane broke up with him 3 years ago but he's not **over** her yet.
레이는 그의 여자 친구 제인과 3년 전에 헤어졌지만 아직 그녀를 **잊지** 못했습니다.

Don't worry about me. I'm almost **over** her.
내 걱정은 마세요. 그녀를 거의 **잊었어요**.

He is still in an intensive care unit but he's **over** the worst.
그는 아직 중환자실에 있지만 최악의 고비는 **넘겼습니다**.

회화에 꼭 쓰이는 over 필수표현

blow over
❶ 뒤집어지다 ❷ 잊혀지다

❶ 바람에 쓰러져 '뒤집어지다'

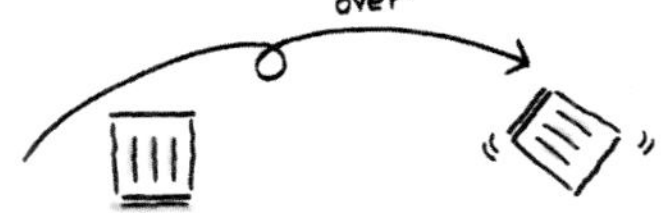

The wind is so strong that the garbage cans have **blown over**.
바람이 너무 강해 쓰레기통들이 **뒤집어졌습니다**.

❷ '잊혀지다'

Her scandal will soon **blow over**.
그녀의 스캔들은 곧 **잊혀질** 겁니다.

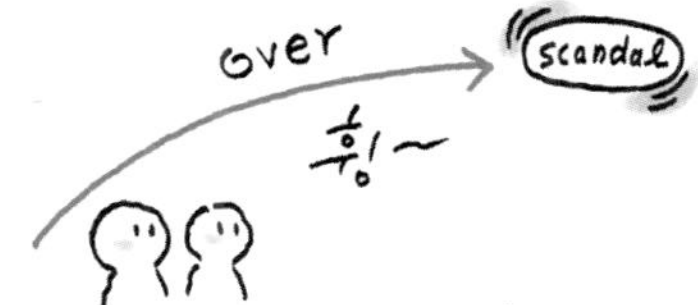

He is upset with your unprofessional behavior, but this issue will **blow over** soon.
그는 당신의 프로답지 못한 행동에 화가 났어요. 하지만 이 문제는 곧 **잊혀질** 겁니다.

fall over
넘어지다, 무너지다

Be careful! You're going to **fall over**!
조심하세요! **넘어지겠어요**!

The fence **fell over** in the strong wind.
담장이 강한 바람에 **쓰러졌습니다**.

come over

누군가를 향해 움직이다, 가다, 방문하다

Would you like to **come over** for dinner?
저녁 먹으러 **올래**?

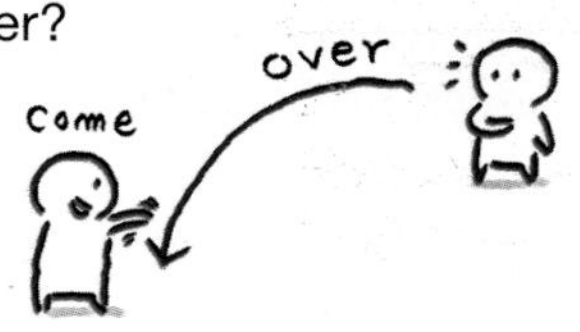

Come over here and
look at this beautiful wedding ring.
이리 **와서** 여기 이 아름다운 결혼반지 좀 봐.

get over

어려움을 뛰어넘다, 극복하다

He'll soon **get over** his disappointment and get back to his job.
그는 곧 실망감을 **털고** 일자리에 복귀할 것입니다.

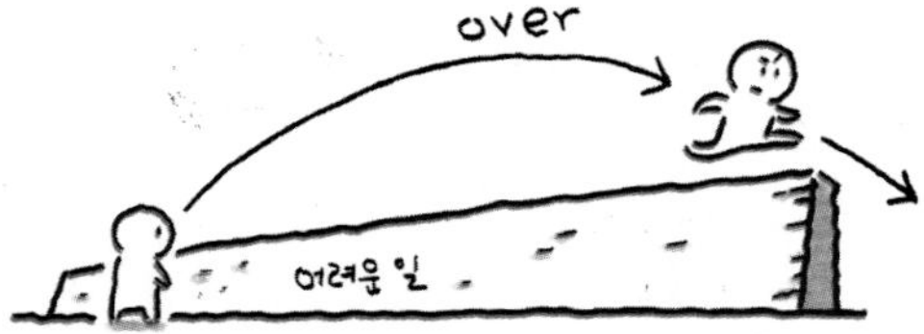

Get over him and move on.
이제 그를 **잊고** 새 출발 해.

hand over

마지못해 넘기다, 양도하다

He made a lot of money but he had to **hand** it **over** to Ray.
그는 많은 돈을 벌었습니다. 하지만 레이 씨**에게 넘겨야** 했죠.

look over
빨리 검토하다, 훑어보다

Please **look over** these papers before the meeting tomorrow.
내일 회의 전에 이 서류 좀 **빨리 검토해** 줄래요?

go over
주의 깊게 살펴보다, 검사하다

The situation has changed. Should we **go over** our business plan again?
상황이 변했어요. 우리 사업 계획을 다시 **검토해** 봐야 하지 않을까요?

pull over
차 등을 길가에 세우다

서부시대에 고삐를 잡아당겨(pull) 말을 세운 것에서 유래된 표현

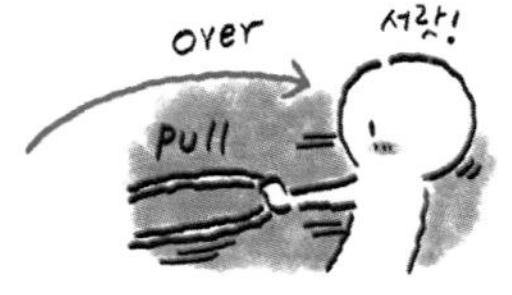

We were driving too fast and the police officer made us **pull over**.
너무 빨리 운전해서 경찰이 우리 차를 **세웠어**.

I need to check our front tires. **Pull over** to the side of the road.
앞 타이어를 체크해 봐야겠어요. 길가에 차를 좀 **세워 봐요**.

take over
책임을 떠안다

I heard Dick Advocat is going to **take over** as the new head coach.
딕 아드보카트가 새로운 감독**이 될** 거라고 들었는데요.

Ray, can you **take over** for me?
I have to go to the dentist.
레이, 제 일 좀 **맡아 줄** 수 있어요? 치과에 좀 가 봐야 하거든요.

turn over
반대로 뒤집다, 전복되다, 전도되다

Some kids **turned** all the trash cans **over** last night.
몇몇 아이들이 지난밤 모든 쓰레기통을 **뒤집어 놨습니다**.

Turn over the book. I want to see the back. There must be a written price.
책을 **뒤집어 봐요**. 뒷면 좀 보게. 거기 가격이 쓰여져 있을 거예요.

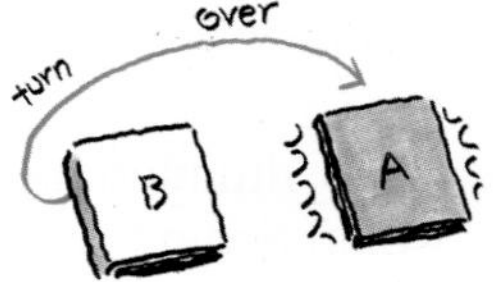

over and over
자꾸자꾸, 반복해서

He drank too much and talked to me about the same thing **over and over** again.
그는 술을 너무 많이 마셔서 같은 말을 **되풀이해서** 계속했습니다.

30

관통하는

Through

through는 무언가를 관통하는 이미지입니다. 공간을 관통한다고 하면 단순히 지나간다는 의미뿐 아니라 그 공간 전체를 훑는다는 의미도 되지요. 시간을 관통하는 것은 그 시간 처음부터 끝까지 전체에 걸친다는 의미입니다.

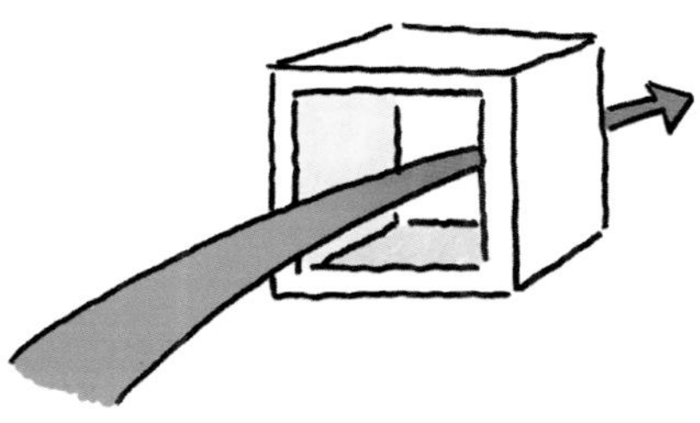

through

Check Point

❶ **공간을 관통하는**

❷ **시간을 관통하는**

through 공간을 관통하는

She walked **through** the woods.
그녀는 숲을 **통과하여** 걸어갔습니다.

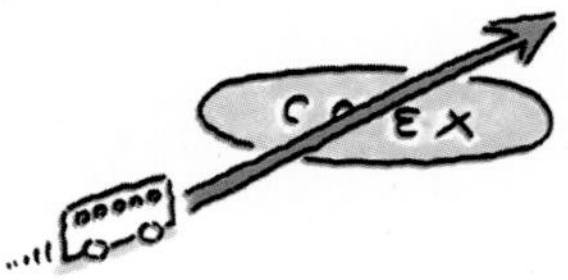

Does this bus go **through** to COEX?
이 버스 코엑스 **경유하나요**?

The road runs **through** the park.
그 길은 공원을 **관통해** 나 있습니다.

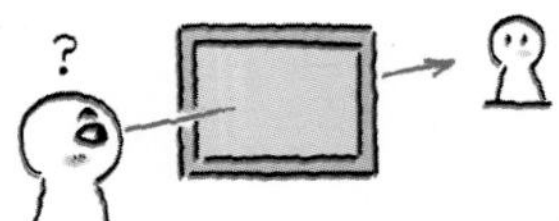

The window is so dirty that I can't see **through** it.
창문이 너무 더러워서 (그 창문**을 통해서**) 제대로 볼 수가 없었습니다.

Don't turn around! She is watching you **through** the window.
돌아서지 마! 그 여자가 창문**을 통해** 너를 쳐다보고 있어.

I found out **through** Shimson that you are pregnant.
난 심슨 씨**를 통해** 당신이 임신했다는 걸 알았어요.

He travels **through** China.
그는 중국 **각지를** 여행했습니다.

We couldn't get in the club because the man at the gate would not let us **through**.
우리는 클럽에 들어갈 수 없었어. 문 앞에 있는 남자가 **들여보내주지** 않았거든.

2 through 시간을 관통하는

일정 시간의 처음부터 끝까지를 나타낼 때도 through를 써서 말하지요.

I have to work from this Monday **through** Saturday.
저는 이번 주 월요일부터 토요일**까지** 일해야 합니다.

I can't go **through** the winter without a fur coat.
전 모피 코트 없이는 겨울**을** 지낼 수 없어요.

We have to finish our job by tomorrow, so we have to work all **through** the night.
내일까지 일을 마쳐야 합니다. 그러려면 **밤새도록** 일해야 해요.

The party will go on all **through** the night.
그 파티는 **밤새** 계속될 겁니다.

She lived in the house all **through** her life.
그녀는 일생 **동안 내내** 그 집에서만 살았어요.

회화에 꼭 쓰이는 through 필수표현

go through
❶ 겪다 ❷ 사용하다

❶ 어려운 시간 등을 '겪다', '이겨내다'

I've been **going through** hell these last two months, preparing for the wedding.
결혼식을 준비하며 지옥 같은 2개월을 **견뎌** 왔어요.

He is **going through** a divorce.
그는 이혼을 **견뎌 내고** 있어요.

❷ '사용하다'

We seem to be **going through** two or three boxes of tissues a day.
우리는 하루에 곽티슈를 2개나 3개 정도 **쓰는** 것 같아요.

follow through
끝까지 해내다, 마치다

어떤 일의 전 과정을 따라가는 것이므로 '끝까지 해내다', '마치다'

How can you be sure that he will **follow through**? He has never finished his work on time before.
그가 **끝까지 해낼** 거라는 걸 어떻게 확신할 수 있죠? 이전에도 제 시간에 일을 끝낸 적이 없잖아요.

come through
❶ 이겨내다 ❷ 통과하다

❶ '이겨내다, '극복하다'(= get through, go through)

He always **comes through** in a bind. He'll go far.
그는 항상 곤경을 **잘 헤쳐 나갑니다**. 크게 성공할 거예요.

in a bind는 '곤란한 상황에서', go far는 '크게 성공하다'

❷ 정보나 서류 등이 '통과하다', '받아들여지다'

I'm afraid your fax didn't **come through** clearly. Would you send it to me again?
팩스가 깨끗하게 **들어오지** 않았네요. 다시 좀 보내주시겠습니까?

fall through
(계획 등이) 불발로 끝나다, 실현되지 못하다, 차질을 가져오다

Our project could **fall through** if Ray doesn't finish his job.
레이가 그의 일을 끝내지 못하면 우리 프로젝트는 **불발로 끝날** 거야.

I did my best but the deal **fell through**.
전 최선을 다했지만 그 거래는 **불발로 끝났어요**.

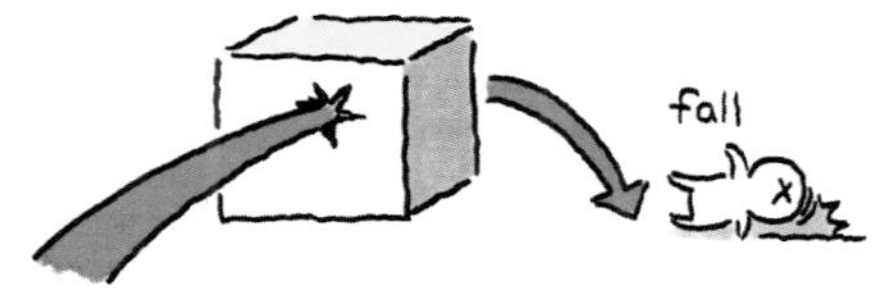

get through
❶ 설득하다 ❷ 연결되다 ❸ 합격하다

❶ 자신의 생각을 '이해시키다', '설득하다'

I think Ray can **get through** to him.
레이가 그를 **설득할** 수 있을 것 같아요.

Can you **get through** to upper management?
경영진을 **설득시킬** 수 있겠어요?

❷ 전화상으로 '연결되다'(= go through)

I tried to call a person in charge but I couldn't **get through**.
책임자와 통화하려 했지만 **연결이 되지** 않았어요.

❸ 시험 등에 '합격하다'

I'm no good at English, so I'd never **get through** the level test.
전 영어를 잘 못해요. 그래서 레벨 테스트에 **통과한** 적이 없지요.

look through
내용을 재빠르게 보다, 살피다

I **looked through** his papers, but I couldn't find any evidence.
그의 서류를 **살펴보았지만** 어떠한 증거도 발견할 수가 없었습니다.

run through
❶ 지나가다 ❷ 관통하여 흐르다 ❸ 체크하다 ❹ 연습하다 ❺ 다 써 버리다

❶ 자동차로 '지나가다'

Look! He **ran through** the red light.
봐! 저 사람 빨간불인데 그냥 **통과하고** 있잖아.

❷ (물이나 피 등의 액체 등이) '관통하여 흐르다'

The Han River **runs through** Seoul.
한강은 서울을 **가로질러 흐릅니다.**

❸ '재빨리 훑어보다', '체크하다'

I'd like to **run through** the papers before the ceremony begins.
식이 시작되기 전에 서류를 **훑어봤으면** 좋겠어요.

Let's **run through** everything just one more time.
모든 걸 다시 한 번씩만 **체크해** 봅시다.

You have to **run through** the pluses and minuses of your decision.
당신 결정의 득실을 **따져 봐야** 합니다.

I have **run through** the book.
그 책을 **훑어봤어요**.

❹ '연습하다'

Can we **run through** Scene 2 again, please?
우리 두 번째 장면 다시 **연습할** 수 있을까?

❺ 돈이나 재산 등을 '다 써 버리다'

It took her just 3 months to **run through** all the money she got.
그녀는 가진 돈 모두를 **써 버리는** 데 단 3개월밖에 걸리지 않았습니다.

31

향하는

To

전치사 to의 기본 의미는 그림처럼 어떤 지점을 향해 그쪽으로 가는 것입니다. 장소나 시간, 사물이나 사람, 행위 등이 모두 to의 목표가 될 수 있지요.

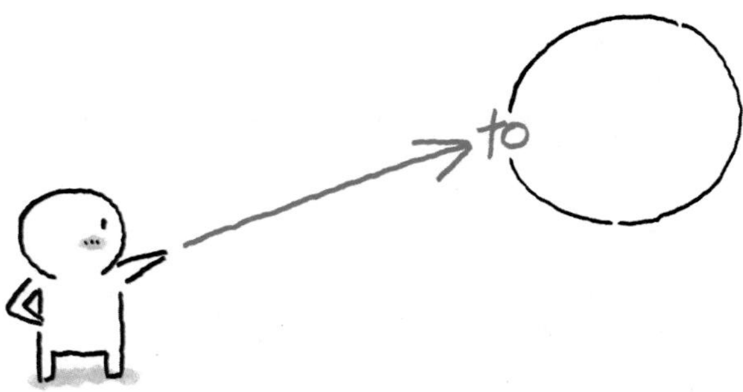

to

Check Point

❶ ~로 가는, 향하는

❷ ~에게, ~에게는

❸ ~까지

❹ (앞으로) ~하기를

❺ ~에 맞추어

❻ ~에 대하여, 비하여

1 to ~로 가는, 향하는

She walked **to** the door.
그녀는 문쪽**으로** 걸어갔습니다.

Does this bus go **to** Olympic Park?
이 버스 올림픽 공원**으로** 가나요?

He flew **to** Italy.
그는 이탈리아**로** 가는 비행기를 탔습니다.

I've been **to** Je-ju Island twice.
전 제주도**에** 두 번 가봤어요.

I'll take you **to** a movie theater on Saturday.
제가 토요일에 영화관**에** 모시고 갈게요.

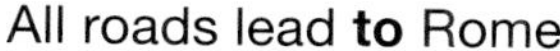

All roads lead **to** Rome.
모든 길은 로마**로** 통합니다.

Call when you get **to** GS Mart.
GS 마트**에** 도착하면 전화해라.

I'm going **to** a party. It would be great if you would come with me.
전 파티**에** 갑니다. 저와 함께 가실 수 있으면 좋겠네요.

Can you move a little **to** the left? I need room to stretch my legs.
좀 왼쪽**으로** 갈 수 있어요? 다리를 뻗을 공간이 필요해요.

'집으로 가다'라는 말은 go to home이라고 하지 않고 그냥 go home이라고 합니다. home 자체가 전치사가 필요 없는 부사이기 때문이죠.

He asked me if he could **go home.**
그가 **집에 가도** 좋으냐고 내게 물었습니다.

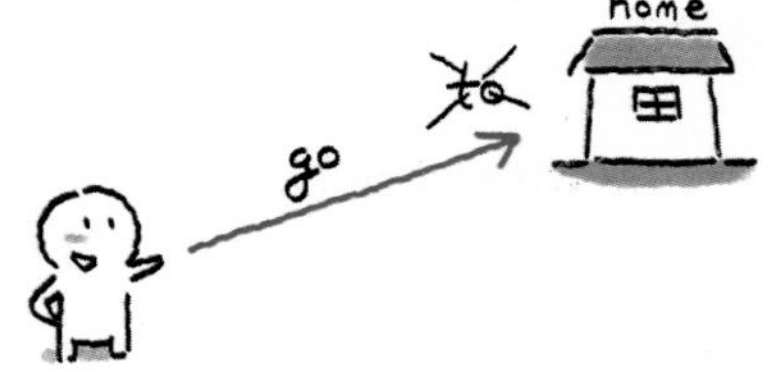

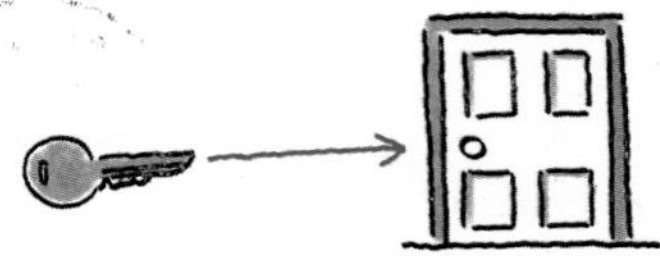

This is the key **to** my front door.
이것이 우리집 현관**의** 열쇠입니다.

2 to ~에게, ~에게는

사람으로 향하면(to) '~에게'라는 뜻이 됩니다.

Did you tell that **to** me before? I don't remember at all.
전에 나**한테** 그 이야기 했었나요? 전혀 기억이 안 나는데요.

I sent a hundred roses **to** Liz.
I hope she likes them.
전 리즈**에게** 장미 백 송이를 보냈습니다. 그녀가 좋아하기를 바랍니다.

Pay attention **to** me, please! This is quite important.
모두들 제**게** 귀기울여 주십시오! 아주 중요한 일입니다.

He was always nice **to** me but I didn't trust him anyway.
그는 항상 제**게** 친절했지만 어찌됐든 전 그를 믿지 않았죠.

Money? It doesn't matter **to** me.
돈? 그건 나**에게** 아무런 문제가 안 돼.

The umbrella belongs **to** me.
그 우산은 **제** 것입니다.

To some people, 10,000 won is a lot of money.
어떤 사람**에게는** 만 원이 큰 돈입니다.

I don't know how it looks **to** you, but it looks a bit strange **to** me.
당신**에겐** 어떻게 보일지 모르겠지만 제**겐** 좀 이상해 보입니다.

Why don't you show your paintings **to** your mother?
당신의 그림을 어머니**께** 보여 드리지 그래요?

3 to ~까지

시간의 기한이나 위치 이동의 도착점을 나타내며, 종종 출발점을 말하는 from과 같이 쓰입니다.

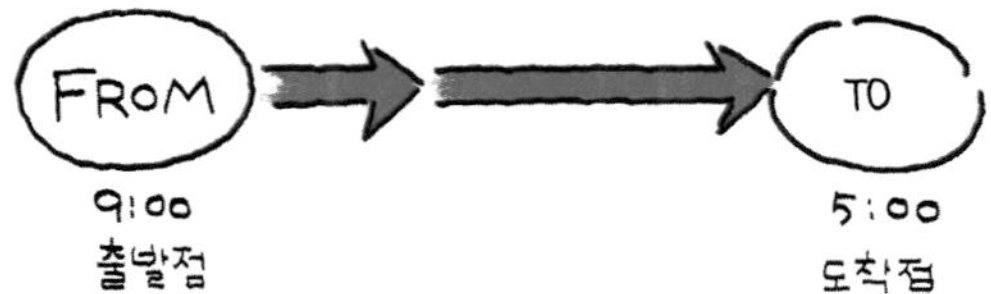

I'm sorry, but can we put off the meeting **to** Friday?
죄송합니다만 우리 회의를 금요일**로** 연기할 수 있을까요?

I usually work from 9 **to** 5 on weekdays.
전 보통 평일에는 9시에서 5시**까지** 일합니다.

My school starts at 9 and goes **to** 3. Could you pick me up at 3?
우리 학교는 9시에 시작해서 3시**에** 끝나요. 3시에 절 데리러 오실래요?

It's 30 miles from here **to** Toronto.
여기서 토론토**까지는** 30마일 거리입니다.

I work from Monday **to** Friday and occasionally on weekends.
전 월요일부터 금요일**까지** 일하고 때로는 주말에도 일을 하죠.

We've only got 15 minutes **to** the movie.
영화 시작**까지** 겨우 15분밖에 안 남았어요.

Meet me here at quarter **to** three.
여기서 저랑 3시 15분(3시**로** 가는 15분) 전에 만나요.

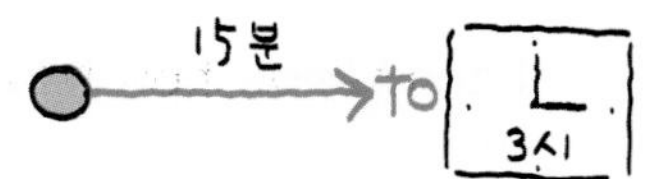

3시로 가는(to) 15분이므로 3시 15분 전, 전치사 to 대신 of가 와도 같은 의미를 나타냅니다.

It's ten **to** five.
5시 10분 전(5시**로** 가는 10분)입니다.

He didn't give up **to** the last moment!
그는 마지막 순간**까지** 포기하지 않았습니다!

It is about 3 miles from my place **to** the office.
제 집에서 사무실**까지는** 약 3마일 정도 떨어져 있습니다.

Most businesses are open from nine **to** five, Monday **to** Saturday.
대부분의 상점들은 월요일부터 토요일, 9시부터 5시**까지** 영업을 합니다.

Many people are starving **to** death at the moment.
지금 이 순간에도 많은 사람들이 굶어 죽어**가고** 있습니다.

starve to death는 굶어서(starve) 죽음에 이르게(to death) 되는 것이니 '아사하다'라는 말이죠.

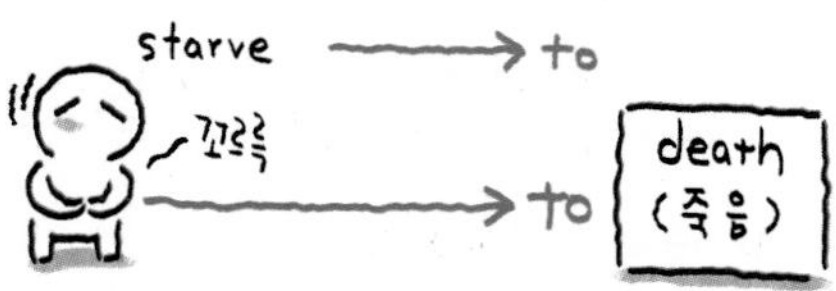

4 to (앞으로) ~하기를

to 부정사란 전치사 to를 가져다가 'to+동사원형' 형태로 쓰는 것으로 문장의 주어가 그 동사가 나타내는 어떤 행위로 가는(to) 것이므로 주로 현재가 아닌 앞으로의(미래의) 일을 나타냅니다.

They decided **to** wait until all the guests arrived.
그들은 손님들이 다 도착할 때까지 기다리**기로** 했습니다.

He left early **to** catch the first train, but he missed it.
그는 첫 기차를 타**기 위해** 일찍 떠났지만 놓치고 말았습니다.

I plan **to** visit Dae-gu next month.
다음 달에 대구를 방문**할** 계획입니다.

I hope **to** see you again.
당신을 다시 만나**기를** 바라고 있어요.

5 to ~에 맞추어

무언가에 일치시키거나 조화를 이룬다는 의미로도 전치사 to를 씁니다. 특히 음악에 맞추어 어떤 행위를 한다든지, 신체 부위를 맞대는 것을 나타낼 때 주로 쓰이지요.

We danced **to** slow music.
우리는 느린 음악**에 맞춰** 춤을 추었습니다.

I do my morning exercises **to** the sound of music.
나는 음악**을 들으며** 아침 운동을 합니다.

I woke up **to** the sounds of birds chirping.
새들이 지저귀는 소리**에** 잠에서 깼습니다.

Everybody worked according **to** the plan.
모두들 계획**에 따라** 일했습니다.

The dog came back **to** my whistle.
그 개는 내 휘파람 소리를 **듣고** 돌아왔습니다.

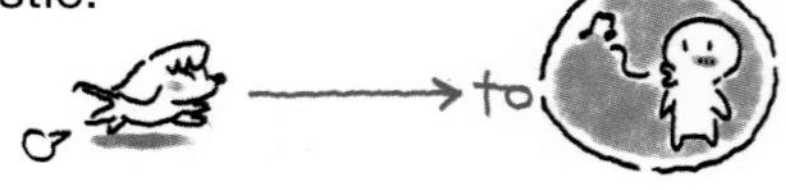

They're standing back **to** back.
그들은 등**을 맞대고** 서 있습니다.

They're dancing cheek **to** cheek.
그들은 뺨**을 맞대고** 춤을 추고 있습니다.

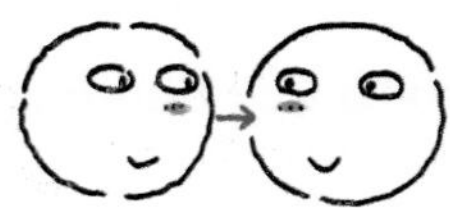

I had to meet him face **to** face.
나는 그를 **직접** 만나야만 했어.

The rescue worker did mouth **to** mouth on her.
구조대원은 그녀**에게** 인공호흡을 실시했습니다.

The lamp swung from side **to** side.
램프가 좌우**로** 흔들렸습니다.

6 to ~에 대하여, 비하여

서로 상관관계가 되려면 그 대상 쪽으로(to) 가야 하겠죠.

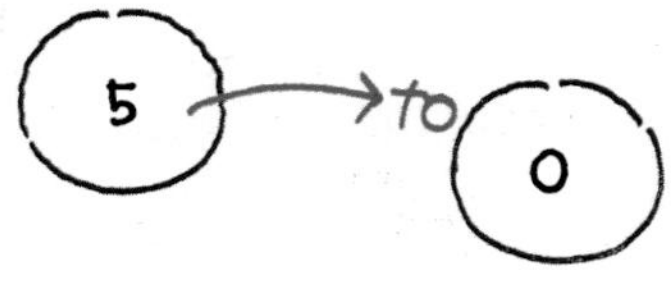

Our national soccer team lost. The final score was 5 **to** 0.
우리 국가대표 축구팀이 졌어요. 최종 스코어는 5**대** 0이었습니다.

Nowadays, many young people seem to prefer surfing the Internet **to** reading books.
요즘들어 많은 젊은이들이 책을 읽는 것**보다** 인터넷 검색을 더 선호하는 것 같습니다.

My trouble is nothing **to** what he has to go through.
내 문제는 그가 겪어야 하는 것**에 비하면** 아무것도 아닙니다.

회화에 꼭 쓰이는 to 필수표현

come to
의식이 돌아오다

When I **came to** there were people standing all around me.
내가 **깨어나자** 사람들이 모두 내 주위에 둘러서 있었어요.

Hasn't he **come to** yet?
그는 아직도 **의식이** 없나요(**돌아오지** 않았나요)?

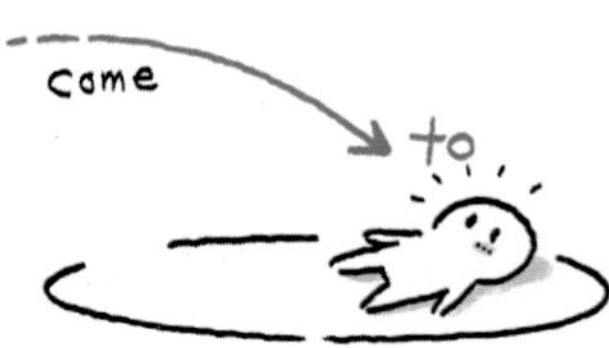

subscribe to
~을 구독하다

I don't **subscribe to** any newspapers these days because I can get any information I need on the Internet.
전 요즘 신문을 **구독하고** 있지 않습니다. 제가 필요한 정보를 모두 인터넷에서 얻을 수 있기 때문이죠.

Ray **subscribes to** several women's magazines.
레이는 몇 가지 여성 잡지를 **구독합니다**.

I **subscribe to** the Cho-sun newspaper.
조선일보를 **구독하고** 있습니다.

look forward to
~하기를 기대하다

어떤 일을 할(to) 것을 앞쪽에(forward) 두고 보고(look) 있는 것이므로 '~하기를 기대하다'

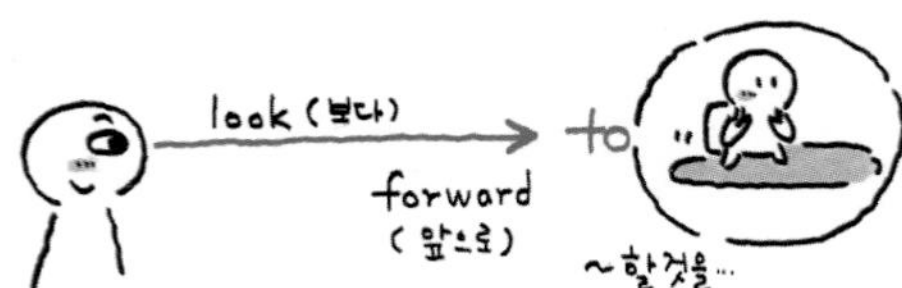

We are **looking forward to** seeing you soon.
곧 당신을 만나게 되길 **기대하고** 있습니다.

He's really **looking forward to** going to Switzerland.
그는 스위스에 갈 수 있길 정말 **고대하고** 있습니다.

be[get] used to
~에 익숙하다, 익숙해지다

Don't worry. I**'m used to** driving a car at night.
걱정하지 마세요. 전 밤에 운전하는 것에 **익숙합니다**.

I**'m** not **used to** eating oysters.
전 굴을 먹는 데 **익숙하지** 않아요.

Eventually he will **get used to** that sound.
결국 그는 그 소리에 **익숙해질** 겁니다.

from time to time
때때로

My ex-girlfriend calls me **from time to time**.
옛 여자 친구가 **때때로** 제게 전화를 해요.

Exercise 10 over/through/to로 말해보기

A 다음 문맥에 맞게 보기 에서 골라 넣으세요.

1 저기 문 위에 '출구 없음'이라는 사인이 있네요.
The sign ______ the door said 'No Exit'.

2 지하철 천호역은 저 다리 건너편에 있습니다.
The Chun-ho subway station is ______ the bridge.

3 그는 제게 아주 잔인했어요.
He was very cruel ______ me.

4 그가 제 치마에 온통 콜라를 쏟았지 뭐예요.
He spilt Coke all ______ my skirt.

5 대전으로 가는 열차는 9시에 떠납니다.
The train ______ Dae-jeon leaves at 9 o'clock.

6 나무들 사이로 햇빛이 반짝입니다.
The light is gleaming ______ the trees.

7 그는 밤새도록 깨어 있는 채로 누워 있었습니다.
He lay awake all ______ the night.

8 텔레비전 가격은 우리의 예산을 뛰어넘습니다.
The price of that TV is ______ our budget.

9 그 기차는 터널을 통과해 달렸습니다.
The train runs ______ a tunnel.

10 오후 5시 10분 전입니다.
It's ten ______ five in the afternoon.

보기 over | through | to

B 알맞은 전치사를 활용하여 다음 영어 문장을 완성하세요.

1 언제 우리와 함께 저녁 먹으러 오지 그래요?

Why don't you ______ ______ and have dinner with us sometime?

2 (신문이나 잡지) 구독하시는 거 있으세요?

Do you ______ ______ anything?

3 경찰이 그의 차를 과속으로 세웠습니다.

The cops ______ him ______ for speeding.

4 그는 잠시 동안 의식이 돌아오지 않았습니다.

He ______ ______ ______ for sometime.

5 그의 사업은 망하기 직전이었죠.

His business was about to ______ ______ .

6 올해 내 아들이 시험에 합격했어.

My son ______ ______ this year.

7 카탈로그 몇 개를 훑어봤습니다.

I've ______ ______ a few catalogues.

8 그 종이 좀 뒤집어 봐요.

______ ______ the piece of paper.

9 그녀는 10년이나 미국에 가지 못했기 때문에 이번 여행을 무척이나 손꼽아 기다렸습니다.

She was ______ ______ ______ the trip very much, especially since she had not been to America in ten years.

10 그녀는 계단에서 넘어져 다치고 말았습니다.

She ______ ______ the step and hurt herself.

밑에 있는

Under

under는 어떤 지점을 기준으로 '그 밑에 있는', '밑으로'입니다. 숫자의 경우 일정한 수치보다 '아래'라는 뜻이 되고 어떤 힘 아래에 있다고 하면 '그 영향력을 받고 있다'는 뜻이 되지요.

under

Check Point

1. ~ 밑에
2. ~보다 적은, 작은
3. ~의 영향을 받는
4. ~라는 가명으로, 필명으로

1 under ~밑에

어떤 물건의 위치가 밑에 있거나 밑에 움직임이 있는 것입니다.

My dog Tori was asleep **under** a table.
제 강아지 토리가 테이블 **밑에서** 잠이 들었습니다.

A little boat passed **under** the Han-nam Bridge just before.
조금 전에 작은 보트 하나가 한남대교 **밑으로** 지나갔습니다.

Look in the box **under** Tom's bed.
탐의 침대 **밑에 있는** 상자 속을 보세요.

The pirate buried lots of treasure **under** the ground.
그 해적들은 많은 보물을 땅**속에** 파묻었습니다.

I'm wearing sweaters **under** the jacket.
저는 재킷 **안에** 스웨터를 입고 있습니다.

옷의 위치상 스웨터가 점퍼 밑에 있으므로 전치사 under를 썼습니다.

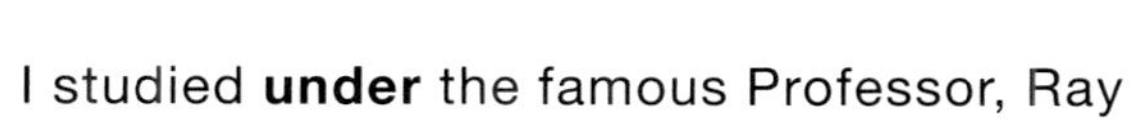

I studied **under** the famous Professor, Ray Mills.
저는 유명한 레이 밀즈 교수 **밑에서** 공부했습니다.

2 under ~보다 적은, 작은

일정한 수치 밑으로 있다는 것이므로 그보다 적은, 즉 '~ 미만의'라는 뜻을 나타냅니다. 시간의 경우 기준보다 밑으로 있다는 건 소요시간이 '~보다 적게 걸리는', '~이 채 안 걸리는'의 의미가 되지요.

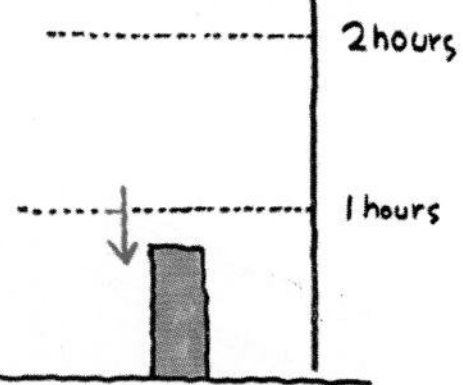

It took me **under** an hour. It was a piece of cake.
그 일은 (처리하는 데) 한 시간이 **채 안 걸렸습니다**. 식은 죽 먹기였죠.

Nobody **under** 20 is allowed to buy alcohol in Korea.
한국에서는 20세 **미만은** 술을 살 수 없습니다.

You can buy a good computer for **under** 1,000,000 won these days.
요즘엔 100만 원 **아래로** 좋은 컴퓨터를 살 수 있습니다.

I've never had a speeding ticket because I always drive **under** the speed limit.
저는 속도위반 딱지를 뗀 적이 없어요. 늘 제한속도 **안에서** 운전을 하거든요.

3 under ~의 영향을 받는

어떤 힘의 밑에 있다고 하면 그 힘의 작용, 압력의 영향을 받고 있다는 뜻이 됩니다.

We're **under** attack! We need back-up right now!
공격 **받고** 있어요! 당장 지원이 필요합니다!

He is **under** pressure.
그는 정신적 압박 **속에** 있습니다.

Freeze! Don't move. You're **under** arrest.
꼼짝 마! 움직이지 마. 너를 체포한다.

It is out of our hands because it is **under** government control.
그 일은 우리 권한 밖이에요. 정부의 통제 **하에** 있기 때문이죠.

This subway station is still **under** construction.
이 지하철역은 아직 공사 **중**입니다.

Is this refrigerator still **under** guarantee?
이 냉장고 아직 보증 **하에** 있나요?

Don't be disappointed yet! Your proposal is still **under** consideration.
아직 실망하지 마세요! 당신의 제안에 대해 아직 고려 **중**입니다.

4 under ~라는 가명으로, 필명으로

당당하고 떳떳하지 못하면 잘 보이지 않는 밑(under)에 숨어 있겠죠. 어떤 이름(name) 아래에서 무언가 한다는 것은 그 이름이 진짜가 아니라 가명(false name)이나 필명(pen name)이라는 뜻이 됩니다.

He writes **under the name of** Steve Jung.
그는 스티브 정**이라는 필명으로** 책을 썼습니다.

He had been living **under the false name of** James Bonds.
그는 제임스 본드**라는 가명으로** 지내오고 있었습니다.

회화에 꼭 쓰이는 under 필수표현

under control
성공적으로 다루어지는

Don't worry about things—everything's **under control.**
그 일은 걱정하지 마세요. 모든 일이 **계획대로 되어가고** 있어요.

I need help. I often have difficulty keeping my temper **under control.**
도움이 필요해요. 가끔씩 제 성질을 **조절하는** 게 어렵거든요.

under construction
공사 중인

The new Hyundai Department Store is still **under construction.**
현대백화점은 아직도 **공사 중**입니다.

under age
미성년의

He can't vote for a new president next year because he is **under age.**
그는 내년 대통령 선거에 투표할 수 없어요. **미성년자**이기 때문이죠.

under arrest
체포하다

You're **under arrest**!
너를 **체포한다**!

under no circumstances
어떠한 경우에도 ~하지 않다

Under no circumstances should you give it to him.
무슨 일이 있어도 그 사람에게 이걸 주어선 안 됩니다.

33 위로 가는 Up

up의 기본적인 의미는 위치가 '아래에서 위로 올라가는', 혹은 '위에 위치해 있는' 것입니다. 흐르는 결 그대로 진행되는 '방향'을 의미하기도 합니다. 그런데 up은 전치사 뿐 아니라 부사(adverb)로서 훨씬 많이 쓰이는 데 up이 숫자에 적용되면 '수, 양이 많아지고 증가되는' 의미가 되고 때로는 위로 작용하는 것이므로 무언가에 직면하고 맞닥뜨리는 의미로 쓰이기도 합니다.

up

Check Point

❶ ~ 위로, 위의

❷ 일어나 있는

❸ ~에 직면한

1 up ~위로, 위의

down(아래로, 아래의)의 정반대 개념으로서의 '위로', '위의'를 뜻합니다.

I couldn't catch the cat because he climbed **up** the tree.
고양이를 잡을 수 없었어요. 나무 **위로** 올라가 버렸거든요.

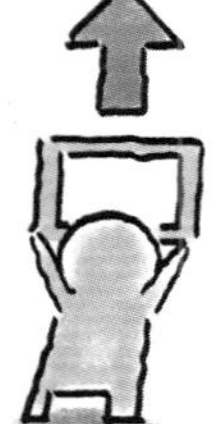

Can you move the painting **up** a little higher?
그림을 좀 더 높이 **위로** 움직일 수 있니?

He always walks **up** the steps to the fifth floor for exercise.
그는 항상 5층까지 운동삼아 계단을 걸어 **올라갑니다.**

The weather was so brutal that he turned **up** the collar of his coat.
날씨가 너무 혹독해서 그는 코트 깃을 **세웠습니다.**

She walked **up** and down the room while he was smoking.
그가 담배를 피우는 동안 그녀는 방을 **왔다**갔다 했습니다.

The team is **up** for the game.
경기를 앞두고 그 팀은 **기세가 등등**합니다.

2 up 일어나 있는

up은 부사로서 구동사 형태(동사+부사)로 쓰이며 많은 의미로 파생됩니다. 예를 들어 몸이 '위에 있는' 상태란, 자지 않고 깨어 있거나 일어나 있는 상태를 말하죠. 기본적으로 up은 앞 동사의 뜻을 강조하고 좀 더 확실하게 해 주는 역할을 합니다.

He got **up** and went out into the foyer.
그는 **일어나서** 로비로 나갔습니다.

I was **up** all night because Susan didn't come home until 6:00 a.m.
밤을 **샜어요**. 수잔이 새벽 6시까지 집에 오지 않았기 때문이죠.

She stayed **up** all night waiting for his call.
그녀는 그의 전화를 기다리며 밤을 꼬박 **새웠습니다**.

The children stood **up** to sing.
아이들은 노래를 하려고 **일어났습니다**.

3 up ~에 직면한

up은 어떤 상황이 일어나거나 어떤 사람이 다가와서 '직면하다', '나타나다', '맞닥뜨리다'는 의미로도 쓰입니다.

They were **up** against a very strong team but did their best.
그들은 아주 강한 팀과 **맞붙었지만** 최선을 다했습니다.

It's **up** to you.
그건 네게 **달렸어**.

A short and fat man came **up** and asked me for the time.
키가 작고 뚱뚱한 남자가 **다가와** 시간을 물었습니다.

I went **up** to a police officer and asked for directions to Jong-ro.
저는 경찰관에게 **다가가** 종로로 가는 방향을 물었습니다.

She knows something is **up**.
그녀가 무슨 일이 **있다는** 걸 눈치채고 있어요.

회화에 꼭 쓰이는 up 필수표현

act up

❶ 제대로 작동하지 않다 ❷ 비정상적인 행위를 하다

❶ 동작이나 행위가 위로 불거져 올라온다는(up) 것이므로 '(기계나 차량 등이) 제대로 작동하지 않다'

The washing machine is **acting up** again.
세탁기가 또 **말썽을 부리네요.**

❷ '비정상적인 행위를 하다', '이상하게 행동하다'

The kids started **acting up**.
아이들이 **이상한 행동을 하기** 시작했어요.

How long has your ankle been **acting up**?
얼마동안 무릎이 **이상했던** 거죠?

back up

❶ 뒤로 움직이다 ❷ 저장해놓다 ❸ 뒷받쳐 주다 ❹ 도와주다

❶ '뒤로 움직이다'

Back up your car please. I can't move forward.
차를 **뒤로 빼주세요.** 제가 앞으로 움직일 수가 없네요.

그림처럼 뒤로 움직이는 차를 위에서 보면 위로 올라가는(up) 것으로 보이므로

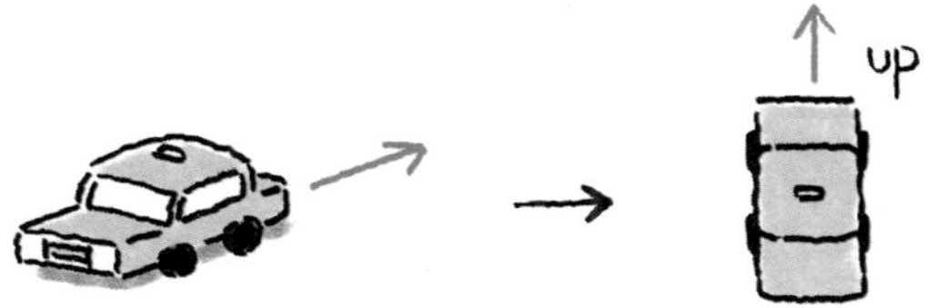

❷ 컴퓨터 등에 '저장해놓다'

Before formatting the computer, don't forget to **back up** your files.
컴퓨터를 포맷하기 전에 네 파일 **백업해]놓는** 거 잊지 마라.

❸ 일이나 의견을 '뒷받쳐 주다'

Honestly, that's exactly what happened. Liz will **back** me **up**.
솔직히 말해서 그게 정확히 일어난 일이죠. 리즈가 제 말을 **뒷받침해 줄** 거예요.

❹ '도와주다', '지원해 주다'

Will you **back** me **up**?
나 좀 **도와줄래요**?

We're going to need some professional **backup** for this project.
이번 프로젝트에 전문적인 **도움**이 필요할 겁니다.

blow up
폭파시켜 날려버리다

The building was **blown up** by terrorists.
그 빌딩은 테러리스트들에게 의해 **폭파되었습니다**.

break up
연인 등이 헤어지다, 깨지다

We **broke up** last month.
우리 지난 달에 **헤어졌어요**.

bring up

❶ ~에 대해 이야기하다 ❷ 불러오다

❶ '~에 대해 이야기하다'. '새로운 문제를 제기하거나 언급하다'

He's always **bringing up** his health problems. I hate it.
그는 항상 그의 건강문제를 **꺼내 이야기한다니까**. 난 정말 싫어.

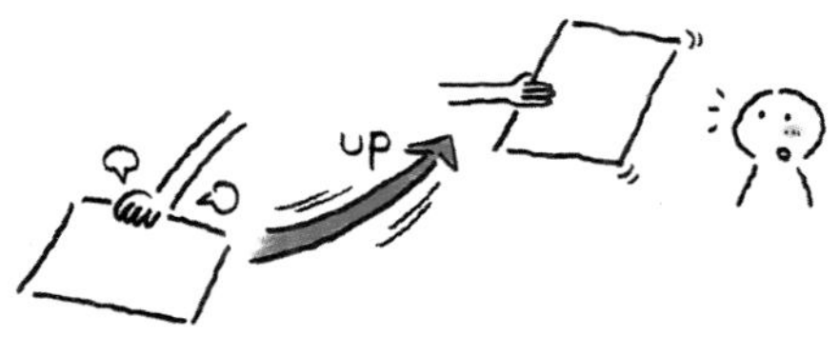

❷ 컴퓨터에서 사진이나 데이터 등을 '불러오다'

Click the mouse to **bring up** new data.
마우스를 클릭해서 새로운 데이터를 **불러와**.

build up

꾸준한 운동으로 몸을 튼튼하게 하다

I heard you're **building up** your body, Ray. Are you seeing anyone these days?
레이, 너 **몸 만들고** 있다며? 요새 누구 만나?

call up

전화를 걸다

Call me **up** later and we can talk about our new business items.
나중에 나한테 **전화해**. 새 사업 아이템에 대해 이야기해 보자고.

catch up with
~을 따라잡다

Keep going. I'll **catch up with** you in a minute.
계속 가요. 금방 **따라갈**게요.

It will be hard for me to **catch up with** the other students.
다른 학생들을 **따라잡는** 것은 제게 힘든 일이 될 거예요.

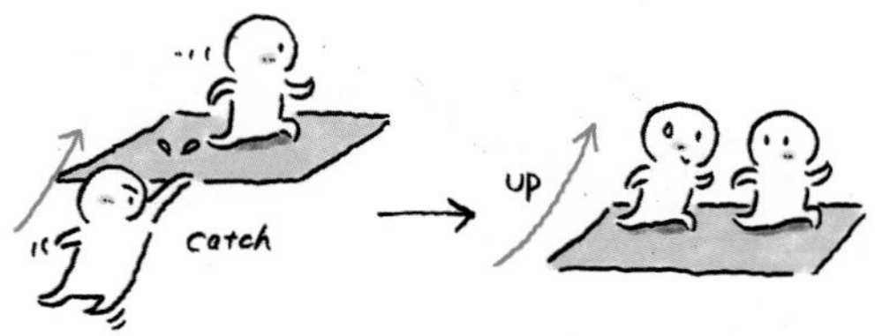

cheer up
기운을 내다, 북돋우다

You need to **cheer up**.
너 **기운 좀 내야겠다**.

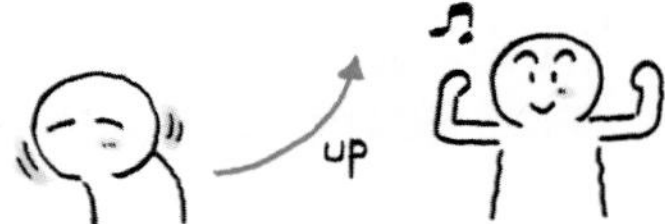

clean up
분명하게 하다

Let me **clean up** a few things.
몇 가지 **정리해** 볼게.

come up
❶ 가까이 다가오다 ❷ 언급되다

❶ '가까이 다가오다'

A strange man **came up** and talked to me.
모르는 사람이 **다가와** 제게 말을 걸었습니다.

❷ '언급되다'

The subject didn't **come up** at the last meeting.
그 주제는 지난 회의에서는 **언급되지** 않았습니다.

cover up
사실을 숨기다

I know they're **covering up** their mistake.
그들이 실수를 **숨기고** 있다는 걸 알고 있어요.

I don't like him. He's always **covering up** something.
그가 마음에 들지 않아요. 항상 뭔가를 **숨기고** 있다니까요.

dress up
옷을 잘 차려 입다

What are you all **dressed up** for?
옷을 왜 그렇게 **차려 입었어**?

She always **dresses up** for a date.
그녀는 데이트할 때면 늘 **옷을 잘 차려 입어요**.

fill up
가득 채워 넣다

If you use my car, please **fill** it **up** with gas.
제 차를 사용하려면 기름을 **채워 주세요**.

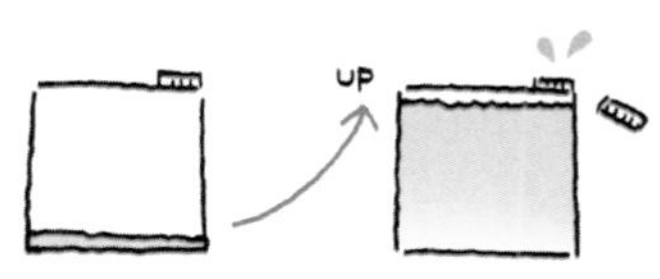

Fill it[her] **up**.
가득 채워 주세요.

주유소(gas station)에 가서 기름을 가득 채워 달라고 할 때 쓰는 말

give up
포기하다

자신이 하던 일을 남에게 주고(give) 두손을 다 드니까(up) '포기하다'

Don't **give up** yet!
아직 **포기하지** 말아요!

grow up
어른으로 자라다, 철들다

I **grew up** in Busan.
전 부산에서 **자랐습니다.**

Why don't you **grow up**?
철 좀 들지 그러니?

hang up
전화를 끊다

유선 전화기의 경우 수화기를 본체에 걸어 전화를 끊으므로 '전화를 끊다'

Don't **hang up** yet. I still have something to tell you.
아직 **전화 끊지** 마세요. 당신한테 할 말이 남았어요.

Please **hang up** and place your call again.
전화 끊었다가 다시 걸어주세요.

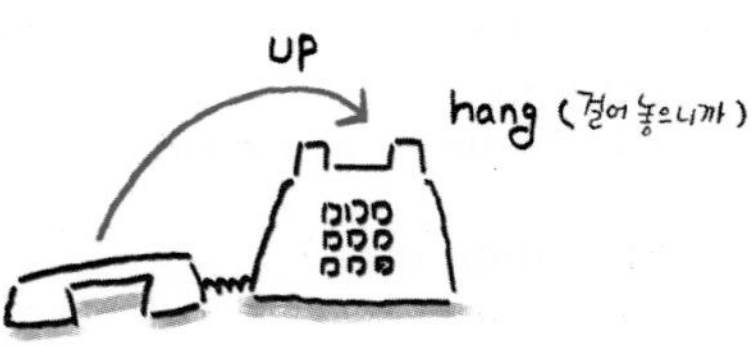

hold up
❶ 견뎌내다 ❷ 방해하다

❶ '좋은 상태를 계속 유지하다', '견뎌내다'

She's **holding up** well under the pressure.
그녀는 정신적인 압박 속에서도 잘 **견뎌내고** 있습니다.

❷ '길을 막다', '방해하다'

An accident on Teheran Street **held up** traffic for 40 minutes.
테헤란로에서의 자동차 사고로 교통이 40분 동안 **막혀 있었습니다**.

The traffic on Olympic Bridge **held** us **up** for 2 hours.
올림픽 대교 위의 체증으로 우리는 2시간 동안 **꼼짝 못하고 있었습니다**.

keep up with
다른 사람과 보조를 맞추다

Will you be able to **keep up with** your teammates?
당신 팀 동료들**과 잘 해나갈** 수 있겠어요?

look up
사전 등을 찾아보다, 조사하다

Why don't you **look up** that word on the Internet?
그 단어 인터넷에서 **찾아보지** 그래요?

make up
❶ 화해하다 ❷ 꾸며내다

❶ 다툼을 멈추고 '화해하다'

Have they **made up** yet?
너희들 **화해** 아직 안 **했니**?

You'd better kiss and **make up**.
너희 **화해하는** 게 좋을 거야.

kiss and make up은 '(연인, 부부끼리) 화해하다'라는 뜻의 표현

❷ 남을 속이거나 핑계를 대기 위해 '꾸며내다'

He's a liar. I can see he **made** it **up**!
그는 거짓말쟁이입니다. 난 그가 말을 **꾸며냈다는** 걸 알 수 있어요!

He was very good at **making up** convincing excuses.
그는 그럴듯한 변명거리를 **만들어내는** 데 탁월하죠.

mix up
마구 섞다, 혼란스럽게 하다

I often **mix** them **up** because they're twins.
난 종종 그들이 **헷갈려요**. 쌍둥이거든요.

There must have been a **mix-up**.
혼동이 있었던 게 틀림없어요.

You must have me **mixed up** with someone else.
저를 딴 사람과 **혼동하시는** 게 틀림없어요.

My CDs and DVDs were all **mixed up**.
제 CD와 DVD가 모두 **섞여** 있었어요.

pick up
❶ 집어들다 ❷ 유혹하다 ❸ 익히다

❶ '집어들다'

Pick up the ball and throw it to me.
공을 **집어서** 내게 던져.

❷ 이성을 '유혹하다'

We **picked up** some chicks last night around Shin-chon.
우린 어젯밤 신촌 근처에서 여자애들을 몇 명 **꼬셨어**.

❸ 어떤 일을 '배우다', '익히다'

He's great. He's really smart and **picks** things **up** quickly.
그는 대단해요. 진짜 똑똑하고 일을 빨리 **배워요**.

set up

❶ 준비하다 ❷ 약속하다 ❸ 차리다 ❹ 속임수를 쓰다 ❺ 소개시켜 주다

❶ '준비하다', '정하다'

I'll **set up** the portable barbecue grill there.
제가 휴대용 바비큐 그릴을 그곳에 **준비해** 놓을게요.

❷ '약속하다'

We **set up** the appointment for December.
우리는 12월로 **약속을 잡았습니다**.

❸ 사업 등을 '차리다'

My parents helped me to **set up** my own company.
부모님께서 제가 제 소유의 회사를 **차릴** 수 있도록 도와주셨어요.

❹ '속임수, 계략 등을 쓰다'

I've been **set up**. They **set** me **up**.
난 **속임수에 말려들었어**. 그들이 날 **이용한** 거야.

I realized that the whole thing was a **set-up**.
전 모든 게 **음모**였다는 것을 알아차렸죠.

❺ 이성을 '소개시켜 주다'

Do you have a friend you could **set** me **up** with?
네 친구 중에 나한테 **소개해 줄** 만한 여자 없니?

show up
나타나다

He didn't **show up**.
그는 **나타나지** 않았어요.

It was 9:20 when he finally **showed up**.
마침내 그가 **나타났을** 때는 9시 20분이었습니다.

sign up
❶ 등록하다 ❷ 계약하다

❶ '등록하다'

I decided to **sign up** for some extra college classes because I need more credits to graduate.
학교 수업을 몇 개 더 **등록하기**로 했어요. 졸업하려면 학점이 더 필요하거든요.

❷ '계약하다'

The Yankees **signed** him **up** when he finished college.
그가 대학을 졸업하자 양키스가 그와 **계약했습니다**.

stand up
일어서다

When you teach at school you have to **stand up** all day.
학교에서 가르칠 때 하루 종일 **서 있어야** 합니다.

throw up

토하다(= vomit)

I don't feel good. I'm going to **throw up**. Pull over there!
속이 안 좋아 **토할** 것 같아. 저쪽에 차 좀 세워 줘!

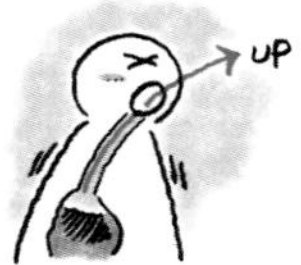

up and down

위아래로, 오르내리는

Her son started to jump **up and down** on the bed.
그녀의 아들은 침대에서 **위아래로** 뛰기 시작했습니다.

She's been very **up and down** these days.
그녀는 요즘 감정의 **기복**이 아주 심했어요.

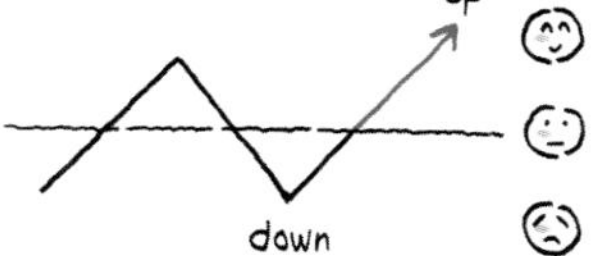

Every relationship has a lot of **ups and downs**.
모든 인간관계에는 많은 **굴곡**이 있게 마련이지요.

모든 일에는 좋을 때(ups)와 나쁠 때(downs)가 함께 공존한다는 뜻, ups and downs는 '(길 등의) 오르내림, 기복'을 나타냄

time is up

(약속한 제한) 시간이 다 되다

It looks like the **time is up**, so I'll have to see you in class again tomorrow.
시간이 다 된 것 같네요. 내일 수업 시간에 다시 만나요.

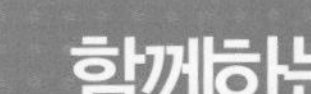

34 함께하는 With

전치사 with는 '~와 같이, 동시에'라는 뜻으로 아래와 같이 하나의 대상에 다른 하나가 더해져 함께하는 것을 나타냅니다.

with

Check Point

❶ ~와 함께

❷ ~에 더하여, 추가하여

❸ ~한 채

❹ ~로(도구, 수단, 방법)

❺ ~로(감정)

❻ ~ 때문에

❼ ~에(행동의 대상)

❽ ~에(문제의 대상)

1 with ~와 함께

사람이나 물건 등이 가까이에 붙어 있는 것을 말합니다.

Shimson still lives **with** his parents.
심슨 씨는 아직도 그의 부모님**과 같이** 삽니다.

He walked **with** Liz to the front door.
그는 리즈**와 함께** 현관문 앞으로 걸어갔습니다.

I'm in love **with** Liz.
저는 리즈**와** 사랑에 빠졌어요.

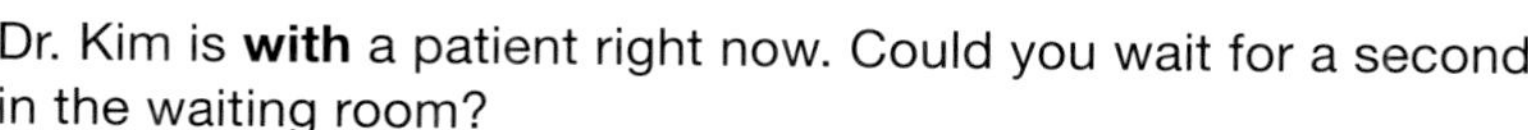

Dr. Kim is **with** a patient right now. Could you wait for a second in the waiting room?
김 선생님은 지금 환자**를** 진찰하고 계십니다. 대기실에서 잠시 기다려 주시겠어요?

My shirts are dirty. May I put them in the laundry machine **with** yours?
내 셔츠가 더러워. 네 셔츠**하고** 세탁기에 **함께** 넣어도 될까?

I'm not going there **with** him anymore.
그 사람**하고는** 거기에 다시는 안 갈 거예요.

She must have been arguing **with** her husband for two hours.
그녀는 두 시간 동안 남편**과** 말다툼하고 있었던 게 틀림없어요.

Discuss your health problems **with** your doctor.
의사**와** 건강 문제를 상의해 보세요.

I don't really get along **with** Ray.
전 정말 레이**하고는** 친하게 못 지내요.

For security reasons, please keep your bag **with** you at all times.
보안상의 이유로 여러분의 가방을 항상 **곁에** 두시길 바랍니다.

His legs were caked **with** dried mud.
그의 다리에는 마른 흙이 들러**붙어** 있었습니다.

2 with ~에 더하여, 추가하여

She always drinks her coffee **with** sugar and cream.
그녀는 항상 설탕과 크림**을 넣어서** 커피를 마십니다.

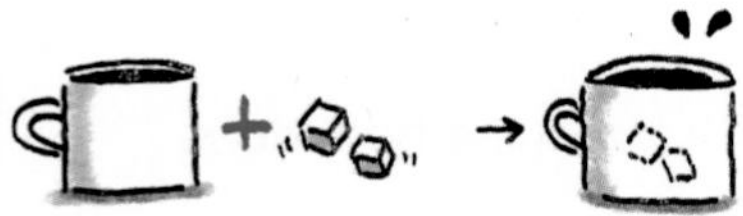

A night's accommodation at the W hotel **with** breakfast included will cost 300,000 won a day.
W호텔은 조식**을 포함해서** 하룻밤에 30만 원이 듭니다.

3 with ~한 채

동시에 일어나는 상황을 묘사합니다.

The front door closed **with** a crash.
현관문이 큰 소리**를 내며** 닫혔습니다.

He stood there **with** his hands in his pockets.
그는 주머니에 양손을 넣은 **채** 거기 서 있었습니다.

He was about six-feet tall **with** grey hair.
그는 약 6피트**에** 회색 머리**였어요**.

4 with ~로(도구, 수단, 방법)

She filled the pitcher **with** orange juice.
그녀는 오렌지 주스**로** 피처를 채웠습니다.

He writes **with** a pencil all the time.
그는 항상 연필**로** 씁니다.

~없이 Without

without은 앞에서 설명드린 with와 정반대의 의미로 with에 out이 결합되어 '~이 없는' 상태를 말합니다. 'without + 사람'은 '그 사람 없이', 'without + 사물'은 '그 사물이 없는 상태'를 말하죠.

without

Check Point

1. without + 사람 : 사람 없이
2. without + 물건 : 물건 없이, 물건을 사용하지 않으면서
3. 어떤 행동 없이, 어떤 상황을 경험하지 않고

1 without + 사람 사람 없이

I couldn't have done it **without** her.
전 그녀 **없이는** 그 일을 끝낼 수가 없었을 겁니다.

I will leave with or **without** you at 6:00 P.M.
당신이 **함께** 하든지 함께 **안 하든지** 전 6시에 떠날 겁니다.

Do start **without** me.
나 **없이** 시작하세요.

2 without + 물건 물건 없이, 물건을 사용하지 않으면서

I've come out **without** my cell-phone.
제 핸드폰을 **안 가지고** 나와 버렸습니다.

You shouldn't drive **without** a driving license.
당신 운전면허증 **없이** 운전해서는 안 돼요.

I'm cutting down on drinking and looking for some ideas on ways to socialize **without** drinking alcohol.
술 마시는 걸 줄이고 있는데요, 술 **없이도** 사람들과 어울리는 방법들을 찾고 있습니다.

3 without 어떤 행동 없이, 어떤 상황을 경험하지 않고

She's strong **without** being bossy.
그녀는 으스대**지 않으면서도** 강해요.

You look beautiful **without** make-up.
당신 화장 **안 했어도** 아름다워요.

How to skip school **without** being caught?
어떻게 하면 걸리**지 않고** 땡땡이를 치지?

How can I order something online **without** my wife finding out?
와이프 **몰래** 어떻게 인터넷으로 물건을 주문할 수 있을까요?

회화에 꼭 쓰이는 without 필수표현

do without ~
~없이 견디다, 지내다

There's no sugar left, so I'm afraid you'll just have to **do without**.
설탕이 없는데 유감스럽게 당신 그냥 설탕 **없이 해야** 겠어요.

I don't think I can **do without** my smart phone even a single day.
저는 제 스마트폰 **없이는** 단 하루도 못 **견딜** 것 같아요.

What would I **do without** you?
당신 **없이** 내가 뭘 **하겠어요**?

go without ~
~ 없이 가다, 견디다, 지내다

I'd rather **go without** food than work for her.
그녀를 위해 일하느니 차라리 굶겠어요.

How long can a camel **go without** water?
낙타는 물 **없이** 얼마나 오래 **견딜** 수 있나요?

How long can the human body **go without** sleep?
사람의 몸은 잠을 자지 **않고** 얼마나 오래 **견딜** 수 있나요?

without one's knowledge.
모르는 사이에, 남에게 알리지 않고

Ray went **without my knowledge**.
레이는 **내가 모르는 사이에** 가 버렸습니다.

Rachel got married **without the knowledge of her parents.** (=her parents' knowledge)
레이첼은 **그녀의 부모님들 모르게** 결혼했습니다.

without a doubt
의심할 여지없이 (= certainly)

Avatar is **without a doubt** the best Sci-fi movie I have ever seen.
아바타는 **의심할 여지없이** 내가 본 최고의 SF영화입니다.

China will **without a doubt** be the world's superpower.
중국은 **의심할 여지없이** 세계의 강대국이 될 겁니다.

Exercise 11 under/up/with/without으로 말해보기

A 다음 문맥에 맞게 보기 에서 골라 넣으세요.

1 그녀는 부담을 느끼면서도 잘 해냈습니다.
She performed well ______ pressure.

2 그는 현재 어머니와 함께 지내고 있습니다.
He is currently staying ______ his mother.

3 그들은 큰 나무 밑에 앉아 점심을 먹었습니다.
They sat ______ the big tree and had lunch.

4 네 케이크 다 먹어치워.
Eat ______ your cake.

5 그녀는 나이가 어려서 투표할 수가 없습니다.
She can't vote because she is ______ age.

6 북한과의 전쟁은 아직 끝나지 않았습니다.
The war ______ North Korea is not over yet.

7 보수적인 정부 아래서였다면 상황이 달라졌을까요?
Would things have been different ______ a conservative government?

8 우지끈하고 큰 나무가 쓰러졌습니다.
A big tree fell down ______ a crash.

9 누구나 법 앞에 평등하다.
All men are equal ______ the law.

10 사람이 물 없이 얼마나 살 수 있는지 알아요?
Do you know how long people can last ______ water?

보기 under | up | with | without

B 알맞은 전치사를 활용하여 다음 영어 문장을 완성하세요.

1 제니랑 헤어져야만 할 것 같아요.
I need to ______ ______ ______ Jenny.

2 더 이상 스팸메일과 팝업창을 참지 마세요!
Don't ______ ______ ______ spam and pop-ups anymore!

3 그들은 자신들의 요구가 받아들여지지 않으면 비행기를 폭파하겠다고 위협했습니다.
They threatened to ______ ______ the plane if their demands were not met.

4 난 "안녕"이라 말하고 전화를 끊었습니다.
I said 'Goodbye' and ______ ______ .

5 김연아는 의심할 여지없이 내가 본 피겨 스케이터 중 최고입니다.
Yuna Kim is ______ ______ ______ the best figure skater I've ever seen.

6 그녀에게 전화해서 만날 시간을 정할게요.
I'll call her and ______ ______ a time for you to meet.

7 누가 바닥에 토했어요.
Someone ______ ______ on the floor.

8 그 지하철 역은 아직도 공사 중입니다.
The subway station is still ______ ______ .

9 사고로 인해 몇 시간 동안 교통이 막혀 있었습니다.
Traffic has been ______ ______ for several hours by the accident.

10 그들은 범죄를 저지르고 그것을 숨겼어요.
They committed a crime and ______ ______ ______ .

PART 2

쓰임별 전치사 이미지로 정리하기

01 기간을 나타내는 전치사

1 DURING ~하는 동안에

during 다음에는 명사가 오며 '방학 동안(during the vacation)', '겨울 동안(during the winter)'처럼 while에 비해 그 기간이 상대적으로 긴 경우를 가리킵니다. 또한 같은 시간 동안(at the same time) 일어난 일을 표현하기도 하고요.

My husband is usually at home **during** the day.
제 남편은 낮 **동안** 주로 집에 있습니다.

My father was taken to the hospital **during** the night.
제 아버지는 밤 **동안에** 병원에 실려 가셨습니다.

During the summer vacation I've learned how to swim.
여름방학 **동안** 전 수영을 배웠습니다.

We drank cold apple juice **during** the parade.
우리는 퍼레이드가 진행되는 **동안** 차가운 사과주스를 마셨습니다.

My girlfriend fell asleep **during** the second movie.
내 여자 친구는 두 번째 영화가 상영되는 **동안** 잠이 들었습니다.

I met a lot of nice people **during** my vacation.
전 휴가 **동안** 좋은 사람들을 많이 만났습니다.

during the day
the night
the summer
the storm
pregnany
the attack
sleep

| *while*과 *during*, 이렇게 기억하세요! |

2 WHILE ~하는 동안에

while 다음에는 주로 「주어+동사」 형태의 절이 오며, during에 비해 그 시간이 상대적으로 짧은 경우를 나타냅니다. 주로 하루 내에 일어나는 일을 묘사할 때 많이 쓰지요.

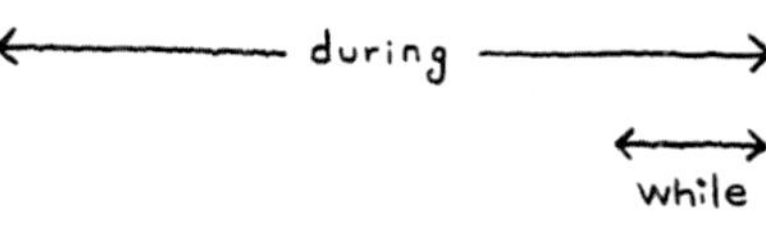

| *while*과 *during*의 시간 비교 |

While waiting for the bus I met an ex-boyfriend.
버스를 기다리는 **동안에** 전 남자 친구를 만났습니다.

Liz suddenly began to feel sick **while** she was taking the exam.
리즈는 시험 보는 **동안에** 갑자기 통증을 느끼기 시작했습니다.

We must have been burgled **while** we were asleep.
잠든 **동안에** 도둑 맞은 게 틀림없어.

3 FOR ~동안에

during이나 while이 같은 시간에 일어난 일을 설명하는 것이라면 for는 주로 문장의 말미에서 어떤 행동을 하는 데 걸린 기간, 즉 '몇 시간 동안', '며칠 동안', '몇 주 동안', '몇 개월 동안', '몇 년 동안' 등을 나타낼 때 씁니다.

I was asleep **for** 4 hours.
나는 4시간 **동안** 잠이 들었어.

We watched DVDs **for** 5 hours last night.
우리는 어젯밤에 5시간 **동안** DVD를 보았습니다.

I will be on vacation **for** a month.
나는 한 달 **동안** 휴가를 갈 겁니다.

It rained **for** 3 days without stopping.
3일 **동안** 쉬지 않고 비가 내렸습니다.

I just want to rest **for** a couple of hours.
나는 두어 시간 **동안** 쉬고 싶을 뿐입니다.

02 기한을 나타내는 전치사

1 BY ~까지(~보다 늦지 않게)

by는 '특정한 시각보다 늦지 않게(no later than a particular time)', '이전에'라는 뜻을 나타냅니다. 주로 어떤 특정 시간까지 '무엇을 제출하라', '끝내라' 등의 마감 시간을 말할 때 쓰는 표현이죠.

Your report has to be done **by** 5:00.
당신의 보고서는 5시**까지 (늦지 않게)** 제출되어야만 합니다.

I have to board the plane **by** three o'clock.
나는 3시**까지** 비행기에 **(늦지 않게)** 탑승해야 해.

This book must be finished **by** October 12th.
이 책은 10월 12일**까지 (늦지 않게)** 마무리되어야 해요.

| *by*는 주로 마감 시간을 이야기할 때 쓰는 전치사 |

2 UNTIL ~까지(~까지 내내, 계속되는)

| *until*은 진행되고 있는 일이 그 시각에 딱 *stop*되는 것 |

이에 비해 전치사 until은 어떤 특정 시각까지 일이 '진행'되다가 stop되는 것을 말할 때 씁니다.

The banks are open **until** 4:30.
은행은 4시 반**까지 (내내, 계속)** 엽니다.

Liz is on vacation **until** Monday.
리즈의 휴가는 월요일**까지 (내내, 계속)**입니다.

Ed has to work **until** five o'clock.
에드는 5시**까지 (내내, 계속)** 일해야 합니다.

3 NOT UNTIL ~하기 전까지는

until 앞에 not을 붙여서 not ~ until...의 형태로 말하면 '…하기 전까지는 ~하지 않는다(~해서는 안 된다)'는 뜻이 됩니다.

The store **doesn't** open **until** ten o'clock.
그 상점은 10시**까지는** 문을 열지 **않습니다.**

Don't worry. The movie **doesn't** start **until** 11:00 a.m.
걱정 마. 영화는 오전 11시**까지는** 시작하지 **않을 거야.**

03 일정한 때를 나타내는 전치사

1 IN

1 in은 달, 계절, 해, 10년, 세기 등을 나타낼 때 씁니다.

I moved to Seoul **in** June of 2001.
나는 2001년 6월**에** 서울로 이사했습니다.

I like walking through the parks **in** the fall.
나는 가을**에** 공원을 거니는 것을 좋아합니다.

I did my studies at the University of Calgary **in** the nineties.
나는 90년대**에** 캘거리 대학에서 공부했습니다.

This painting was done **in** the fifteenth century.
이 그림은 15세기**에** 그려진 것입니다.

2 in은 또한 '특정한 시간 내에', '~후에'라는 뜻으로 씁니다.

I'll be there **in** an hour.
저는 1시간 **후에** 그곳에 도착할 겁니다.

The veterinarian will attend to your dog **in** a few minutes.
수의사가 몇 분 **뒤에** 당신 강아지를 진찰할 겁니다.

A plane can get you from Korea to the Philippines **in** six hours.
비행기를 타면 한국에서 필리핀까지 6시간 **만에** 갑니다.

I can do a complete workout **in** less than an hour.
나는 한 시간이 채 안 **걸려서** 연습을 다 할 수 있습니다.

3 아침, 점심, 저녁은 in the morning/afternoon/evening으로 표현합니다.

It's part of my routine to write **in the morning**, walk my dog **in the afternoon**, and surf the Internet **in the evening**.
아침에는 글을 쓰고, **오후에는** 강아지를 산책시키고, **저녁에는** 인터넷을 서핑하는 것이 내가 일상적으로 하는 일의 일부입니다.

4 in time은 '시간에 늦지 않게 맞춰서'라는 뜻이죠.

I made it to my best friend's wedding just **in time** for the marriage ceremony.
나는 내 가장 친한 친구의 결혼식 **시간에 맞춰서** 도착했습니다.

We made it to the hockey game **in time** for the first face-off.
우리는 첫 하키 경기가 시작될 **때에 맞춰서** 도착했습니다.

2 ON

1 on은 하루, 요일, 특정한 일이 일어나는 날을 표현할 때 씁니다.

They're expecting me **on** Tuesday.
그들은 화요일**에** 나를 만날 것으로 기대하고 있습니다.

See you **on** Friday!
금요일**에** 봅시다!

Techno-Mart is closed **on** Tuesdays.
테크노마트는 화요일**에** 문을 닫습니다.

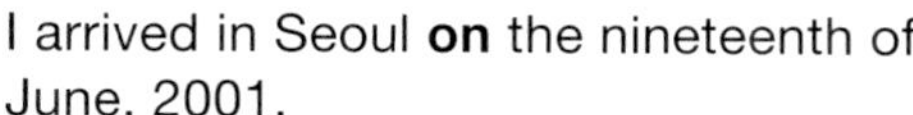

I arrived in Seoul **on** the nineteenth of June, 2001.
나는 2001년 6월 19일에 서울**에** 도착했습니다.

I lost my new cell phone **on** my birthday.
나는 생일날**(에)** 새 핸드폰을 잃어버렸습니다.

2 on time은 '정시에', '정각에'라는 뜻으로 on the dot, on the nose 역시 같은 의미이죠.

I always arrive **on time** for business meetings.
나는 업무 회의에 늘 **정시에** 도착합니다.

There was a traffic jam, but I still arrived at work **on time**.
차가 많이 막혔지만, 나는 **정시에** 출근을 했습니다.

The bank opens at ten o'clock **on the dot**.
그 은행은 10시 **정각에** 문을 엽니다.

He finished work at seven o'clock **on the nose.**
그는 7시 **정각에** 일을 끝냈습니다.

3 AT

1 특정한 시각 또는 때를 표현할 때에는 at을 씁니다.

The Hyatt hotel offers a free breakfast **at** 8:30 every morning.
하얏트 호텔은 매일 아침 8시 30분에 무료 아침 식사를 제공합니다.

I hope we can meet our investors tomorrow **at** lunchtime.
나는 우리가 내일 점심시간**에** 투자자들을 만날 수 있기를 바랍니다.

What are you doing **at** the weekend?
주말**에** 뭐 하실 거예요?

2 '밤에'는 at night, '새벽에'는 at dawn이라고 합니다.

I have to work **at night**.
나는 **밤에** 일해야 합니다.

I woke **at dawn**.
난 **새벽에** 깼습니다.

3 '(과거) 그때에는'이라고 말할 때 at the[that] time이라고 합니다.

I'm sorry I couldn't be here to meet you. I was in the Philippines **at the time**.
널 만나러 여기 오지 못해서 미안해. 나는 **그때** 필리핀에 있었어.

I was living in Busan **at that time**.
난 **그때** 부산에 살았어요.

4 '지금'이라고 할 때에도 at을 사용해서 at the moment, at present로 표현할 수 있습니다.

Mr. Ernest Daily is busy **at the moment**. Can he call you back later?
어니스트 데일리 씨는 **지금** 바쁘십니다. 나중에 전화드려도 될까요?

~하는 순간 (moment)
at

I'm cooking **at present**.
전 **지금** 요리를 하고 있어요.

At present she's working abroad.
현재 그녀는 외국에서 일하고 있습니다.

5 대략적인 시각을 나타낼 때 at 다음에 around, about 등을 붙입니다.

We can leave **at around** seven.

우리는 7시**쯤** 떠날 수 있습니다.

We should be able to get there **at about** nine thirty.

9시 30분**쯤** 그곳에 도착할 수 있어야 합니다.

04 시간의 범위를 나타내는 전치사

1 THROUGH, THROUGHOUT ~ 내내

through와 throughout은 처음부터 끝까지 내내 일이 계속되었음을 강조할 때 쓰며 through에 all이나 right 등이 붙으면 의미가 강조되어 의미상 throughout과 같은 효과를 나타냅니다.

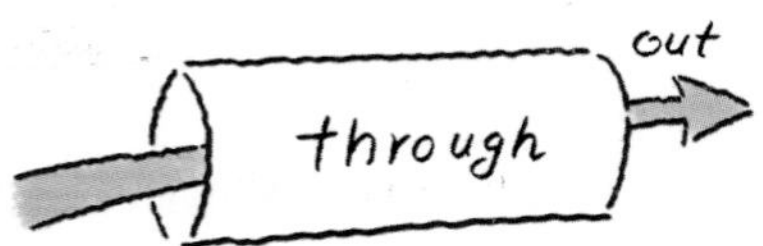

| *through*는 어떤 기간 '내내' |

He experienced feelings of uncertainty **through** his college years.
그는 대학 시절 **내내** 불확실한 감정들을 경험했습니다.

What's wrong with Jody? He was very quiet **throughout** supper.
조디에게 무슨 일 있어? 저녁 먹는 동안 **내내** 너무 조용하던데.

I teach English **right through** the year.
저는 일년 **내내** 영어를 가르칩니다..

2 SINCE ~한 이래도, ~ 이후에 지금까지 계속

어떤 시점 이래로 지금까지 계속되고 있는 것을 말할 때는 since를 씁니다.

| *since*는 출발지점에서 시작된 이후로 계속 중인 |

I've been working in Korea **since** 2001.
나는 2001년 **이후로** 한국에서 일해 왔습니다.

We hadn't seen him **since** college.
대학 졸업 **이후로** 그를 본 적이 없었습니다.

Since getting married, he's been very happy.
결혼한 **이후로** 그는 무척 행복합니다.

The cell phone may be the best invention **since** the PC.
휴대전화는 개인용 컴퓨터 **이래로** 최고의 발명품일 것입니다.

3 BETWEEN ~사이에

시각과 시각 사이에 일이 일어날 때를 나타낼 때 전치사 between을 써서 표현합니다.

I get a lunch break
between twelve and one.
나는 12시에서 1시 **사이에** 점심시간을 갖습니다.

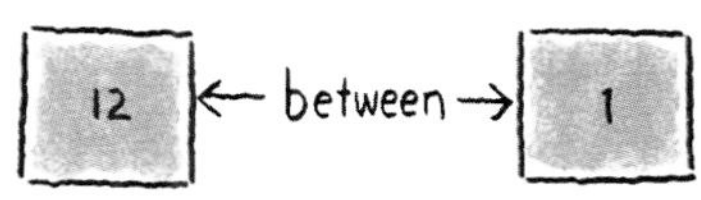

| *between*은 두 시점 사이에서 |

Calgary was Canada's fastest growing city **between** 1967 and 1979.
1967년에서 1979년 **사이에** 캘거리는 캐나다에서 가장 빨리 성장하는 도시였습니다.

4 WITHIN 특정한 시간 내에

일정한 시간의 범위 안에서 어떤 일이 일어나는 것을 말할 때 전치사 within을 쓰지요.

| *within*은 '~내에' |

If we take a taxi, we should be at work **within** fifteen minutes.
택시를 타면 15분 **이내에** 회사에 도착할 겁니다.

We couldn't shower because the plumbing froze four times **within** last five weeks.
지난 5주 **동안** 배관이 4번이나 얼었기 때문에 우리는 샤워를 할 수 없었습니다.

FedEx can deliver your international mail **within** two business days.
페덱스는 국제 우편을 영업일 기준 2일 **이내에** 배달할 수 있습니다.

5 TOWARDS ~ 무렵, ~ 경, ~ 가까이에

towards는 전치사 to와 '~쪽으로'라는 방향을 나타내는 -ward(s)가 결합된 형태로 시간을 가리킬 때에는 '그 시간 무렵에', '가까이에'란 뜻이 됩니다.

to ward

We should be back from vacation somewhere **towards** the middle of next month.
우리는 다음달 중순**쯤에** 휴가에서 돌아와야 합니다.

I'm leaving for the Philippines **towards** the end of September.
나는 9월 말**쯤에** 필리핀으로 떠날 겁니다.

05 일의 순서를 나타내는 전치사

1 AHEAD OF ~보다 앞서서, 일찍

어떤 일의 머리부분(head)에 있는 것이므로 그 일보다 '앞서서'라는 뜻이 됩니다.

Many restaurant foods are prepared **ahead of** time and refrigerated.
식당의 음식들은 대개 **미리** 만들어진 후 냉장 보관됩니다.

It looks like you made it here **ahead of** schedule. The party doesn't start for another hour.
예정**보다 미리** 도착하신 것 같네요. 파티는 1시간 뒤에 시작됩니다.

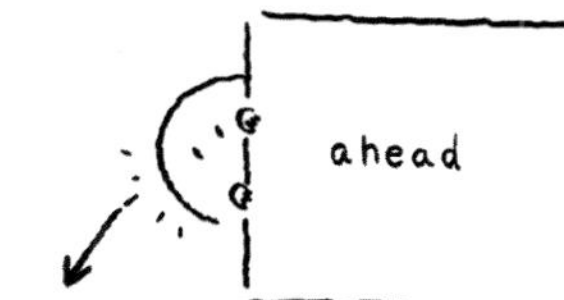

2 BEYOND, PAST ~이 넘어서, 지나서

beyond는 특정한 시간을 '넘어서', past는 그 시간을 '지나서'라는 의미이므로 두 전치사 모두 특정한 시각이 지났을 때를 말합니다.

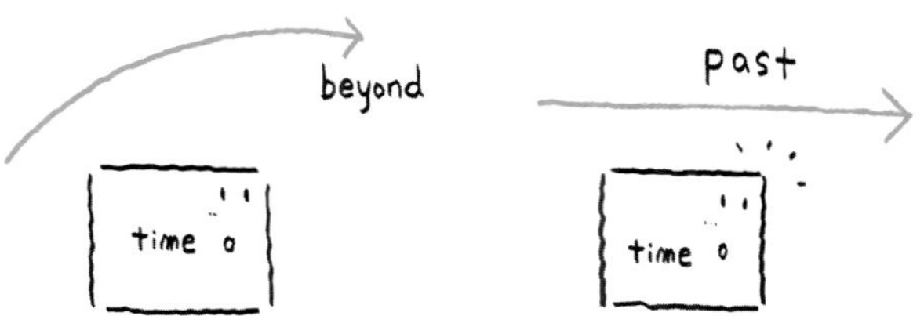

It is **past** eleven o'clock. Does your father know you're here?
11시가 **지났구나**. 너희 아버지께서 네가 여기 있는 걸 아시니?

I worked **beyond** ten o'clock last night.
나는 어젯밤 10시 **넘어서까지** 일했습니다.

I worked **past** ten o'clock last night.
나는 어젯밤 10시 **지나서까지** 일했습니다.

● Exercise 01 시간을 나타내는 전치사로 말해보기

A 알맞은 전치사를 활용하여 다음 영어 문장을 완성하세요.

1 지금은 오후 5시 10분 전이다.

It is ten ______ five ______ the afternoon.

2 나는 지금 책 한 권을 쓰고 있다. 그 책을 두 달 이내에 끝내야 한다.

I'm working on a book ______ ______. It must be finished ______ two months.

3 나는 휴가를 갈 수 있도록 그 책을 예정보다 일찍 끝내고 싶었다.

I wanted to finish the book ______ ______ ______ so I could go on a relaxing vacation.

4 지금 이 순간 나는 마감일 전에 휴가를 떠나는 꿈을 꾸고 있다.

______ ______ ______, I am daydreaming about vacationing before the deadline.

5 어제 4시에서 5시 사이쯤에 나는 비행기표를 예매했다.

Yesterday, somewhere ______ four and five o'clock, I reserved a plane ticket.

6 나는 수요일 저녁 10시 35분에 필리핀으로 출발하는 계획을 세웠는데, 그러면 새벽 1시 35분쯤에 세부에 도착할 것이다.

I've made plans to go to the Philippines ______ Wednesday, at 10:35 ______ ______ ______ and should be in Cebu ______ ______ 1:35 in the morning.

7 나는 공항에서 출국 심사를 받느라 시간에 쫓기고 싶지 않다. 그러니 비행기 출발 시간에 맞출 수 있도록 공항에 8시까지 도착해야 한다.

I don't want to run ______ ______ ______ when going through airport immigration, so I should get to the airport by 8:00 p.m. to be ______ ______ for my flight.

B 알맞은 전치사를 활용하여 다음 영어 문장을 완성하세요.

1 나는 세 시간 후가 아니라 네 시간 후에 세부에 도착할 것이다. 필리핀은 한국보다 정확히 한 시간이 빠르기 때문이다.

I will be in Cebu ______ four hours instead of three hours because Philippine time is exactly one hour ______ ______ Korean time.

2 다시 말해서, 필리핀 시간으로 정확히 1시 35분까지 비행기에 타고 있을 경우, 그 시각은 한국 시간으로는 정각 2시 35분이다.

In other words, if I'm actually on the plane ______ exactly 1:35 Philippine time, it will be 2:35 ______ ______ ______ in Korea.

3 다행히도 2주간의 휴가 동안 내내 글을 쓰지는 않아도 된다. 하지만 낮 동안에는 일을 조금 해야 할 것이다.

Fortunately, I won't have to write ______ my whole two week vacation, however, ______ the day I will need to do some work.

4 일을 하는 동안에도 멋진 바다 풍경을 감상할 것이다. 내 호텔 방은 바닷가를 향하고 있을 것이기 때문이다.

I will still enjoy a nice ocean view ______ my work time because my hotel room will be facing the beach.

5 낮에든 밤에든 낚시를 하러 갈 수 있다.

I can go fishing either ______ the day or ______ night.

6 9월 말에 내 휴가는 끝날 것이다. 10월 3일에 다시 일을 시작해야 하기 때문이다.

______ the end of September my vacation time will be ______ because I have to be back to work ______ the third of October.

7 집에 도착한 후, 주말 동안 강의 개요서를 준비하여 월요일 오전 일이 시작되기 전에 강의 준비를 마칠 수 있을 것이다.

______ I arrive home, I can prepare my syllabi ______ the weekend and be ready ______ work begins ______ ______ ______.

06 일정한 장소를 나타내는 전치사

1 IN

1 일반적으로 넓은 지역, 즉 대륙, 나라, 주, 도시 등에는 in을 씁니다.

He lives **in** Canada.
그는 캐나다**에** 살아요.

He lives **in** Calgary.
그는 캘거리**에** 살아요.

2 하늘, 바다 등의 일반적인 환경 역시 넓은 장소이므로 전치사 in을 씁니다.

I want to swim **in** the ocean.
나는 바다**에서** 수영을 하고 싶어.

Seoul has a lot of pollution **in** the air.
서울은 대기**의** 오염이 심합니다.

3 방이나 회의실 등 공간감이 있는 장소는 앞에 in을 씁니다.

He is **in** the conference room.
그는 회의실**에** 있습니다.

We can get theater seats either in the back row or **in** the balcony.
극장 좌석을 뒤쪽이나 발코니쪽**으로** 구할 수 있습니다.

4 어떤 장소의 중간에 있을 때는 in을 씁니다.

The new pet shop is **in** the middle of downtown Seoul.
새로 생긴 애완동물 가게는 서울 시내 한복판**에** 있어요.

There's a table **in** the center of the room.
방 한가운데**에** 테이블이 있습니다.

5 동서남북의 큰 지역을 나타낼 때 in을 씁니다.

Edmonton is a big city **in** northern Canada.
에드먼턴은 캐나다 북부**에 있는** 대도시입니다.

6 자동차, 작은 보트, 작은 비행기, 헬리콥터 등 비교적 덩치가 작은 탈것에도 in을 씁니다.

You can ride **in** my new sports car.
넌 내 새 스포츠카**를** 타도 돼.

Can I ride **in** your boat?
당신의 보트**에** 타도 될까요?

I'd like to ride **in** that helicopter!
저 헬리콥터**에** 타고 싶어요!

2 ON

1 거리 이름을 얘기하거나 층수를 얘기할 때 그림처럼 아래층 위에 밀착하여 있으므로 on을 씁니다.

They live **on** Second Street.
그들은 2번 가**에** 삽니다.

They live **on** the second floor.
그들은 2층**에** 삽니다.

2 자전거, 말, 오토바이, 스케이트 등 개인 소유의 탈것을 탄다고 얘기할 때 전치사 on을 씁니다.

She rode to town **on** a horse.
그녀는 말**을** 타고 시내로 갔습니다.

3 동쪽, 서쪽, 남쪽, 북쪽, 왼쪽, 오른쪽 등의 방향을 나타낼 때 on을 씁니다.

She has a new business **on** the west side of town.
그녀는 도시 서쪽**에서** 새로운 사업을 하고 있습니다.

You may exit **on** the right.
당신은 오른쪽**으로** 내리시면 됩니다.

The door is **on** your left.
문은 당신의 왼쪽**에** 있습니다.

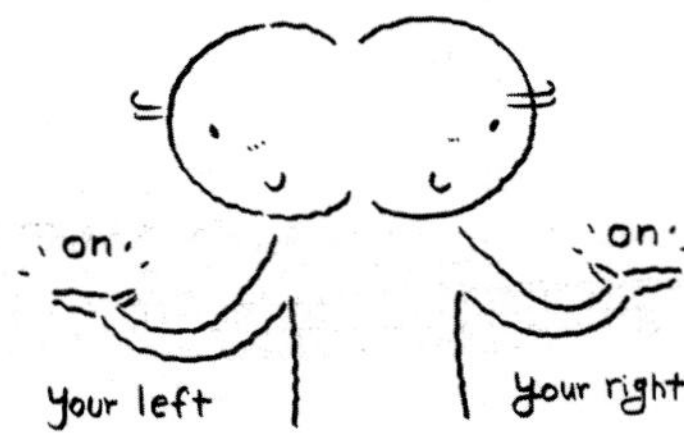

4 몸의 표면 위로 밀착되는 것에는 on을 씁니다.

She put sun lotion **on** her arms and back.
그녀는 팔과 등**에** 자외선 차단 로션을 발랐습니다.

3 AT

1 건물, 집 등의 특정한 장소를 콕 찍어 이야기할 때에는 at을 씁니다.

They live **at** Tower Palace Building.
그들은 타워펠리스 빌딩**에** 삽니다.

They live **at** 240 2nd Street, South West.
그들은 사우스 웨스트 2번가 240번지**에** 삽니다.

2 집, 학교, 교회에 있다고 할 때 at을 씁니다.

They're all **at home**.
그들은 모두 **집에** 있습니다.

The kids are all **at school**.
아이들은 모두 **학교에** 갔습니다.

They're all **at church** because it's Sunday.
일요일이라서 그들은 모두 **교회에** 갔습니다.

3 일을 하고 있다고 할 때 at work라고 합니다.

He's **at work** finishing the report for the last fiscal year.
그는 지난 회계연도의 보고서를 완성하느라 **일을 하고** 있습니다.

4 어떤 장소의 시작과 끝 부분은 어느 한 지점을 콕 찍어 말하는 것이므로 at을 씁니다.

The stationary store is **at** the beginning of the next block.
그 문구점은 다음 블록이 시작하는 곳**에** 있습니다.

잠깐! at the beach VS on the beach

해변가에 있다고 콕 찍어 이야기할 때는 at을 씁니다.

We were all **at** the beach just yesterday.
바로 어제 우리는 모두 해변가**에** 있었어요.

I'm **at** the beach in California right now.
전 지금 캘리포니아에 있는 해변가**에** 있어요.

해변 위에, 특히 모래사장 위에 있다는 느낌을 강조해서 이야기할 때엔 on을 씁니다.

Their house is **on** the beach.
그들의 집은 해변 **(위)에** 있습니다.

the footsteps **on** the beach
해변 **위의** 발자국들

07 위치를 나타내는 전치사

1 ABOUT, AROUND, THROUGHOUT 여기저기에

about, around는 여기저기 도처에 흩어져 있는 것을 가리키며, throughout은 어떤 장소 전체를 뚫고 지나가는 것이므로 가리키는 범위의 시작과 끝을 포함한 전체를 말합니다.

The laundry was thrown **about** the apartment.
세탁물이 아파트 **여기저기에** 널려 있었습니다.

There were clothes lying **around** the house.
집 안 **여기저기에** 옷들이 널려 있었습니다.

There were bottles scattered **throughout** the apartment.
아파트 **도처에** 병들이 흩어져 있었습니다.

2 ACROSS (~ 를 가로질러) 전역에

across는 평평한 표면의 지역 전체를 가로지르는 것이므로 그 지역을 모두 포괄하는 표현이 됩니다.

The kids left their marbles scattered **across** the floor.
아이들이 바닥에 구슬을 **온통** 흩어놓고 갔습니다.

3 OVER, ABOVE ~ 위에

The black square is **over** the grey square.
검은색 사각형이 회색 사각형 **위에** 있습니다.

The black square is **above** the grey square.
검은색 사각형이 회색 사각형 **위쪽에** 있습니다.

4 BELOW, BENEATH, UNDER, UNDERNEATH ~ 아래에, 밑에

The white circle is **below** the black circle.
흰색 원이 검은색 원 **아래쪽에** 있습니다.

The white circle is **beneath** the black circle.
흰색 원이 검은색 원 바로 **밑에** 있습니다.

The white circle is **under** the black circle.
흰색 원이 검은색 원 **밑에** 있습니다.

The white circle is **underneath** the black circle.
흰색 원이 검은색 원 **바로 밑에** 있습니다.

5 AGAINST ~에 기대어

against는 양쪽으로 같은 힘이 작용하고 있는 것을 말합니다. 따라서 두 개의 같은 힘이 서로 기대어 있는 상태를 나타내지요.

Square A is **against** square B.
사각형 A가 사각형 B**에 기대어** 있습니다.

AB는 옆에 있지만 서로 마주보고 있기도 하네요...

6 BY, BESIDE, NEXT TO ~ 옆에

Square B is **beside** square C.
사각형 B는 사각형 C **옆에** 있습니다.

Square B is **by** square C.
사각형 B는 사각형 C **옆에** 있습니다.

Square B is **next to** square C.
사각형 B는 사각형 C **옆에** 있습니다.

7 BETWEEN ~ 사이에 (둘 사이에)

Square B is **between** square A and square C.
사각형 B는 사각형 A와 사각형 C **사이에** 있습니다.

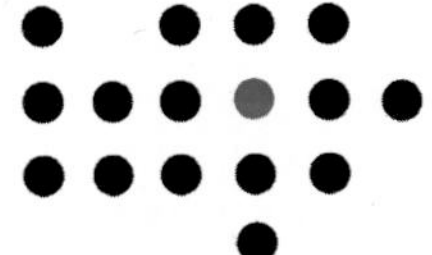

8 AMONG ~ 사이에 (셋 이상 사이에)

The blue one is **among** the black ones.
파란색 원이 검은색 원들 **사이에** 있습니다.

9 ON, UPON ~ 위에

on과 upon 모두 '위'를 나타냅니다. upon은 on과 기본적으로 그 의미는 같지만 on보다는 조금 딱딱한 표현입니다.

The blue ball is **on** the box.
파란색 공이 상자 **위에** 있습니다.

The blue ball is **upon** the box.
파란색 공이 상자 **위에** 있습니다.

10 OFF ~로부터 떨어진

off는 원래 있던 곳에서 떨어져 나와 있는 상태를 가리킵니다.

The blue ball is **off** the box.
파란색 공이 상자**로부터 떨어져** 있습니다.

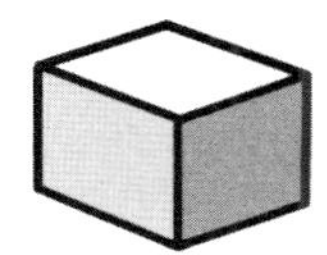

11 IN, INSIDE, WITHIN ~ 안에

Circle A is **in** the box.
원 A는 상자 **안에** 있습니다.

Circle A is **inside** the box.
원 A는 상자 **안쪽에** 있습니다.

Circle A is **within** the box.
원 A는 상자 **안에** 있습니다.

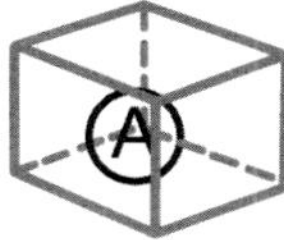

12 OUT OF, OUTSIDE OF ~ 바깥에

Circle A is **out of** the box.
원 A는 상자 **밖에 나와** 있습니다.

Circle A is **outside of** the box.
원 A는 상자 **바깥에** 있습니다.

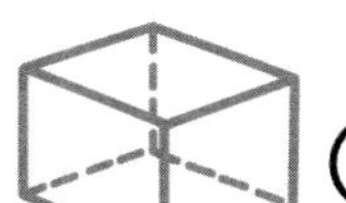

13 ACROSS FROM, OPPOSITE OF ~ 맞은편에

Ray is **across from** the dog.
레이는 강아지 **맞은편**에 있습니다.

Ray is **opposite of** the dog.
레이는 강아지 **반대편에** 있습니다.

14 IN FRONT OF, AHEAD OF ~의 앞에

The dog is **in front of** Shimson.
강아지는 심슨 **바로 앞에** 있습니다.

The dog is **ahead of** Shimson.
강아지는 심슨 **앞쪽에** 있습니다.

15 IN BACK OF, BEHIND ~의 뒤에

Shimson is **in back of** the dog.
심슨은 강아지 **뒤에** 있습니다.

Shimson is **behind** the dog.
심슨은 강아지 **뒤쪽에** 있습니다.

Shimson the dog Ray

16 NEAR, CLOSE TO ~ 가까이에

Circle A is **near** Circle B.
원 A는 원 B **가까이에** 있습니다.

Circle A is **close to** Circle B.
원 A는 원 B **가까이에** 있습니다.

17 FAR FROM ~로부터 멀리 떨어진

Circle C is **far from** Circle B.
원 C는 원 B**에서 멀리 떨어져** 있습니다.

18 BEYOND ~ 너머에

Circle D is **beyond** Circle C.
원 D는 원 C **너머에** 있습니다.

19 AT THE TOP OF ~의 맨 위에

at the top of는 대상의 꼭대기에 있음을 콕 찍어 나타냅니다.

Letter A is **at the top of** the box.
글자 A는 상자 **맨 위에** 있습니다.

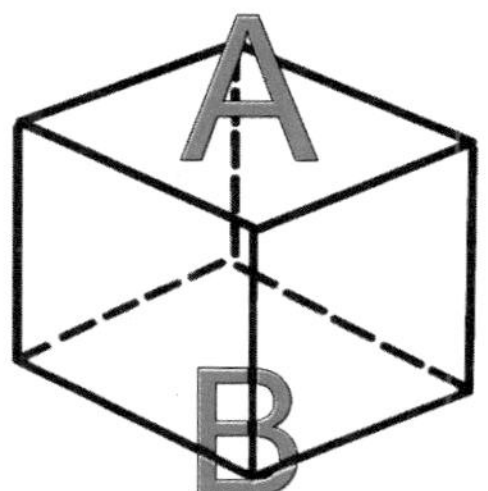

20 AT THE BOTTOM OF ~ 바닥에

at the bottom of는 바닥에 있음을 콕 찍어 나타냅니다.

Letter B is **at the bottom of** the box.
글자 B는 상자 **바닥에** 있습니다.

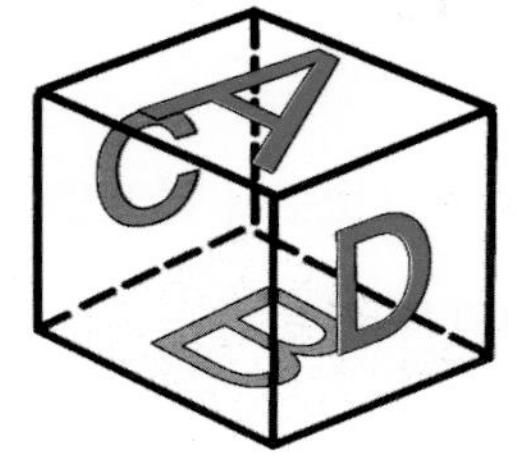

21 ON THE TOP OF ~의 윗면에

on the top of는 바로 윗면에 접촉해 있음을 나타냅니다.

Letter A is **on the top of** the box.
글자 A는 상자 **윗면에** 있습니다.

22 ON THE BOTTOM OF ~의 아랫면에

on the bottom of는 아랫면에 접촉해 있음을 나타냅니다.

Letter B is **on the bottom of** the box.
글자 B는 상자 **아랫면에** 있습니다.

23 ON THE SIDE OF ~의 옆면에

on the side of는 옆면에 접촉해 있음을 나타냅니다.

Letters C and D are **on the sides of** the box.
글자 C와 D는 상자 **옆면에** 있습니다.

Exercise 02 장소 · 위치를 나타내는 전치사로 말해보기

A 다음 그림에 맞게 보기 에서 골라 넣으세요.

> 보기 in | between | next to | behind | against | over | at the bottom | of | on

1 공이 박스 위에 있습니다.
The ball is ______ the box.

2 공이 박스 위에 있습니다.
The ball is ______ the box.

3 공이 박스에 기대어 있습니다.
The ball is ______ the box.

4 공이 박스 안에 있습니다.
The ball is ______ the box.

5 공이 박스 뒤에 있습니다.
The ball is ______ the box.

6 공이 박스 옆에 있습니다.
The ball is ______ ______ the box.

7 공이 박스들 사이에 있습니다.
The ball is ______ the boxes.

8 공이 박스 바닥에 있습니다.
The ball is ______ ______ ______ ______ the box.

B 알맞은 전치사를 활용하여 다음 영어 문장을 완성하세요.

1 나는 캐나다에 사는 형을 방문할 것입니다.
I'm visiting my brother who lives ______ Canada.

나는 캘거리에 사는 형을 방문할 것입니다.
I'm visiting my brother who lives ______ Calgary.

나는 센터가에 사는 형을 방문할 것입니다.
I'm visiting my brother who lives ______ Centre Street.

나는 503호에 사는 형을 방문할 것입니다.
I'm visiting my brother who lives ______ suite 503.

2 우리 오빠는 의자에 앉을 것입니다.
My brother will sit ______ a chair.

우리 오빠는 방 구석에 앉을 것입니다.
My brother will sit ______ the corner of the room.

우리 오빠는 부엌 식탁에 앉을 것입니다.
My brother will sit ______ the kitchen table.

3 그는 5층에 삽니다.
He lives ______ the fifth floor.

그는 호화로운 아파트에 삽니다.
He lives ______ a luxury apartment.

4 집에 있을 때면 그는 보통 책상에 앉아서 공부를 합니다.
Whenever he is ______ home, he's usually ______ his desk studying.

5 그는 자정 전에는 잠자리에 드는 법이 거의 없습니다.
He's seldom ______ bed before midnight.

6 지금 나는 부엌 냉장고에서 주스를 꺼내고 있어.
At the moment, I'm ______ the kitchen, ______ the fridge, getting some juice.

08 방향을 나타내는 전치사

1 ACROSS ~을 가로지르는

The dog is walking **across** the road.
강아지가 도로를 **건너가고** 있습니다.

2 ALONG, BY ~을 따라, ~ 옆을

The dog is walking **along[by]** the river.
강아지가 강**가를 따라** 걷고 있습니다.

3 PAST 옆을 지나서

The dog is walking **past** the tree.
강아지가 나무 **옆을 지나** 걸어가고 있습니다.

4 THROUGH ~을 통과해서

The car is driving **through** the tunnel.
자동차가 터널을 **통과하고** 있습니다.

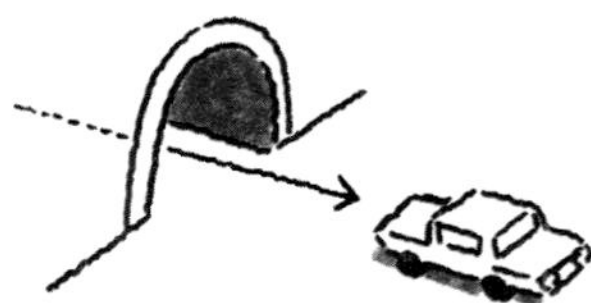

5 AROUND ~ 주위에

The dog is walking **around** the tree.
강아지가 나무 **주위를** 거닐고 있습니다.

6 TO, TOWARD ~쪽으로, ~을 향하여

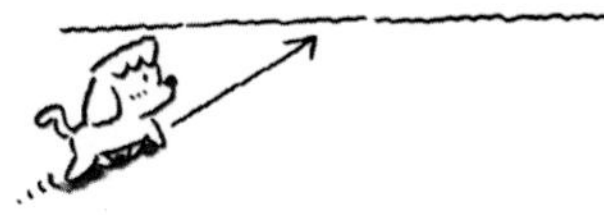

The dog has walked **to** the road.
강아지가 도로**를 향해** 걸어갔습니다.

The dog is walking **toward** the road.
강아지가 도로 **쪽으로** 걸어갔습니다.

7 FROM, AWAY FROM ~로부터, ~로부터 벗어나

The dog is walking **from** the road.
강아지가 도로**에서부터** 걸어오고 있습니다.

The dog is walking **away from** the road.
강아지가 도로**에서 벗어나** 걸어가고 있습니다.

8 BACK TO ~로 돌아가

The dog is walking **back to** the road.
강아지가 **다시** 도로**로** 걸어가고 있습니다.

9 BACK FROM ~로부터 돌아오는

The dog is walking **back from** the road.
강아지가 도로**에서 다시** 걸어오고 있습니다.

10 IN, INTO ~ 안으로

The dog is walking **in[into]** the cave.
강아지가 굴 **속으로** 걸어 들어가고 있습니다.

11 OUT OF ~ 바깥으로

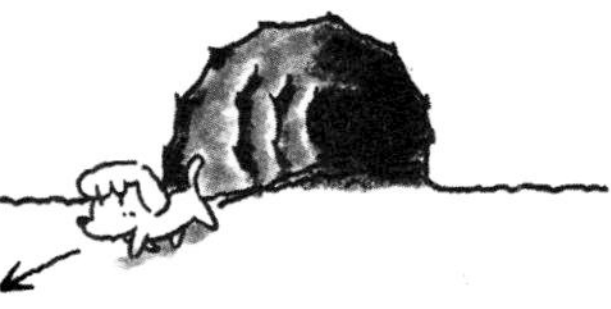

The dog is walking **out of** the cave.
강아지가 굴 **밖으로** 걸어 나오고 있습니다.

12 ONTO ~ 위쪽에

The dog is stepping **onto** the road.
강아지가 도로 **위에** 발을 내딛고 있습니다.

13 OFF ~에서 떨어져, 벗어나서

The dog is stepping **off** the road.
강아지가 도로**에서** 발을 **떼고** 있습니다.

14 OVER ~ 을 넘어

The car is driving **over** the hill.
자동차가 언덕**을 넘어** 달리고 있습니다.

15 DOWN ~ 아래로

The car is driving **down** the mountain.
자동차가 산 **아래로** 달려 내려오고 있습니다.

16 UP ~ 위로

The dog is walking **up** the mountain.
강아지가 산 **위로** 올라가고 있습니다.

17 FOR ~을 향해서

The boat is sailing **for** the next island.
배가 다음 섬**을 향해** 항해하고 있습니다.

Exercise 03 방향을 나타내는 전치사로 말해보기

A 알맞은 전치사를 활용하여 다음 영어 문장을 완성하세요.

1 남자가 빵집을 지나쳐서 걷고 있습니다.
The man is walking ______ the bakery.

2 트럭이 터널을 통과하고 있습니다.
The truck is driving ______ the tunnel.

3 개가 거리를 달려서 건너고 있습니다.
The dog is running ______ the street.

4 개가 거리를 따라 달리고 있습니다.
The dog is running ______ the street.

5 개가 나무 주위를 뛰고 있습니다.
The dog is running ______ the tree.

6 여자가 거리 모퉁이로 걸어갔습니다.
The woman has walked ______ the street corner.

7 남자가 거리 모퉁이 쪽으로 걸어가고 있습니다.
The man is walking ______ the street corner.

8 여자가 상점에서 걸어 나오고 있습니다.
The woman is walking ______ of the store.

9 여자가 신발 가게에서 다시 걸어오고 있습니다.
The woman is walking ______ from the shoe shop.

10 여자가 신발 가게에서 걸어오고 있습니다.
The woman is walking ______ the shoe shop.

B 알맞은 전치사를 활용하여 다음 영어 문장을 완성하세요.

1 남자가 신발가게를 떠나 걸어가고 있습니다.
The man is walking ______ ______ the shoe shop.

2 여자가 상점으로 걸어 들어가고 있습니다.
The woman is walking ______ the store.

3 남자가 언덕에서 걸어 내려오고 있습니다.
The man is walking ______ the hill.

4 남자가 언덕을 걸어서 오르고 있습니다.
The man is walking ______ the hill.

5 여자가 신발 가게로 다시 걸어가고 있습니다.
The woman is walking ______ ______ the shoe shop.

6 여자가 버스에 올라타고 있습니다.
The woman is stepping ______ the bus.

7 여자가 버스에서 내리고 있습니다.
The woman is stepping ______ the bus.

8 남자가 걸어서 언덕을 넘어가고 있습니다.
The man is walking ______ the hill.

9 그 유람선은 다음 항구를 향해 항해하고 있습니다.
The cruise ship is sailing ______ the next port.

09 수를 나타내는 전치사

1 ABOUT, AROUND 대략(= approximately)

I think **about[around]** fifty people came to my birthday party.
내 생일 파티에 50명 **정도가** 왔던 것 같아.

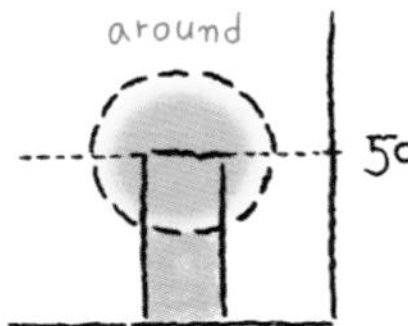

2 ABOVE, OVER ~ 이상(= more than)

There are **above[over]** eighty million people in the Philippines.
필리핀의 인구는 8천만 명**이 넘습니다**.

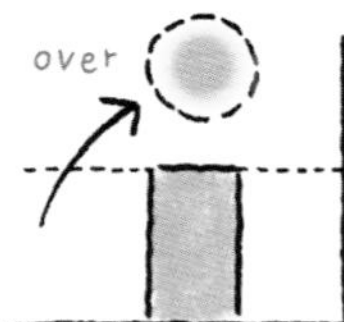

3 UNDER ~ 이하(= less than)

Plane fare to Cebu from Korea is **under** five hundred dollars.
한국에서 세부까지 가는 항공 요금은 5백 달러**가 안 됩니다**.

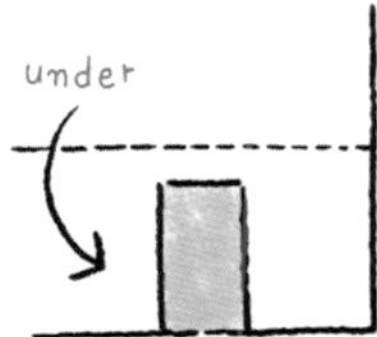

4 BETWEEN ~ 사이의

Rooms at the Tambuli resort cost **between** sixty dollars and seventy dollars.
탐불리 리조트의 방들은 60달러에서 70달러 **사이입니다**.

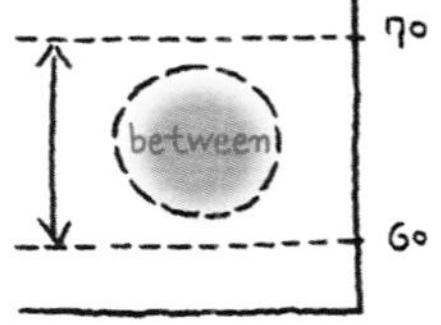

5 PLUS ~을 더하여

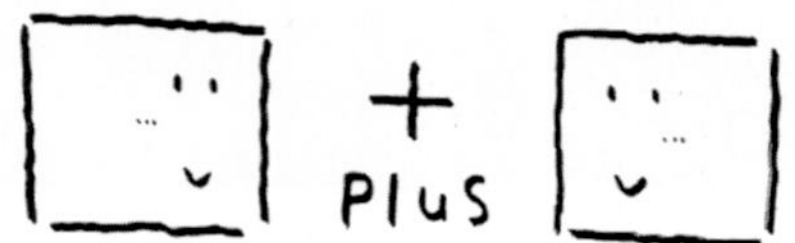

Hotel room rentals are sixty-five dollars **plus** a ten percent tax.
($65 + $6.50 = $71.50)
호텔 숙박료는 65달러에 10% 세금**을 포함한** 금액입니다.

6 FROM ~을 빼서

Six **from** twenty is fourteen. (20 − 6 = 14)
20에서 6**을 빼면** 14입니다.

7 BY ~을 곱하여

Five multiplied **by** three is fifteen. (5 × 3 = 15)
5에 3**을 곱하면** 15입니다.

8 INTO ~ 으로 나누어

Five **into** fifteen equals three. (15 ÷ 5 = 3)
15를 5**로 나누면** 3입니다.

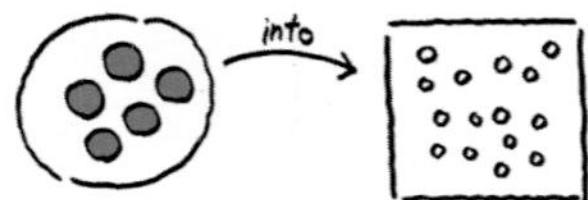

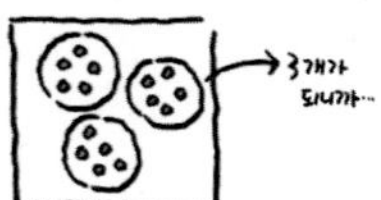

9 OF

1 '~의 …'식의 분수를 표현할 때 「분자 + of + 분모」 형태로 말합니다. 분자의 숫자가 분모 숫자의 일부분이기 때문입니다.

Three-quarters **of** one hundred is seventy five. ($3/4 \times 100 = 75$)
100의 4**분의** 3은 75입니다.

Two-thirds **of** nine is six. ($2/3 \times 9 = 6$)
9의 3**분의** 2는 6입니다.

One-half **of** ten is five. ($1/2 \times 10 = 5$)
10의 2**분의** 1은 5입니다.

2 all, none, many, much, a lot, lots, plenty, enough, several, some, a few, a little, a bit과 함께 전체의 부분을 표현할 때 전치사 of를 씁니다.

I spent **all of** my money on clothes.
나는 갖고 있던 돈을 **전부** 옷을 사는 데 써 버렸습니다.

Several of our customers prefer our newer products.
고객들 중 **몇 명은** 더 새로운 상품을 더 좋아합니다.

None of the food here is healthy.
여기 있는 음식들 중 몸에 좋은 건 **하나도** 없습니다.

There's **plenty of** food here.
이곳에는 음식이 **충분히** 있습니다.

● Exercise 04 수를 나타내는 전치사로 말해보기

A 알맞은 전치사를 활용하여 다음 영어 문장을 완성하세요.

1 30명 정도의 사람들이 이 서울 버스 관광에 참여합니다.
______ thirty people are going on this bus tour of Seoul.

2 식당에는 50명이 넘는 사람들이 있습니다.
There are ______ fifty people in the restaurant.

3 이 셔츠는 10달러도 주지 않고 샀습니다.
I paid ______ ten dollars for this shirt. ($9.95)

4 이 정장은 가격이 80달러에서 90달러 사이입니다.
These suits cost ______ eighty dollars and ninety dollars. ($87)

5 10달러에 6달러를 더하면 16달러가 됩니다.
Ten dollars ______ six dollars equal sixteen dollars.
($10 + $6 = $16)

6 20에서 4를 빼면 16이 됩니다.
Four ______ twenty is sixteen. (20 − 4 = 16)

7 5에 5를 곱하면 25가 됩니다.
Five multiplied ______ five is twenty five. (5 × 5 = 25)

8 10을 2로 나누면 5가 됩니다.
Two ______ ten equals five. (10/2 = 5)

9 20의 4분의 3은 15입니다.
Three-quarters ______ twenty is fifteen. (3/4 × 20 = 15)

10 나는 오늘 내 옷을 모두 세탁했습니다.
I washed ______ ______ my clothes today.

10 날씨를 나타내는 전치사

1 IN

추위, 비, 눈(in the cold/rain/snow) 등 일반적인 날씨에는 in을 씁니다.

I don't like driving **in** bad weather.
나는 궂은 날씨**에** 운전하는 것을 좋아하지 않아요.

He had to walk to school **in** the cold.
그는 추운 날씨**에** 학교까지 걸어가야 했어요.

Our kids like to play **in** the snow.
우리 아이들은 눈**을 맞으며** 노는 것을 좋아합니다.

She had to walk home **in** the rain.
그녀는 비**를 맞으며** 집에 걸어가야 했어요.

2 ON

하루 동안의 날씨가 아니라 특정한 날씨가 지속되는 날들, 즉 nice days, sunny mornings, humid nights, rainy weekends 등의 경우 on을 씁니다.

I like to stay home **on** rainy days.
나는 비 오는 날**에는** 집에 있는 것을 좋아합니다.

He likes to walk to work **on** sunny mornings.
그는 맑은 날 아침**에는** 걸어서 출근하는 것을 좋아합니다.

3 DURING

지진, 홍수, 태풍, 폭풍이 오는 동안을 나타낼 때는 during을 씁니다.

We hid underground **during** the tornado.
우리는 강한 폭풍이 불어왔을 **때** 지하에 숨었습니다.

Exercise 05 날씨를 나타내는 전치사로 말해보기

A 알맞은 전치사를 활용하여 다음 영어 문장을 완성하세요.

1 우리는 날씨가 좋을 때 종종 배를 타고 나갑니다.
We often go sailing ______ good weather.

2 폭풍이 불 때 걸어다니는 것은 위험합니다.
It's dangerous to walk around ______ a storm.

3 나는 습한 날씨에 여기저기 걸어다니는 것을 좋아하지 않아요.
I don't like walking around ______ humid weather.

4 그녀는 날씨가 좋은 날에는 퇴근하고 걸어서 집에 오는 것을 좋아했습니다.
She liked to walk home from work ______ nice days.

5 추운 날씨에 외출하려면 따뜻한 외투를 입어라.
Wear a warm coat if you decide to go out ______ ______ ______.

6 가족 모두가 비 오는 주말에는 집에 있습니다.
The whole family stays inside ______ rainy weekends.

7 때로 나는 우산을 잊고 나가 비를 맞으며 걸어야 하죠.
Sometimes I forget my umbrella and have to walk ______ ______ ______.

8 그 소년은 벙어리장갑을 끼지 않고 눈 속에서 놀았습니다.
The boy played ______ ______ ______ without his mittens.

11 착용을 나타내는 전치사

❶ (DRESSED) IN ~을 입은

The street cleaners are **dressed in** yellow coats.
환경 미화원들이 노란 웃옷을 **입고** 있습니다.

He went dancing **in** a silk suit.
그는 실크 정장을 **입고** 춤을 추러 갔어.

She was **dressed in** a green dress and matching shoes.
그녀는 초록색 드레스를 **입고** 그에 어울리는 신을 **신고** 있었습니다.

❷ WITH ~ ON ~을 입고 있는

The street cleaners are the ones **with** the yellow coats **on**.
환경 미화원들은 노란색 웃옷을 **입고 있는** 사람들입니다.

He's the man **with** the silk suit **on**.
그는 실크 정장을 **입고 있는** 남자입니다.

She's the woman **with** the green dress and matching shoes **on**.
그녀는 초록색 드레스를 **입고** 그에 어울리는 신을 **신고 있는** 여자입니다.

❸ HAVE ~ ON ~을 입고 있다

The street cleaners **have** yellow coats **on**.
환경 미화원들은 노란색 웃옷을 **입고 있습니다**.

He **has** a silk suit **on**.
그는 실크 정장을 **입고 있습니다**.

She **has** a green dress and matching shoes **on**.
그녀는 초록색 드레스를 **입고** 그에 어울리는 신을 **신고 있습니다**.

● Exercise 06 착용을 나타내는 전치사로 말해보기

A 알맞은 전치사를 활용하여 다음 영어 문장을 완성하세요.

1 연주자들은 턱시도를 입고 있습니다.
The musicians ______ tuxedos ______ .

2 연주자들은 모두 턱시도를 입고 있었습니다.
The musicians were all dressed ______ tuxedos.

3 연주자들은 턱시도를 입고 있는 사람들입니다.
The musicians are the ones ______ the tuxedos ______ .

4 그녀는 푸른색 비즈니스 정장을 입고 있습니다.
She ______ a blue business suit ______ .

5 그는 카우보이모자를 쓰고 있는 남자입니다.
He's the man ______ the cowboy hat ______ .

6 그는 카우보이모자를 쓰고 로데오 경기장으로 걸어갔습니다.
He walked to the rodeo ______ a cowboy hat.

7 그 여자는 푸른색 비즈니스 정장을 입고 있었습니다.
The woman was dressed ______ a blue business suit.

8 그녀는 푸른색 비즈니스 정장을 입고 있는 여자입니다.
She's the woman ______ the blue business suit ______ .

9 그는 카우보이모자를 쓰고 있습니다.
He ______ a cowboy hat ______ .

12 대상을 나타내는 전치사

1 TO

1 누구에게 물건이나 생각, 의견, 소식 등을 전해 주는 동사, 특히 아래와 같은 동사에는 대상이 따라와야 하므로 주로 방향성을 가진 전치사 to가 사용됩니다.

award 상을 수여하다, **bring** 가져오다, **carry** 나르다, **dedicate** 바치다, **deliver** 넘겨주다, 배달하다, **describe** 묘사하다, **devote** 바치다, **distribute** 분배하다, **donate** 기부하다, 기증하다, **explain** 설명하다, **give** 주다, **introduce** 소개하다, **lend** 빌려주다, **mention** 언급하다, **pass** 전해 주다, **present** 선물해 주다, **read** 읽어주다, **recommend** 추천하다, **reveal** 드러내다, **send** 보내다, **shout** 소리치다, **show** 보여주다, **speak** 말하다, **suggest** 제안하다, **tell** 말하다, **write** 편지 등을 쓰다

Can you **describe** the man **to** me?
내**게** 그 남자의 모습을 **말해 주겠어요**?

Please **explain to** me how this works.
이게 어떻게 작동되는지 제**게 설명해 주세요**.

He **presented** this engagement ring **to** me right after dinner.
그는 저녁 식사를 마친 직후 나**에게** 이 약혼반지를 **주었습니다**.

She **brought** all these wonderful gifts **to** me.
그녀가 이 멋진 선물들을 모두 나**에게 가져다 주었습니다**.

Let me **present to** you our honored guest.
저희 귀빈을 당신**에게 소개하겠습니다**.

I want you to **write to** me after you fly back home.
집으로 돌아간 뒤에 나**한테 편지를 쓰길** 바래요.

I **sent** the flowers **to** her before she finished work.
나는 그녀가 일을 끝마치기 전에 그녀**에게** 꽃을 **보냈습니다**.

2 다음과 같은 명사 뒤에도 to가 주로 옵니다.

answer 대답, **award** 상, **bill** 계산서, **dedication** 헌정, **gift** 선물, **letter** 편지, **memorial** 기념물, **monument** 기념비, **present** 선물, **remark** 의견, 비평, **scholarship** 장학금, **statement** 성명서, **toast** 건배

Write the correct **answer to** each question.
각 질문**에** 올바른 **답**을 쓰시오.

Here's a **toast to** the bride and groom.
신부와 신랑**을 위해 건배**합시다.

3 다음과 같은 형용사 다음에 주로 to가 쓰입니다.

beneficial 유익한, **detrimental** 해로운, 불리한, **harmful** 해로운, **helpful** 도움이 되는, **unfavorable** 비호의적인, **useful** 유용한

The herbs were very **beneficial to** him.
그 약초는 그**에게** 무척 **도움이 되었습니다**.

The witness's testimony was **detrimental to** the prosecution's case.
그 증인의 증언은 검찰 측**에 불리했습니다**.

His lawyer's arguments were very **helpful to** the defendant.
그의 변호사의 주장이 피고인**에게** 무척 **도움이 되었습니다**.

4 다음과 같이 감정을 나타내는 형용사 다음에 주로 to가 옵니다.

acceptable 받아들일 수 있는, **annoying** 귀찮은, 성가신, **boring** 지루한, **confusing** 헷갈리는, **crucial** 결정적인, **disturbing** 방해가 되게 하는, **fascinating** 반하게 만드는, 매혹적인, **hurtful** 고통을 주는, 해로운, **important** 중요한, **meaningful** 의미심장한, **obnoxious** 밉살스러운, **pleasing** 유쾌한, **precious** 귀중한, **preferable** 오히려 나은, **satisfying** 만족스러운, **unacceptable** 받아들일 수 없는, **unimportant** 중요하지 않는

The news was very **disturbing to** them.
그 소식은 그들**을** 무척 **불안하게** 했습니다.

The jury's decision was **satisfying to** the defendant.
배심원단의 결정은 피고인**에게 만족스러운** 것이었습니다.

His children were very **precious to** him.
그의 자녀들은 그**에게** 무척 **소중했습니다.**

2 FOR

1 다음과 같은 동사, 즉 누군가를 마음에 두고 하는 행동을 나타내는 동사들 다음에는 주로 for가 와서 '~을 위해서'라는 뜻을 나타냅니다.

award 상을 수여하다, **bake** 굽다, **build** 짓다, **buy** 사다, **cook** 요리하다, **create** 만들다, **dance** 춤추다, **design** 고안하다, **do** 하다, **get** 얻다, **make** 만들다, **play** 놀다, **sing** 노래하다, **work** 일하다

Here's the song I **sang for** her.
이것은 내가 그녀**를 위해 불렀던** 노래입니다.

Here is the furniture she **designs for** foreign companies.
이것은 그녀가 외국 회사들**을 위해 디자인한** 가구입니다.

This is the engagement ring he **got for** her.
이것은 그가 그녀**를 위해 구입한** 약혼반지입니다.

2 다음과 같은 명사 다음에 주로 for가 쓰입니다.

advice 조언, 충고, **answer** 대답, **cure** 해결책, **gift** 재능, **help** 도움, **idea** 아이디어, 개념, **information** 정보, **job** 일자리, **present** 선물, **something** 어떤 것, 무엇, **surprise letter** 깜짝 편지, **message** 메세지, **news** 소식, **nothing** 아무것도 없음(無), **plan** 계획, **project** 프로젝트, **question** 질문, **secret** 비밀

I have a **secret for** you.
너**에게 알려줄 비밀**이 있어.

He had an **answer for** her.
그는 그녀**에게 답해 줄 말**이 있었습니다.

The front desk has some important **information for** you.
프런트에 당신**에게 전할** 중요한 **정보**가 있습니다.

3 다음과 같은 형용사 다음에 주로 for가 옵니다.

bad 나쁜, **beneficial** 유익한, **better** 보다 나은, **crucial** 중대한, **good** 좋은, **harmful** 해로운, **healthy** 건강에 좋은, **helpful** 도움이 되는, **necessary** 필요한, **unacceptable** 받아들일 수 없는, **unfavorable** 불리한, **unhealthy** 불건전한, **useful** 유용한, **worse** 더욱 나쁜

Herbs are **good for** you.
허브는 몸**에 좋습니다.**

Cigarettes are **harmful for** you.
담배는 몸**에 해로워.**

Exercise is **necessary for** you.
당신**에겐** 운동이 **필요합니다.**

3 ON

1 '~에게 자비를 베풀다(have pity/mercy on)'라고 말할 때 그 대상에 전치사 on을 써서 나타냅니다.

Have mercy on me.
나**에게 자비를 베풀어 주세요.**

2 누군가를 무기로 공격할 때 pull a gun[knife] on 등의 표현을 씁니다.

She **pulled a knife on** him and tried to stab him.
그녀는 그**를 향해 칼을 꺼내 들고** 찌르려 했습니다.

Richard tried to **pull a gun on** her.
리차드가 그 여자**에게 총을 쏘려고** 했어요.

Exercise 07 대상을 나타내는 전치사로 말해보기

A 다음 문맥에 맞게 보기에서 골라 넣으세요.

1 시가는 네 몸에 더 나빠.
Cigars are worse ______ you.

2 그 성경 구절은 그녀에게 무척 의미가 깊었습니다.
The Scripture verse was very meaningful ______ her.

3 새로운 증거는 피고인에게 불리했습니다.
The new evidence was unfavorable ______ the defendant.

4 네게 우리의 새 사업 계획을 알려줄게.
Allow me to reveal ______ you our new business plan.

5 그는 한 가난한 가족을 불쌍히 여겨 돈을 조금 주었습니다.
He had pity ______ a poor family and gave them some money.

6 우리는 그를 위해 기부금을 마련했습니다.
We have a donation ______ him.

7 그가 놀이공원에서 나를 위해 타준 곰 인형을 봐.
Look at the teddy bear he won ______ me at the amusement park.

8 그 소식은 그들을 무척 불안하게 만들었습니다.
The news was very disturbing ______ them.

9 배심원단의 결정은 피고인에게 만족스러운 것이었습니다.
The jury's decision was satisfying ______ the defendant.

보기 to | for | on

Answers

PART 1 전치사 기본개념 이미지로 휘어잡기

Exercise 01 p.30

1 about
2 above
3 about
4 across
5 across
6 across
7 about
8 above
9 about
10 above

B

1 was, about to
2 looked, across
3 Above all
4 it's about to
5 talking about
6 is about to
7 came across
8 How[What] about going
9 above the law
10 can't, across

Exercise 02 p.50

1 along
2 against
3 against
4 against
5 ahead
6 ahead
7 ahead
8 along
9 against
10 along

B

1 lean against
2 get along with
3 the day after
4 against you
5 look after
6 takes after
7 ran after
8 come along
9 get ahead
10 go ahead

Exercise 03 p.76

A

1 around
2 at
3 at
4 around
5 as
6 as
7 around
8 at
9 at
10 around

B

1 at all
2 dressed up as
3 at home
4 is around
5 raced around
6 as a friend
7 at work, at a time

8 as hard as
9 at night
10 at peace

●Exercise 04 p.98

1 before
2 away
3 Before
4 before
5 away
6 before
7 before, away

1 put, away
2 put, before
3 get away from
4 Keep away from
5 give, away
6 melt, away
7 throw, away

●Exercise 05 p.116

1 behind
2 beneath
3 beside
4 beside
5 below
6 below
7 below
8 behind
9 below

1 behind the times
2 behind me
3 beside the point
4 behind my back
5 was beside himself
6 hitting below the belt
7 behind the scenes
8 fell behind
9 behind bars

●Exercise 06 p.135

1 between
2 beyond
3 by
4 by
5 between
6 by
7 beyond
8 by
9 beyond
10 by

B

1 went by
2 get by
3 run, by
4 beyond description
5 By the time
6 between the lines
7 By all means
8 between jobs
9 By the way
10 Little by little

●Exercise 07

p.168

A

1 for
2 from
3 for
4 down
5 for
6 from
7 for
8 down
9 for
10 for

B

1 fall for
2 broke down
3 run down
4 care for
5 suffers from
6 Write down
7 stand up
8 come down with
9 look down on
10 Turn, down

●Exercise 08

p.198

A

1 in
2 of
3 of
4 in
5 in
6 into
7 in
8 in
9 of
10 in

B

1 Fill in
2 is ashamed of
3 broke into
4 got in
5 I'm tired of
6 turned into
7 sick and tired of
8 proud of
9 broke into tears
10 is, into

●Exercise 09

p.242

A

1 on
2 off
3 out
4 on
5 off
6 on
7 on
8 out
9 on

B

1 Back off
2 took off
3 rip, off
4 take, off
5 on time
6 on the house
7 hold on
8 Fill out
9 out of date
10 work out

Exercise 10

p.272

A

1 over
2 over
3 to
4 over
5 to
6 through
7 through
8 over
9 through
10 to

B

1 come over
2 subscribe to
3 pulled, over
4 didn't come to
5 fall through
6 got through
7 looked through
8 Turn over
9 looking forward to
10 fell over

Exercise 11

p.305

A

1 under
2 with
3 under
4 up
5 under
6 with
7 under
8 with
9 under
10 without

B

1 break up with
2 put up with
3 blow up
4 hung up
5 without a doubt
6 set up
7 threw up
8 under construction
9 held up
10 covered it up

PART 2 쓰임별 전치사 이미지로 정리하기

Exercise 01

p.320

1 to/of, in
2 at present, within
3 ahead of time
4 At the moment
5 between
6 on, in the evening, at around
7 out of time, on time

B

1 in, ahead of
2 until, on the dot
3 throughout, during
4 during
5 in, at
6 At, up, on
7 After, over, before, on Monday morning

Exercise 02 p.332

A

1 on
2 over
3 against
4 in
5 behind
6 next to
7 between
8 at the bottom of

B

1 in, in, on, in
2 in/on, in, at
3 on, in
4 at, at
5 in
6 in, at

Exercise 03 p.339

1 past
2 through
3 across
4 along/by
5 around
6 to
7 toward
8 out
9 back
10 from

B

1 away from
2 in/into
3 down
4 up
5 back to
6 onto
7 off
8 over
9 for

Exercise 04 p.344

1 About/Around
2 above/over
3 under
4 between
5 plus
6 from
7 by
8 into
9 of
10 all of

Exercise 05 p.346

1 in
2 during
3 in
4 on
5 in the cold
6 on
7 in the rain
8 in the snow

Exercise 06 p.348

1 have, on
2 in
3 with, on
4 has, on
5 with, on
6 in

7 in
8 with, on
9 has, on

●Exercise 07

p.353

1 for
2 to
3 for
4 to
5 on
6 for
7 for
8 to
9 to